第6版

建築職公務員試験

専門問題と解答 計画・環境ほか編

米田 昌弘

大学教育出版

まえがき

　建築職公務員試験　専門問題と解答［構造・材料ほか編］の執筆をはじめてから，計画や環境系に関する科目について執筆するかどうか少し悩んでおりました．というのも，著者は"土木出身"で，建築学の計画や環境などについての知識がほとんどなかったからです．そんな時，2級や1級の建築士試験に合格した研究室の卒業生（土木工学を学んだ卒業生）のことを思い出し，「まぁ，なんとかなるか」と腹をくくって［計画・環境ほか編］についても執筆する決心をした次第です．

　執筆を決めてから，国家公務員II種試験（H24年度からは一般職試験）の過去問を専門書などで調べながら解いていきました．はじめはちんぷんかんぷんで全くわからなかった計画や環境などの問題も，重要ポイントを整理しながら5年分くらいの過去問を解き終えるとおおよその出題傾向がわかるようになり，それ以降は意外とすんなり解けるようになりました．

　本書の執筆にあたっては，著者自身が学生時代に戻って，「こんな公務員対策本があったら絶対に購入するのに！」というイメージに，少しでも近づくように努力しました．さすがに，［構造・材料ほか編］に加え，［計画・環境ほか編］までも一人で執筆するのは大変な時間と労力を要しましたが，でき上がった原稿を読み返してみるとそれなりにコンパクトにまとまっており，建築職公務員を志望する学生にとって，**建築学のエキスを効率よく学べる一冊**に仕上がっているのではと考えています．

　"就職氷河期"も終わり，現在では"売り手市場"に転じていますが，それでも**学生が公務員試験に合格すると，本人だけでなく，保護者の方も大喜びされているようです．特に，女子学生の保護者の方からは，"まさかうちの娘が公務員試験に合格するなんて！"と感激されて，卒業式の時にわざわざご挨拶にこられる保護者の方も沢山おられます．**公務員試験に合格し，胸を張って卒業する教え子の姿を見るのは，教員冥利に尽きます．それゆえ，是非とも一人でも多くの学生に，公務員試験にチャレンジしていただき，合格を勝ち取っていただければと願っております．

　ところで，建築系学科を卒業された学生諸君は，いずれ2級建築士や1級建築士の資格を目指されると思います．実は，建築職公務員試験には，2級や1級の建築士試験とよく似た問題が多数出題されますので，**本書は，将来の建築士受験に向けての専門知識を整理する上でも非常に役立つ**と考えております．是非とも，有効にご活用下さい．

　なお，本書は2012年1月に初版第1刷を発行した後，版を重ねてきましたが，時間の経過とともにやや時代にそぐわない問題も散見されるようになりました．そこで，今回は，問題の見直しを行うとともに，国家総合職試験と国家一般職試験で出題された新たな問題を追加

することにしました．また，必要に応じて解答の解説についても修正や加筆を行い，ここに第6版として発行することにしました．

　本書は，建築職公務員試験に最少の労力で合格するために執筆したテキストです．公務員受験を考えている学生には，本書がボロボロになるまで何回も繰り返し勉強されることをお勧めします．途中で諦めないで，目標に向かって日々努力している人には運も味方します．是非とも，皆さんの夢を実現していただければと願っています．

　最後になりましたが，本書を執筆するにあたり，参考文献に挙げました多くの図書を参照させていただきました．紙面を借りて，これらの参考文献を執筆された先生方に敬意を表するとともに，心から厚くお礼を申し上げたいと思います．

2024 年 3 月

著　者

建築職公務員試験 専門問題と解答 ［計画・環境ほか編］［第 6 版］

目　次

第1章

環境工学

1.1 気候

●年較差

一定の場所で1年間に観測された最高気温と最低気温の差．最暖月と最寒月の月平均気温の差をいう場合もあります．年較差は，一般に，緯度の高い地域の方が大きくなります．

●相対湿度（Relative Humidity）

相対湿度は，厳密には，

$$相対湿度 = \frac{ある気温での水蒸気圧}{その気温における飽和水蒸気圧} \times 100 \quad （\%）$$

と定義されますが，一般には，

$$相対湿度 \fallingdotseq \frac{ある気温で大気中に含まれる水蒸気量}{その気温における飽和水蒸気量} \times 100 \quad （\%）$$

と表されています．

湿度といえば，一般にこの相対湿度を表し，**乾湿球温度計**で乾球温度と湿球温度の温度差からわかります．湿度（相対湿度）の日変化は，通常の場合，日の出直前に最高湿度，正午過ぎ（午後2時頃）に最低湿度を記録します．なお，**建築基準法施行令の空調設備の基準**の中で，相対湿度について **40% 以上 70% 以下**の範囲が示されています．

●クリモグラフ（気候図）

月別平均気温（縦軸）と月別平均湿度（横軸）とを月順につないだもの．温湿度の特性を表すクリモグラフが右上がりになる地域では，高温期に湿度が高く，低温期に湿度が低くなります．

●海風と陸風

海に近い地域では，日中は海から陸に向かって**海風**が，夜間は陸から海に向かって**陸風**が吹きます．

1.2 熱

●熱伝達と熱伝導

壁と壁に接する空気との間の伝熱を**熱伝達**といいます．また，壁などの固体中の伝熱が**熱伝導**です．

●熱伝達率

壁などの材料の表面とこれに接する空気との間の熱の伝わりやすさを示す数値が**熱伝達率**で，次元は $[W/(m^2 \cdot K)]$ となります（"ワット毎平方メートル毎ケルビン"と読みます）．熱伝達率は，壁の表面が粗いほど，空気の流れが速いほど，大きくなります（熱を伝えやすくなります）．ちなみに，熱伝達率の逆数が**熱伝達抵抗**（＝1/熱伝達率）です．

●熱伝導率

熱伝導率とは材料内の熱の伝わりやすさを示す数値のことで，次元は $[W/(m \cdot K)]$ です（"ワット毎メートル毎ケルビン"と読みます）．一般の建築材料のように，空隙のある材料では，**空隙率が高くなるほど熱伝導率は小さくなります**．ちなみに，木材と普通コンクリートならびに金属の熱伝導率の大小関係は，

木材＜普通コンクリート＜金属

です（木材の熱伝導率はコンクリートのおよそ1/10です）．なお，熱伝導率の逆数を**熱伝導抵抗**（＝1/熱伝導率）といいます．

●比重と熱伝導率

同じ材料でも，圧縮して**かさ比重**（内部に空隙を持つ固体の比重）が大きくなると熱伝導率も大きくなる傾向があります．ただし，**グラスウールなどの多孔質断熱材では，かさ比重（みかけの密度）が大きいほど断熱性を増し，熱伝導率は小さくなります**．

●熱貫流と熱貫流率

壁体の両側で空気の温度が異なるとき，高温側の空気から低温側の空気へ壁体を通じて熱が伝わることを**熱貫流**といいます．また，**熱貫流率**は壁などの材料の表面とこれに接する空気との間の熱の伝わりやすさを示す数値（熱貫流の全過程による熱の伝わりやすさを示す数値）のことで，次元は $[W/(m^2 \cdot K)]$ で表されます．

●熱貫流抵抗と熱貫流率

熱貫流の全過程による熱の伝わりにくさを示すものが**熱貫流抵抗**で，次式で表されます．

熱貫流抵抗＝屋内側の熱伝達抵抗＋壁体の熱伝導抵抗＋屋外側の熱伝達抵抗

$$= \frac{1}{\alpha_i} + \sum \frac{d}{\lambda} + \frac{1}{\alpha_o}$$

ここに，α_i は屋内側の熱伝達率［W/(m^2・K)］，α_o は屋外側の熱伝達率［W/(m^2・K)］，d は材料の厚さ［m］，λ は材料の熱伝導率［W/(m・K)］です．

熱貫流率 K は，熱貫流抵抗の逆数となりますので，

$$K = \frac{1}{\dfrac{1}{\alpha_i} + \sum \dfrac{d}{\lambda} + \dfrac{1}{\alpha_o}}$$

で求められます．

●熱貫流量

熱貫流によって実際に伝わる熱の量が**熱貫流量**（単位は［W］でワットと読みます）で，次式で計算することができます．

$$Q = K \times (t_i - t_0) \times A$$

ここに，Q は熱貫流量［W］，t_i は屋内側の空気温度［℃］，t_o は屋外側の空気温度［℃］，A は壁体面積［m^2］です．

●露点温度

露点温度とは，ある温度の湿り空気を冷却して相対湿度が100%（飽和状態）となるときの温度をいいます．なお，相対湿度とは，「空気が含むことができる水蒸気量＝飽和水蒸気量」に対して，「空気中の水蒸気量＝絶対湿度」の割合（%）を示したものです．

●絶対湿度と相対湿度

湿り空気 1m^3 中に含まれる水蒸気の質量（g）を**絶対湿度**といいます．また，空気中に含まれる水蒸気量（W）と，その空気と同じ温度における飽和水蒸気量（Wmax）との比を**相対湿度**といいます（湿度といえば，普通は相対湿度を指します）．ちなみに，相対湿度が100%（W＝Wmax）のときの温度が**露点温度**になります．なお，飽和水蒸気量とは，ある空気に対して溶け込むことのできる水蒸気の限界量のことをいいます．

●表面結露と内部結露

結露には目に見える結露（**表面結露**）と構造体などの内部で起きて目に見えない結露（**内部結露**）があります．内部結露には，木造外壁の**室内側は防湿層**を設けて室内から外壁への水蒸気の流入を抑え，屋外側は気密性の低い材料を用いて換気を図ると効果的です．

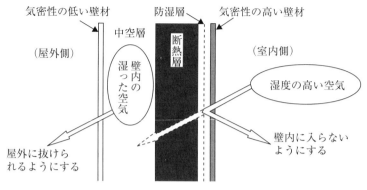

図 1-1　内部結露の防止

●中空層の断熱効果

　空気の熱伝導率はきわめて小さく，空気層（中空層）の厚さが 1 ～ 2cm 位までは層が厚くなるにしたがって熱抵抗は急増しますが，それ以上は微増する程度で，逆に**厚さが4～5cmを超えると対流による伝熱が生じてしまいます**．なお，中空層を利用した断熱では，アルミ箔をはると効果的です．

●冷橋と熱橋

　冷橋とは，冬の暖房時に室内で他の部分より低い温度となる部分のことをいいます．また，**熱橋**とは外壁と内壁の間にある柱などが熱を伝える現象のことで，**ヒートブリッジ**ともいいます．特に熱伝導率の高い鉄骨は，外気と室内の熱を伝えやすく，内部結露の原因になる場合が多いので注意する必要があります．

●断熱工法

（1）　内断熱工法

　以前から行われている断熱方法で，建物の内側から断熱する工法です．RC 造では，コンクリート外壁の室内側に断熱材を入れますが，断熱材の欠損部分で断熱されていない部分ができるためその部分で熱伝導が起き，冷えて（冷橋で）結露が発生しやすくなります．また，コンクリート壁の一部の太い鉄筋などの部分で熱が逃げやすくなり（熱橋），結露が発生しやすくなります．

（2）　外断熱工法

　構造材や躯体を断熱材ですっぽり包み込む工法です．断熱されない欠損部分がなく，**結露が発生しにくくなります**．

●断熱性能

　熱伝導率が小さいほど，断熱性能は高くなります．また，熱損失係数も値が小さいほど，

断熱性能が高くなります.

●温度勾配

　単位長さ当たりの温度変化の割合のことで，一般に，コンクリート中の温度勾配に比べて，**断熱材中の温度勾配は大きくなります**.

●熱容量

　熱容量は建物の壁や床，室内に置かれている家具などを含めた建物の断熱区画内のものの温度を，1℃変化させるのに要する熱エネルギーの量です.

●結露の防止

　冬季における外気の湿度は室内に比べて低いことから，**外気との換気は**室内湿度の減少をもたらし，**結露を防止する有効な方法**であるといわれています.

●コールドドラフト

　コールドドラフトとは，冬季の暖房時に室内空気が外壁面やガラス面で冷やされて下降することによって生じる空気の流れのことをいいます.

●平均放射温度

　暑さを示す体感指標の1つで，周囲の全方向から受ける熱放射を平均化して温度表示したもの.**MRT**（Mean Radiant Temperature）ともいいます.MRTの値が気温よりも高いと周囲から受ける熱放射による暑さを感じ，逆に気温より低いと涼しさを感じます.周囲に人工的な植林などを行ったときの，暑さ・涼しさの指標を測る場合に便利です.

●グローブ温度

　表面が黒色の銅球に，ガラス製温度計を挿入した温度計（グローブ温度計）によって測定した温度.気温および放射熱と体感の関係を示すのに用いられます.

●単位面積当たりの放射量

　単位面積当たりの放射量は，**絶対温度の4乗に比例**することが知られています.

●不快指数

　外界気候における暑さの度合いを知るための目安.乾球温度（気温）と湿球温度から算定され，70以上で一部の人が，75以上で半数が，80〜85でほぼすべての人が不快を感じ，86を超えると我慢ができなくなるといわれています.

● PPD と PMV

  PPD は Predicted Percentage of Dissatisfied の略記で，日本語では予測不快者率と訳すことができます．これは，ある暑い（もしくは寒い）状態の時に何％の人がその環境に不満足であるかを表す指標であり，PPD が高いほど，その環境を不満に感じる人の割合が多いと予想されます．一方，人体の熱負荷と人間の温冷感を結びつけた**温熱環境評価指数を PMV**（Predicted Mean Vote の略記で，日本語では予測温冷感申告）といいます．

●新有効温度

  室内気候は，気温，湿度，風速，放射熱の 4 要素によって形成されます．この環境側の 4 要素に加え，人間側の代謝量と着衣量を合わせた温熱 6 要素によって，総合的に評価した温度（湿度の基準値は 50%）のことを**新有効温度**といいます．

●メッツとクロ

  メッツ［METs］は Metabolic equivalents の略で，活動・運動を行った時に安静状態の何倍の代謝（カロリー消費）をしているかを表します．基礎代謝を計算する場合，安静時ということで METs＝1 となりますので，体重 70kg の人の場合，1 日の基礎代謝量は，

$$基礎代謝量 = 1(METs の値) \times 70 \times 24 = 1680(kcal)$$

となります．

  着衣による断熱性能には，一般に**クロ**［clo］という単位が用いられます．着衣の熱抵抗値である clo 値が大きいほど熱は逃げにくく，一般的な背広は 1 clo で裸体は 0 clo です．

【問題 1.1（熱環境）】 熱環境に関する記述［ア］〜［エ］の正誤を答えなさい．

［ア］冬季における壁の表面結露は，表面温度が他の部位より低下する外壁の隅角部や窓周りで発生しやすい．

［イ］一般に壁面内部の結露を防止するには，壁の外側に断熱層を設ける場合よりも，壁の内側に断熱層を設ける方が，効果が高い．

［ウ］熱容量の大きい建築物は，熱容量の小さい建築物に比べ外気温の変動に対して室温変化が大きい．

［エ］不快指数とは，気温，相対湿度および風速の組み合せによる体感温度の指標である．

（国家公務員Ⅱ種試験）

【解答】 ［ア］＝正（記述の通りで，冬季における壁の表面結露は，表面温度が他の部位より低下する外壁の隅角部や窓周りで発生しやすい．**公務員試験に合格するには，このような "記述の通り" の問題文を何回も読み返して覚えることが大切です**），［イ］＝誤（**内部結露**には，

木造外壁の室内側は防湿層を設けて室内から外壁への水蒸気の流入を抑え，屋外側は気密性の低い材料を用いて換気を図ると効果的です），[ウ]＝誤（熱容量の大きい建築物は，熱容量の小さい建築物に比べて，室温変化が小さい），[エ]＝誤（**不快指数**の算定では風速は使いません）

【問題 1.2（伝熱）】 建物の伝熱に関する記述［ア］～［エ］の正誤を答えなさい．

［ア］熱貫流率は，熱貫流抵抗の逆数で，単位は $W/(m^2 \cdot K)$ である．

［イ］熱貫流率は，壁体の熱の通しやすさを表し，その値が大きい壁体は断熱性能が優れている．

［ウ］壁表面と周囲の空気との間での熱移動を対流熱伝達という．

［エ］普通コンクリートの熱伝導率は，木材の熱伝導率より大きい．

（国家公務員Ⅱ種試験）

【解答】 ［ア］＝正（記述の通りで，**熱貫流率は熱貫流抵抗の逆数であり，単位は $W/(m^2 \cdot K)$** です．**重要事項の多くは前ページまでの要点で記述していますので，必ずこれらの重要事項を覚えてから問題を解くようにして下さい**），［イ］＝誤（**熱貫流率が大きい壁体は熱を通しやすく，断熱性能が劣っています**），［ウ］＝正（記述の通り，壁表面と周囲の空気との間での熱移動を**対流熱伝達**といいます），［エ］＝正（記述の通り，普通コンクリートの熱伝導率は，木材の熱伝導率より大きい）

【問題 1.3（伝熱）】 伝熱に関する記述［ア］～［エ］の正誤を答えなさい．

［ア］熱の移動には空気を介する必要があるため，複層ガラスの中空層を真空とした場合，当該複層ガラスの熱貫流率は $0W/(m^2 \cdot K)$ となる．

［イ］壁の内部に中空層を設ける場合，中空層の厚さに比例して壁の熱抵抗は増大するため，中空層が厚ければ厚いほど高い断熱性能を示す．

［ウ］一般に，密度が高い材料ほど熱伝導率が大きくなる傾向にあり，普通コンクリートの熱伝導率は木材の熱伝導率よりも大きい．

［エ］壁表面の熱伝達率は壁面に当たる風速によって変化するため，外壁においては，一般に，風速の大きい屋外側の方が，風速の小さい室内側より熱伝達率が大きい．

（国家公務員一般職種試験）

【解答】 ［ア］＝誤（窓ガラスの熱の通しやすさを克服するために開発されたのが**複層ガラス**です．複層ガラスは2枚のガラスの間に中空層を設けたもので，中空層によって熱の移動が抑えられ熱貫流率も低くなっています．ちなみに，複層ガラスでは，中空層に乾燥空気・アルゴンガスなどが含まれています．一方，中空層を真空にすると，「熱伝導」と「対流」が起きないことから，複層ガラスの中でもとりわけ断熱性能に優れた製品となりますが，熱貫流率が$0W/(m^2 \cdot K)$になることは決してありません），［イ］＝誤（中空層の厚さが2〜3cmまでは熱抵抗は増加しますが，これ以上では減少します），［ウ］＝正（**熱伝導率**とは材料内の熱の伝わりやすさを示す数値のことで，空隙のある材料では，空隙率が高くなるほど熱伝導率は小さくなります），［エ］＝正（壁などの材料の表面とこれに接する空気との間の熱の伝わりやすさを示す数値が**熱伝達率**です．熱伝達率は，壁の表面が粗いほど，空気の流れが速いほど大きく，熱を伝えやすくなります）

【問題 1.4（伝熱・結露）】 伝熱・結露に関する記述［ア］〜［エ］の正誤を答えなさい．

［ア］物体は表面温度に応じて熱を放射しているため，表面温度が0℃である物体は熱を放射しない．

［イ］保湿性の高い建築物であっても，暖房室と非暖房室がある場合，一般に，暖房室に比べて非暖房室では結露が発生しやすい．

［ウ］壁体の熱の通しやすさは熱貫流率で表すことができ，その単位は$W/(m \cdot K)$である．

［エ］壁体の一部に極端に熱伝導率が大きい部分があると，この部分に熱が集中して流れる．この部分を熱橋（ヒートブリッジ）という．

(国家公務員一般職種試験)

【解答】 ［ア］＝誤（どんな物体でも，その物体の温度に応じた赤外線エネルギーを放射しています．物体から放射された赤外線エネルギーを測定することで，物体の温度を求めることができます），［イ］＝正（記述の通り，保湿性の高い建築物であっても，暖房室と非暖房室がある場合，一般に，暖房室に比べて非暖房室では結露が発生しやすい），［ウ］＝誤（**熱貫流率**は，室内外両側に1K（ケルビン）の温度差がある場合，$1m^2$の面積を何ワットの熱が壁体を通過するかを表したもので，単位はワット毎平方メートル毎ケルビン$[W/(m^2 \cdot K)]$です），［エ］＝正（記述の通り，壁体の一部に極端に熱伝導率が大きい部分があると，この部分に熱が集中して流れますが，この部分を**熱橋（ヒートブリッジ）**といいます）

【問題 1.5（熱環境）】　熱環境に関する記述 ［ア］〜［エ］の正誤を答えなさい.

［ア］壁面の材料と材料の間に空気層がある中空壁では，中空層の厚みを増せば増すほど熱抵抗が増大し，高い断熱性能を示すようになる.

［イ］外壁の壁体内部に発生する結露を防止するためには，断熱層の厚さを増して断熱性を高めれば，防湿層を設ける必要はない.

［ウ］建築で用いる材料の熱伝導抵抗の大小は，材料断面の厚さが同じである場合,

木材＞普通コンクリート＞金属

　の順である.

［エ］外壁構造体の外気側に断熱層を設置する外断熱工法は，熱橋（ヒートブリッジ）部の発生を抑え，結露防止に効果がある.

（国家公務員 II 種試験）

【解答】　［ア］＝誤（厚さが 1 〜 2cm 位までは層が厚くなるにしたがって**熱抵抗**は急増しますが，厚さが 4 〜 5cm を超えると対流による伝熱が生じてしまいます），［イ］＝誤（**内部結露**には，木造外壁の室内側は防湿層を設けて室内から外壁への水蒸気の流入を抑え，屋外側は気密性の低い材料を用いて換気を図ると効果的です），［ウ］＝正（記述の通りで，熱伝導抵抗の大小は「木材＞普通コンクリート＞金属」の順です. **熱伝導率**ではなく，**熱伝導抵抗**であることに留意すること），［エ］＝正（記述の通り，外壁構造体の外気側に断熱層を設置する外断熱工法は，熱橋（ヒートブリッジ）部の発生を抑え，結露防止に効果があります）

【問題 1.6（空気環境・湿気環境）】　わが国における建築の空気環境・湿気環境に関する記述 ［ア］〜［エ］の正誤を答えなさい.

［ア］飽和絶対湿度は気温によって変化し，一般に，温度が下がると小さくなる.

［イ］湿り空気が冷却されて飽和状態となるときの温度を露点温度という.

［ウ］外壁の隅角部では熱が伝わりやすいため，冬に室内側で表面結露が発生しやすい.

［エ］防湿層は，断熱材の室内側よりも屋外側に設置した方が，内部結露の防止対策としての効果は高い.

（国家公務員 II 種試験）

【解答】　［ア］＝正（記述の通り，**飽和絶対湿度**は気温によって変化し，一般に，温度が下がると小さくなります），［イ］＝正（記述の通り，湿り空気が冷却されて飽和状態となるときの温度を**露点温度**といいます），［ウ］＝正（記述の通り，外壁の隅角部では熱が伝わりやすいた

め，冬に室内側で表面結露が発生しやすい），［エ］＝誤（**内部結露**には，木造外壁の室内側は防湿層を設けて室内から外壁への水蒸気の流入を抑え，屋外側は気密性の低い材料を用いて換気を図ると効果的です）

【問題 1.7（温熱感覚）】 温熱感覚に関する記述［ア］，［イ］，［ウ］について，あてはまる語句を答えなさい．

「室内気候は，気温，湿度，風速， ［ア］ の 4 要素によって形成される．これに，代謝量と ［イ］ を合わせた 6 要素の温熱感覚指標として ［ウ］ がある」

(国家公務員一般職試験)

【解答】 ［ア］＝放射熱，［イ］＝着衣量，［ウ］＝新有効温度

1.3 光

●日照と日射

太陽光による明るさを**日照**，太陽光による熱作用を**日射**といいます．北面も6ヶ月間は日照があり，南壁面の受熱量は冬が最も大きいことは覚えておきましょう．

●日照率

日照率は次式で定義されます．

$$日照率 = \frac{日照時間（実際に日の照った時間）}{可照時間（日の出から日没までの時間）} \times 100 \quad （\%）$$

● 直達日射量
_{ちょくたつにっしゃりょう}

日射量は，単位面積が単位時間に受ける熱量〔W/m²〕で表します．直接地上に到達する太陽光の日射量を**直達日射量**，大気層で塵などにより乱反射された後に地上に到達する日射量を**天空日射量**といい，これらを合計したものを**全天日射量**といいます．

全天日射量＝直達日射量＋天空日射量

なお，受照面の傾きによって，法線面直達日射量（直達日射の方向に直交する面の日射量），水平面直達日射量，鉛直面直達日射量などがあります．

●大気透過率

大気透過率 P は次式で定義されます．

$$P = \frac{I}{I_0}$$

ここに，I は直達日射量，I_0 は太陽定数（1,353W/m²）です．**大気透過率は，水蒸気やじんあいが少なく，空気の澄んでいる土地や季節の方が大きくなります**．それゆえ，一般に，夏期より冬期の方が大きく，じんあいの多い所ほど小さくなります．

●昼光

昼光とは，太陽を光源として，地球上に到達する光のことですが，照明の観点からみると，性状の違いから4つに大別されます．

（1）直射日光

直射日光とは太陽の光のうち，水蒸気や塵などによって拡散・吸収されることなく，直接地面に到達するものです．太陽の位置は日々刻々と変化し，太陽が雲に隠れることもあるので，照度予測が難しいため，照明としては扱いません．

（2）　天空光

天空光は，太陽光が大気中の塵や雲などの微粒子により拡散された後，地表面に到達するもので，直射日光に比べて時間的変動が少ないため，照明は主として天空光を使用します．

（3）　地物反射光

直射日光や天空光が周囲の地面や建物，樹木に反射してくる光のことです．厳密には，照明として扱うことは可能ですが，省略してもさほど問題はありません．

（4）　室内反射光

窓を通って入射した光が天井，壁，床で反射して得られる間接照度のことです．こちらも地物反射光と同様，照明として扱うことは可能ですが，省略してもさほど問題はありません．

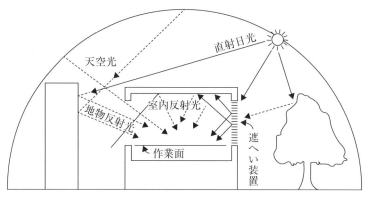

図1-2　昼光

●昼光率

昼光率は次式で定義されます．

$$U = \frac{室内のある点における照度E(l_X)}{全天空照度E_s(l_X)} \times 100 \quad (\%)$$

なお，全天空照度とは周囲になんの障害物もない屋外において，直射日光を除いた全天空光による水平面照度のことで，快晴時よりも薄曇りの時の方が大きいことが知られています．また，lx は照度の単位でルクスと読みます．

昼光率は全天空照度が変化しても変わりませんが，周囲の建物や樹木，窓の大きさや位置，窓からの距離によって変化します．

●光度
　こうど

光度とは，光源からある方向に放射された単位立体角当たりの光の明るさを表す心理的な物理量．単位立体角当たりの光束で表され，単位は cd（カンデラと読む）です．

●日射取得係数

建物の省エネルギー設計にあたって，夏の日差しをどれくらい遮り，冬の日光をどれだけ取り込めばよいかを判断するための指標．日射取得性能または日射遮蔽性能を表します．

●日射遮蔽性能

窓面の日射の遮蔽性能を示します．ただし，日射熱取得率を用いた指標なので，日射遮蔽係数（0〜1）が大きいほど遮蔽効果は小さくなります（**数値が小さいほど効果は高い**）．

●各方位面の受ける全日の直達日射量（東京）

・南面壁の1日当たりの直達日射量は冬季に多く，夏季に少ない．

・夏至の1日当たりの直達日射量は，南向き鉛直壁面より東・西向き鉛直壁面の方が大きい（一番大きいのは水平面）．

・冬至正午における直達日射量は，水平面より南向き鉛直面の方が多い．

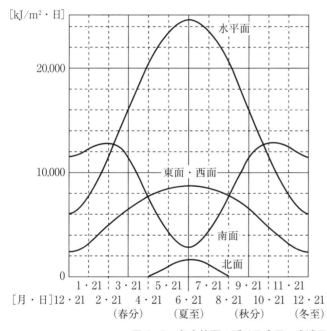
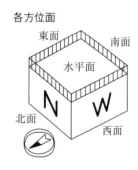

図1-3　各方位面の受ける全日の直達日射量（東京）

●永久日影

永久日影とは，夏至に終日日影となる場所のことで，1年中直達日射が当たりません．

●建築物の日影

冬至のときに影が一番長くなりますので，建築物の日影は冬至において検討します．

●**全天空照度**

　全天空照度とは，直射光を除いた，空の明るさである天空光による地上の水平面照度のことをいいます．

●**隣棟間隔**

　必要な日照や採光を確保し，火災などの災害やプライバシー保護などのための建物相互の間隔のこと．特に南北方向の隣棟間隔は，太陽高度が最も低い（影が最も長くなる）冬至において一定時間の日照を確保するように定めています．なお，南北間の距離を D，建物の高さを H とした場合，D/H を**隣棟間隔比**といいます．

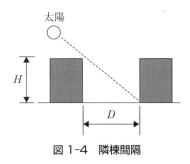

図 1-4　隣棟間隔

●**光の三原色**

　赤，緑，青の３つの色を**光の三原色**といいます．

【問題 1.8（日照・日射）】　日照・日射に関する記述［ア］〜［エ］の正誤を答えなさい. ただし, 観測地点は, 北緯 35 度（東京）とします.

［ア］冬至の日の正午における直達日射量は, 水平面が受ける量より南向き鉛直壁面が受ける量の方が大きい.

［イ］北向き鉛直壁面には, 1 年を通して直達日射は当たらない.

［ウ］夏至の日の正午における直達日射量は, 南向き鉛直壁面が受ける量より水平面が受ける量の方が大きい.

［エ］永久日影とは, 夏至に終日日影となる場所のことであり, 1 年中直達日射が当たらない.

（国家公務員 II 種試験）

【解答】　［ア］＝正（記述の通り, 冬至の日の正午における直達日射量は, 水平面が受ける量より南向き鉛直壁面が受ける量の方が大きい）, ［イ］＝誤（北面も 6 ヶ月間は日照があります）, ［ウ］＝正（記述の通り, 夏至の日の正午における直達日射量は, 南向き鉛直壁面が受ける量より水平面が受ける量の方が大きい）, ［エ］＝正（記述の通り, **永久日影**とは, 夏至に終日日影となる場所のことであり, 1 年中直達日射が当たりません）

【問題 1.9（日照・日射・採光）】　日照・日射・採光に関する記述［ア］〜［エ］の正誤を答えなさい.

［ア］日照に関連して住宅の隣棟間隔を検討する場合, 冬至を基準にして検討する.

［イ］直達日射を受けないガラス窓では, 日射による熱取得はない.

［ウ］晴天日における大気透過率は, 一般に, 冬期より夏期の方が大きい.

［エ］昼光率は, 室内のある点における昼光照度と, 全天空照度との比率である.

（国家公務員 II 種試験）

【解答】　［ア］＝正（隣棟間隔は, 太陽高度が最も低い冬至において一定時間の日照を確保するように定めています）, ［イ］＝誤（大気層で塵などによって乱反射された天空日射の作用はあります. **全天日射量＝直達日射量＋天空日射量**）, ［ウ］＝誤（**大気透過率**は, 一般に, 夏期より冬期の方が大きく, じんあいの多い所ほど小さくなります）, ［エ］＝正（記述の通り, **昼光率**は, 室内のある点における昼光照度と, 全天空照度との比率です）

【問題 1.10（日射・光環境）】 建築の日射・光環境に関する記述 ［ア］～［エ］の正誤を答えなさい.

［ア］暗所では明所に比べて赤い光を暗く, 青い光を明るく感じ, これをプルキンエ現象という.

［イ］光度とは単位面積当たりに入射する光束で, ある面が照らされる程度を示す指標である.

［ウ］ガラスの遮蔽性能の指標である日射遮蔽係数は, その値が大きいほど遮蔽効果も大きい.

［エ］直達日射量と天空日射量を合わせたものを全天日射量という.

(国家公務員Ⅱ種試験)

【解答】 ［ア］＝正（**プルキンエ現象**とは, 薄暗い所で, 短波長の青色に近いものが明るく見え, 長波長の赤色のものが暗く見える現象のこと. 4章で記述）, ［イ］＝誤（**光度**とは, 光源からある方向に放射された単位立体角当たりの光の明るさを表す心理的な物理量のことです）, ［ウ］＝誤（**日射遮蔽係数**は, 数値が小さいほど効果が高い）, ［エ］＝正（記述の通り, 直達日射量と天空日射量を合わせたものを**全天日射量**といいます）

1.4　音

● dB（デシベル値）

「dB」は音の大きさである**音圧レベル**を表すのに一般的に用いられる単位で，ある基準値 A に対する B のデシベル値 L_B は，基準値との比をとって対数表示した後，得られた数値を 10 倍して，

$$L_B = 10 \, \log_{10} \frac{B}{A} \; [\mathrm{dB}]$$

のように求まります．参考までに，音圧レベルを人間の聴覚に合わせて補正した評価尺度が **騒音レベル（A 特性音圧レベル**ともいわれます）で単位は dB（A）です．

なお，人間の会話でも 60 〜 70dB ありますので，教室や一般事務室の推奨値である 50dB 程度であればかなり静かな環境が保たれます．

● 音の強さ

音の強さは，音波の進行方向に垂直な断面積を単位時間に通過するエネルギー（単位面積 当たりのパワー）であり，単位は $\mathrm{W/m^2}$（ワット毎平方メートル）です．なお，**音の強さは 音源からの距離の 2 乗に反比例し，距離を 2 倍にすると騒音レベルは約 6dB 減衰します**[1]．

● 音の強さのレベル

$I[\mathrm{W/m^2}]$ の音の強さのレベル L は，最小可聴値（$1 \times 10^{-12} \; \mathrm{W/m^2}$）との比を対数表示して 10 倍した

$$L = 10 \, \log_{10} \frac{I}{1 \times 10^{-12}} \; [\mathrm{dB}]$$

で表します．ちなみに，$1 \times 10^{-6} \; \mathrm{W/m^2}$ の音は，音の強さのレベルが

$$L = 10 \, \log_{10} \frac{1 \times 10^{-6}}{1 \times 10^{-12}} = 60 \; [\mathrm{dB}]$$

となり，同時に 2 つ存在した時の音の強さのレベルは，

$$L = 10 \, \log_{10} \left(\frac{1 \times 10^{-6}}{1 \times 10^{-12}} + \frac{1 \times 10^{-6}}{1 \times 10^{-12}} \right) = 10 \, \log_{10} (2 \times 10^6) = 10 \, \log_{10} 2 + 10 \, \log_{10} 10^6 \fallingdotseq 63 \; [\mathrm{dB}]$$

となります．したがって，**同じ音が同時に 2 つあった場合の音の強さのレベルは約 3dB 大 きくなる（エネルギーが半分になれば約 3dB 小さくなる）**ことがわかります．ちなみに，**同 じ音が同時に 3 つあった場合の音の強さのレベルは約 5dB 大きくなります**．

---

1)　なぜなら，$10 \, \log_{10} \dfrac{1/4}{1} \fallingdotseq -6.02\mathrm{dB}$ となるからです．

●人の可聴音（音の知覚）

人間の耳は，一般に **20Hz から 20,000Hz（20kHz）の音を知覚**します．ただし，上限は加齢とともに低くなる傾向があり，成人では一般に 16kHz より高い音は聞こえないようです．

なお，耳は 20Hz 未満の音は知覚できませんが，触覚で感じることができるといわれています．

●音の大きさのレベル（ラウドネスレベル）

同じ音圧レベルの音であってもその周波数が異なると大きさが違って感じられます．各純音の周波数と，音圧レベルに対して等しいラウドネスレベルになる点を結んだものを**等ラウドネス曲線**といいます．ちなみに，人の聴覚は 4,000Hz 付近で最も感度が高いことが知られています．

●吸音と遮音

吸音は音を吸収または透過させて反射させないことで，遮音はある空間で発生した音を他の空間へ伝搬させないようにすることです．したがって，吸音と遮音は異なります．

●吸音材料

吸音材料は吸音機構によって大別すると次の３つに分類できます．

①多孔質材料（グラスウール[2]・ロックウールなど）

グラスウールなどの通気性のある多孔質材料では，音のエネルギーの一部が繊維との摩擦で失われ，主として**高音をよく吸収**します．

②板状材料（合板・石膏ボードなど）

合板や石膏ボードなどの板状材料では，音のエネルギーの一部が振動に使われる形で失われ，主として**低音をよく吸収**します．

③孔あき板

孔あき板などの穿孔板材料では，背後の空気層とで構成される振動系での共鳴によって吸音し，主として**中音をよく吸収**します．

●吸音力

吸音力は，吸音率に室内表面積（m²）を乗じた

吸音力＝吸音率×材料の使用面積

で計算します．単位は ［m²］ と書いて**メートルセービン**と読みます．

---

2) **グラスウール**：ガラス繊維に接着剤を混ぜて板・筒・帯状にした断熱吸音材

●透過損失

　入射音が窓や壁などによって遮音される量（＝入射音－透過音）を表します．したがって，「透過損失が大きい」＝「透過率が小さい」＝「遮音性能が大きい」ことになります．ちなみに，**重量の大きい（密度の大きい）材料ほど遮音力は大きく**，透過損失も増えます．また，一般に，**低音より高音になるにしたがって，壁の透過損失は増大**します．

　なお，**透過率**は，「壁へ入射する音のエネルギー」に対する「壁の反対側へ透過する音のエネルギー」の割合であり，透過損失は透過率の逆数を「**dB**」で表示した値になります．

●暗騒音
（あんそうおん）

　特定できる騒音以外の騒音，または評価対象の音以外の騒音を**暗騒音**といいます．

●マスキング効果

　通常なら明瞭に聞こえる音が，別の音でマスクされて聞こえなくなることがありますが，このような現象をマスキングといいます．

●カクテルパーティー効果

　カクテルパーティー効果とは，様々な雑音が存在する状況で必要な情報を選別できることをいいます．

●残響と残響時間

　音源が停止した後も室内に音が残る現象を**残響**といいます．残響の程度を数量的に表すのには**残響時間**を用いますが，これは音の強さのレベルが60dB減衰する（エネルギー密度が$1/10^6$すなわち100万分の1になる）のに要する時間と規定されています．残響時間は部屋の容積が大きいほど長くなり，吸音する材料や物（人も含む）が多いほど短くなります．また，残響時間が長いと聞き取りにくくなります（音声が正確に聞き取れる度合いを示す明瞭度が低下します）．

●反響（エコー）

　直接音が聞こえて，その後に反射音が分離して聞こえること（1つの音が2つ以上に聞こえる現象）を**反響**といいます．

●床衝撃音の遮音等級

　JISによる床衝撃音の遮音等級は**L値**で示します．L値は上階の床で生じる音が下階でどの程度に聞こえるかを表すもので，**数値が小さいほど遮音性能に優れています．**

●間仕切り壁の遮音等級

JIS による間仕切り壁の遮音等級は**D 値**で示します．D 値は壁に入る音（入射音）のレベルと，壁を透過する音（透過音）との音圧レベルの差をデシベル（dB）で表したもので，**数値が大きいほど遮音性能が優れています**．

●音の三要素

聴感上の「三つの要素」は，**高さ・大きさ（強さ）・音色**です．

【問題 1.11（音環境）】 建築の音環境に関する記述［ア］～［エ］の正誤を答えなさい.

［ア］一般に, 室容積が大きいほど, 最適残響時間は短くなる.

［イ］ある音が別の音の存在によって聞き取りにくくなる現象を, カクテルパーティー効果という.

［ウ］一般に, 音圧レベルが同じ音でも周波数が異なると, 人の感覚では同じ大きさには聞こえない.

［エ］特定できる騒音以外の騒音, または評価対象の音以外の騒音を暗騒音という.

（国家公務員Ⅱ種試験）

【解答】 ［ア］＝誤（最適残響時間は長くなります）, ［イ］＝誤（**カクテルパーティー効果**とは, 様々な雑音が存在する状況で必要な情報を選別できることをいいます. ある音が別の音の存在によって聞き取りにくくなる現象は**マスキング効果**といいます）, ［ウ］＝正（記述の通り, 一般に, 音圧レベルが同じ音でも周波数が異なると, 人の感覚では同じ大きさには聞こえません）, ［エ］＝正（記述の通り, 特定できる騒音以外の騒音, または評価対象の音以外の騒音を**暗騒音**といいます）

【問題 1.12（音）】 音に関する記述［ア］～［エ］の正誤を答えなさい.

［ア］点音源の場合, 音源からの距離が2倍になると, 音の強さのレベルは約6dB低下する.

［イ］JISによる間仕切り壁の遮音等級の数値は, 大きいほど遮音性能が優れている.

［ウ］JISによる床衝撃音の遮音等級の数値は, 小さいほど遮音性能が優れている.

［エ］残響時間とは, 定常状態になっている音源の音を止めた後に, その音圧レベル〔dB〕が半減するまでにかかる時間〔秒〕をいう.

（国家公務員Ⅱ種試験）

【解答】 ［ア］＝正（記述の通り, 点音源の場合, 音源からの距離が2倍になると, 音の強さのレベルは約6dB低下します）, ［イ］＝正（**D値**のことで, 記述の通り, JISによる間仕切り壁の遮音等級の数値は, 大きいほど遮音性能が優れています）, ［ウ］＝正（**L値**のことで, 記述の通り, JISによる床衝撃音の遮音等級の数値は, 小さいほど遮音性能が優れています）, ［エ］＝誤（残響時間とは音の強さのレベルが60dB減衰するのに要する時間です）

【問題 1.13（吸音および遮音）】 吸音および遮音に関する記述［ア］～［エ］の正誤を答えなさい.

［ア］グラスウールなどの通気性のある多孔質材料では，音のエネルギーの一部が繊維との摩擦で失われ，主として低音をよく吸収する.

［イ］合板や石膏ボードなどの板状材料では，音のエネルギーの一部が振動に使われる形で失われ，主として高音をよく吸収する.

［ウ］孔空き板などの穿孔板材料では，背後の空気層とで構成される振動系での共鳴によって吸音し，主として中音をよく吸収する.

［エ］一般に，音の透過損失は質量の大きい材料ほど大きくなり，合板の壁よりもコンクリートの壁の方が，透過損失は大きい.

（国家公務員Ⅱ種試験）

【解答】　［ア］＝誤（グラスウールなどの通気性のある**多孔質材料では，主として高音をよく吸収**します），［イ］＝誤（**板状材料では，主として低音をよく吸収**します），［ウ］＝正（記述の通り，孔空き板などの穿孔板材料では，背後の空気層とで構成される振動系での共鳴によって吸音し，主として中音をよく吸収します），［エ］＝正（記述の通り，一般に，音の透過損失は質量の大きい材料ほど大きくなり，合板の壁よりもコンクリートの壁の方が，透過損失は大きい）

【問題 1.14（音環境）】 音環境に関する記述［ア］～［エ］の正誤を答えなさい.

［ア］残響時間とは，定常状態になっている音源の音を止めた後に，その音圧レベル（dB）が半減するまでにかかる時間（秒）をいう.

［イ］点音源の場合，音源からの距離が2倍になると，音の強さのレベルは約6dB低下する.

［ウ］グラスウール等の多孔性吸音材料の吸音率は，材料の厚さに左右されない.

［エ］人間の聴覚系の感度は，可聴域において音の周波数が低いほど高い.

（国家公務員Ⅱ種試験）

【解答】　［ア］＝誤（**残響時間**は，音の強さのレベルが60dB減衰するのに要する時間です），［イ］＝正（記述の通り，点音源の場合，音源からの距離が2倍になると，音の強さのレベルは約6dB低下します），［ウ］＝誤（多孔性吸音材料の吸音率は，材料の厚さに左右されます），［エ］＝誤（**人間の耳の可聴域**は20Hz～20,000Hzで，20Hz未満の音は知覚できないことを知っていれば，この記述は誤であることがわかると思います）

【問題 1.15（音環境）】　音環境に関する記述［ア］〜［エ］の正誤を答えなさい.

［ア］均質な材料でできた単一壁の場合，低音域から高音域になるにしたがって壁の透過損失が減少する.

［イ］音声が正確に聞き取れる度合いを示す明瞭度は，一般に室内の残響時間が長いほど低下する.

［ウ］音をよく吸音する多孔質材料は，同時に有効な遮音材料として用いることができる.

［エ］同じ音響出力を持つ音源が2つあった場合の音の強さのレベルは，1つの音源の音の強さのレベルより 3dB 高くなる.

(国家公務員Ⅱ種試験)

【解答】　［ア］＝誤（一般に，**低音より高音になるにしたがって，壁の透過損失は増大**します），［イ］＝正（残響時間が長いと聞き取りにくくなります），［ウ］＝誤（吸音は音を吸収または透過させて反射させないことで，遮音はある空間で発生した音を他の空間へ伝搬させないようにすることです. したがって，吸音と遮音は異なります），［エ］＝正（記述の通り，同じ音響出力を持つ音源が2つあった場合の音の強さのレベルは，1つの音源の音の強さのレベルより 3dB 高くなります）

【問題 1.16（建築環境工学）】　建築環境工学の用語に関する記述［ア］〜［エ］の正誤を答えなさい.

［ア］熱貫流とは，一方の空気から壁体を通して他方の空気まで熱が流れることをいう.

［イ］露点温度とは，ある温度の湿り空気を冷却して相対湿度が100%となるときの温度をいう.

［ウ］グレアとは，まぶしさのことで，光源からの直接の光によって起こる不快グレアと反射光によって起こる減能グレアとに分類される.

［エ］残響時間とは，音源から一定の音を発してエネルギー密度が一定になった後に音源を停止し，エネルギー密度が音源停止時の 10^{-3} 倍に減衰するのに要する時間をいう.

(国家公務員Ⅱ種試験)

【解答】　［ア］＝正（記述の通り，**熱貫流**とは，一方の空気から壁体を通して他方の空気まで熱が流れることをいいます），［イ］＝正（記述の通り，**露点温度**とは，ある温度の湿り空気を冷却して相対湿度が100%となるときの温度をいいます），［ウ］＝誤（直接の光によって起こるグレアが**直接グレア**，反射光によって起こるグレアは**反射グレア**です. ちなみに，目の機能を生理的に損なうグレアが「**不能グレア**」「**減能グレア**（不能グレアよりも軽度）」です. グレアについては 4.4 の記述を参照），［エ］＝誤（10^{-3} 倍ではなく 10^{-6} 倍が正しい）

1.5　色　彩

●マンセル色立体

マンセル色立体において，**色相・明度・彩度**をマンセル表色系の３属性といいます.

①色相（Hue）ヒュー

色相は色合いを示すもので，赤（R）・黄（Y）・緑（G）・青（B）・紫（P）の５色と，それぞれの間の黄赤（YR）・黄緑（GY）・青緑（BG）・青紫（PB）・赤紫（PR）の５色の中間色相を加えた10色の色相が基本になります.

②明度（Value）バリュー

明度は色の明るさを表し，完全な黒を0，完全な白を10として，この間を等間隔に11段階に分けています.

③彩度（Chroma）クロマ

彩度は色の鮮やかさが増すほど値が大きくなり，無彩色を0として最大14程度までとなっています.

●有彩色と無彩色

赤・青・緑などの色相をもつものを**有彩色**といい，**色相－明度－彩度**の順に表示します.また，色相がない白・灰色・黒などを無彩色といい，記号Ｎと**明度**だけで表します.

●色の対比

色相・明度・彩度のそれぞれが異なる２色を同時に見たときに，視感の変化によって生ずる対比効果を**同時対比**といいます.

①色相対比

同じ色なのに周囲の色の影響を受けて色が少し変わって見える現象のこと.

②明度対比

背景色との明るさ（明度）の違いによって，本来の明るさとは違って見えてしまう現象のこと.明度の違った色を並べると，明度の差が大きく見えます.

③彩度対比

彩度の異なる色が影響し合い，鮮やかさが変わって見えること.

④補色対比

補色の関係にある色同士が補色残像現象のために，お互いに，より鮮やかさが強調されたように見えること.

⑤面積対比

色が占める面積の大小で，その色の濃淡が違って見えること.同じ色でも面積が大きくなると明度や彩度が高くなったように見え，この現象を**色彩の面積効果**といいます.

なお，ある 1 つの色を見つめた後に他の色に目を移すと，今まで見ていた色の残像現象の影響を受けて，本来とは多少違う色に見えてしまいますが，これを**継続対比**といいます．

●色温度

光の色味を表す単位を**色温度**といいます．単位は絶対温度の K（ケルビン）です．**赤っぽいものほど色温度が低く，青白っぽいものほど色温度は高くなります**．ちなみに，**色温度の低い光源を用いた場合，一般に暖かみのある雰囲気**になります．

●補色

色相環で正反対に位置する関係の色の組み合わせ（たとえば，赤に対しての緑，黄に対しての紫，青に対しての橙など，相補的な色のこと）を**補色**といいます．補色同士の色の組み合わせは互いの色を引き立て合う相乗効果があり，これを**補色調和**といいます．それゆえ，**補色を 1 番目立つ 2 色の組み合わせ**ということもできます．なお，補色となる色同士がそれぞれを引き立てることで，より鮮やかに見える現象のことを**補色対比**といいます．

●色の三原色

シアン（青緑），マゼンタ（赤紫），イエロー（黄）を色の三原色といい，この三色を混ぜ合わせると，ほとんどの色をつくり出すことができます．

●安全色

安全色は，危険箇所や避難経路などの安全性を，誰もが遠くからひと目でわかるように示す色のことです．日本産業規格（JIS）では，安全色として「赤」「黄赤」「黄」「緑」「青」「赤紫」の 6 色が規定されています．安全色は，危険標識・安全標識だけでなく，案内用図記号の色としても使われています．

【問題 1.17（光環境）】 光環境に関する記述［ア］～［オ］の正誤を答えなさい．

［ア］東京の夏至において，建物の南鉛直面の受ける日射量は水平面より多い．

［イ］東京において夏至に終日日影となる場所が，必ずしも，1年中日影で直射光が射すことはない永久日影とはならない．

［ウ］点光源の場合，光源からの距離が2倍になると光の照度は1/2となる．

［エ］視野内の極端な輝度対比などにより引き起こされた視力低下や，目の疲労・不快感などの障害をプルキンエ現象という．

［オ］小面積よりも大面積の色の明度，彩度が高くなったように見える効果を，色の面積効果という．

（国家公務員Ⅱ種試験）

【解答】 ［ア］＝誤（当然ですが，東京の夏至において，**日射量**は「**水平面＞建物の南鉛直面**」です），［イ］＝誤（**永久日影**とは，夏至に終日日影となる場所のことであり，1年中直達日射が当たりません），［ウ］＝誤（点光源の逆2乗法則から，距離が2倍になると光の照度は1/4になります），［エ］＝誤（**プルキンエ現象**とは，暗くなってくると短波長の青色が明るく鮮やかに見える現象のことです．4.4の記述を参照），［オ］＝正（記述の通り，小面積よりも大面積の色の明度，彩度が高くなったように見える効果を，**色の面積効果**といいます）

【問題 1.18（色彩）】 色彩に関する記述［ア］～［エ］の正誤を答えなさい．

［ア］色を表現する要素のうち，色相は，色の鮮やかさを表す．

［イ］マンセルが考案した色彩の表示方法によれば，色彩は，色相と彩度の2つの要素で表示できる．

［ウ］同じ色でも面積が大きくなると明度や彩度が高くなったように見える現象を，色彩の面積効果という．

［エ］彩度が異なる同じ系統の色を並べた場合，彩度の差は，より大きく見える．

（国家公務員Ⅱ種試験）

【解答】 ［ア］＝誤（**色相**は色合いを示すものです．色の鮮やかさは**彩度**です），［イ］＝誤（マンセル色立体において，**色相・明度・彩度**をマンセル表色系の3属性といいます），［ウ］＝正（記述の通り，同じ色でも面積が大きくなると明度や彩度が高くなったように見える現象を，**色彩の面積効果**といいます），［エ］＝正（記述の通り，彩度が異なる同じ系統の色を並べた場合，彩度の差はより大きく見えますが，これを**彩度対比**といいます）

【**問題 1.19（色彩）**】 色彩に関する記述［ア］〜［エ］の正誤を答えなさい.

［ア］マンセルにより創案された色相環において，直径の両端に位置する 2 色は補色の関係
にある.

［イ］色を表現する要素のうち，明度は，色の鮮やかさを表す.

［ウ］同じ色でも，面積が大きい色は暗く彩度も低く見え，面積が小さい色は明るく彩度も
高く見える．これを色彩の面積効果という.

［エ］隣接する色の色相や明度，彩度の差が大きい場合，その差が実際以上に感じられるこ
とを対比効果といい，様々な表示の視認性を高めるために利用されている.

（国家公務員 II 種試験）

【**解答**】 ［ア］＝正（記述の通り，マンセルにより創案された色相環において，直径の両端に
位置する 2 色は補色の関係にあります），［イ］＝誤（**明度**は色の明るさを表します．ちなみ
に，色の鮮やかさを表すのは**彩度**です），［ウ］＝誤（同じ色でも面積が大きくなると明度や彩
度が高くなったように見えますが，この現象を**色彩の面積効果**といいます），［エ］＝正（記述
の通り，隣接する色の色相や明度，彩度の差が大きい場合，その差が実際以上に感じられる
ことを対比効果といい，様々な表示の視認性を高めるために利用されています）

第 2 章

建築計画各論

2.1　住宅建築

［住宅］

●就寝分離と寝食分離

①就寝分離

　家族の関係や性別，年齢などにより寝室を別にして就寝すること．

②食寝分離[1]

　食事をするところと寝るところとは必ず別空間とし，兼用しないようにすること．

● DK（ダイニングキッチン）型[2]

　住戸の平面計画の基本型として提案された「DK（ダイニングキッチン）型」は，主に，「食寝の分離」と「就寝室の隔離」をねらいとして開発されたプランニング手法です．

●収納空間

　各個室床面積の 20% 程度は確保しておくのが望ましい．

●バルコニー

・集合住宅に耐火構造のバルコニーを設けると，下階からの延焼を防ぐのに効果があり，**2 方向避難の通路としても重要**です．

・バルコニーに設ける手すりの高さ（安全上必要な高さ）は **1.1m 以上**とします．

---

1)　以前は，食事をする場所と就寝する場所として同一の場所を兼用していましたが，1942 年に京都大学の**西山夘三 博士**によって**食寝分離論**が唱えられ，公団住宅がダイニングキッチン型のプランを採用するに至ったとされています．また，現在では食寝分離は，公団住宅の設計理念として完全に定着しています．なお，**寝食分離**とは，介護する上で，基本的に寝る場所と食事をする場所を分けることをいいます．寝食分離は，気分転換・食欲増進によい影響を与え，身体機能の維持や向上が図られ，寝たきり状態の改善につながります．

2)　キッチン（台所）に加えて食事するスペース（ダイニング）があることは，食べる部屋と寝る部屋の分離に繋がります．

●上がりやすい階段

上がりやすい階段という意味で便宜上使用している簡単な計算式を以下に示します．

$$蹴上げ×2＋踏み面＝65〜61cm$$

ただし，蹴上げは踏み板から踏み板までの高さ，踏み面は足を乗せる板の巾のことです．

●プレハブ住宅

プレハブはプレファブリケイション（prefabrication）の略であり，工場で屋根・床・壁などの部品を造っておき，現場で組み立てる方式を意味しています．プレハブ住宅は，主体構造の材料によって，鉄骨系，木質系，コンクリート系に分類され，鉄骨系が最も広く普及しています．ちなみに，木質系のプレハブ住宅の最も一般的な構法は**木質パネル工法**で，工場で木の枠に合板などの面材を張ったパネルを造り，これを現場で組み立てます．木質パネル工法も壁構造が特徴となり，完成した住宅はツーバイフォーと似たものとなります．

● 2×4 工法

角材の枠に構造用合板を張ったパネルを組み立てて建物を造る工法．一番たくさん使用される角材の断面の寸法が 2 インチ×4 インチであることから 2×4 工法と呼んでいます（**枠組壁工法**ともいいます）．

●住宅に関する語句

（1）　最低居住水準

健康で文化的な住生活の基礎として必要不可欠な水準として，住宅建設計画法にもとづく計画に定められた国の住宅政策における住戸専用面積等の水準．

（2）　高齢者向け優良賃貸住宅

高齢者が安全に安心して居住できるように，バリアフリー化され，緊急時対応サービスの利用が可能な賃貸住宅．

（3）　住宅性能表示制度

住宅の品質確保の促進等に関する法律にもとづき，構造耐力，高齢者等への配慮等の住宅の性能を表示するための共通ルール（日本住宅性能表示基準等）を定め，住宅性能の相互比較をしやすくするための制度．

（4）　住宅・土地統計調査

住宅の実態，土地の保有状況の実態等を把握し，その現状と推移を全国および地域別に明らかにすることを目的として，5 年に 1 度全国で実施される調査．

●特定住宅瑕疵担保責任の履行の確保等に関する法律（平成19年5月30日に公布）

　新築住宅の売主等による特定住宅瑕疵担保責任の履行を確保するため，あらかじめ売主等に保証金の供託または保険への加入を義務付け，また，当該保険にかかる紛争の処理について定めたもの．なお，**瑕疵**とは，ある物に対し，一般的に備わっているべき当然の機能が備わっていないことをいいます．

［集合住宅］

●同潤会

　同潤会は，関東大震災後の罹災者住宅対策として設立された官主導の住宅供給組織であり，鉄筋コンクリート造のアパートを中心に各種の住宅を建設しました．

●独立住宅

①最小限住宅

　生活に必要な最小限の要素を抽出し，これによって設計を行った住宅のこと．

②コートハウス

　建物や塀で囲まれた中庭（コート）をもつ住宅のこと．

●連続住宅

①テラスハウス

　連続住宅（長屋形式のもの）のうち，**各戸ごとに専用の庭を持つもの**．

②タウンハウス

　接地型住宅団地の1つの形態で，住戸を集約化し，各住戸の専用使用する土地の面積を最小限にとどめ，それによって，**オープンスペースやコミュニティ施設用地を確保**し，良好な住環境を団地全体で創出するもの．ちなみに，**共用庭（コモンスペース）**を介して，各住戸へアクセスする形式を**コモンアクセス**といいます．

●住戸形式による分類

①フラット型

　1住戸1層形式のもので，共同住宅においてはほとんどがこのタイプです．構造や設備上の計画は，メゾネット型に比べて単純にすみます．

②メゾネット型

　1住戸を2層以上で構成する形式です．階段を住戸内に取り込むので，住戸面積が小さいと計画上無理が生じてしまいますので，ある程度以上の専有面積を有する場合に採用したい形式といえます．

●集合住宅の設計手法

①コーポラティブハウス

自らが居住するために住宅を建設しようとする者が組合を結成し，共同事業として造られる集合住宅（**協同組合運営方式**）です．

②コレクティブハウス

協同生活の場を組み込んだ集合住宅で，私的な住居部分のほかに食事・家事・育児等の共同スペースを設け，居住者どうしの密接なコミュニティをつくるための**協同居住型集合住宅**です．

③スケルトン・インフィル住宅（SI 住宅）

建物のスケルトン（柱・梁・床等の構造躯体）とインフィル（住戸内の内装・設備等）とを分離した工法による分譲マンションなどの集合住宅（**2 段階供給方式**）のことです．

●階段室型集合住宅

廊下を経由しないで階段室から直接各住戸に入れる集合住宅の形式（1 つの階段をはさみ，左右に 2 つの住戸が配置された形式）．共同通路面積が少なくてすみ，**住戸のプライバシーが守られやすいという長所**があります．高層住宅にすると住戸数のわりにエレベーターが多くなり不経済であることから，中層住宅に多い形式といえます．

●ツインコリダー型集合住宅

中央に吹抜を設け，それに面して平行する 2 列の廊下に住戸を配置する構造のこと．一般に，住宅は**南北軸配置**となります．

●光 庭
<small>ひかりにわ</small>

採光のための庭または空間のことで，**ライトコート，ライトウエル（光井戸）**ともいいます．ライトコートを取り囲むように建物を配置します．

●2 方向避難路

マンションの場合は，基本的に **2 方向避難**が消防法で定められています．2 方向避難とは，文字通り 2 つの方向へ避難できる経路を確保しなければならないということで，一般的なマンションでは，**1 つは玄関方向，もう 1 つはバルコニー方向**です．

●公営住宅

公営住宅は地方公共団体が建設し，低所得者向けに賃貸する住宅（多くは集合住宅）のことで，公営住宅法によって定められています．募集期間を設けて最低限の書類審査のみを行い，申し込みが重なった場合は抽選とするなど，第三者の思惑が入らないようにしている自治体も多くみられます．

●ハーフウェイハウス

医療施設での治療・訓練を終了した身体障害者や高齢者が，日常生活への復帰に向けて予備的な訓練を受ける施設です．

●ケアハウス

ケアハウスとは，身体機能の低下や高齢等のため，ひとりで生活するには不安があるのにもかかわらず家族の援助を受けることの困難な人が，低額な料金で入所し，自立した生活を継続できるように工夫された施設のことです．

●モビリティーハウス

車いす使用者等を対象に，通路幅の確保，段差の解消等の各種の条件を確保した住宅のことです．

●アジャスタブルハウス

各部の高さなどを調整できるようにした住宅のことです．

●スキップフロア型住戸

各住戸がそれぞれ2層（メゾネット）形式になっていて，各住戸へのアプローチが1階飛ばしになっている住宅．空間の変化があって，廊下面積を少なくしたり，各住戸のプライバシーを拡大したりできるなどのメリットはありますが，床に段差があるため身体障害者や高齢者には階段が負担となることもあります．

【問題2.1（住宅）】 住宅に関する記述［ア］〜［エ］の正誤を答えなさい.

［ア］スケルトン・インフィル住宅とは，構造体が決まっており，平面プランや内装等は入居者の希望を取り入れて造る住宅である.

［イ］プレハブ住宅は，建設現場での工期を短くすることができるが，耐震性や耐久性に劣る.

［ウ］階段室型の集合住宅は高層で塔状の住棟に適するが，各住戸の居住性が不均一になる.

［エ］メゾネット型の集合住宅は，各住戸が複数層で構成されている.

（国家公務員II種試験）

【解答】　［ア］＝正（記述の通り，**スケルトン・インフィル住宅**とは，構造体が決まっており，平面プランや内装等は入居者の希望を取り入れて造る住宅です），［イ］＝誤（一般に，軽い構造物に作用する地震力は小さいことが知られています），［ウ］＝誤（高層住宅にすると住戸数のわりにエレベーターが多くなって不経済になりますので，階段室型は中層住宅に多い），［エ］＝正（記述の通り，**メゾネット型の集合住宅**は各住戸が複数層で構成されています）

【問題2.2（集合住宅）】 集合住宅に関する記述［ア］〜［エ］の正誤を答えなさい.

［ア］中高層住宅の各住戸に玄関とバルコニーの2方向避難路を確保する場合，バルコニーにおいて，水平方向の避難路を確保する場合に比べ，はしごなどを用いた垂直方向の避難路を確保する方が好ましい.

［イ］住戸の断面形式のうち，メゾネット型は，スキップ型の通路部分と組み合わせて採用され，また，各住戸の面積が小さい場合での採用に適している.

［ウ］住戸の平面計画の基本型として提案された「DK（ダイニングキッチン）型」は，主に，「食寝の分離」と「就寝室の隔離」をねらいとして開発されたプランニング手法である.

［エ］同潤会は，関東大震災後の罹災者住宅対策として設立された官主導の住宅供給組織であり，鉄筋コンクリート造のアパートを中心に各種の住宅を建設した.

（国家公務員II種試験）

【解答】　［ア］＝誤（非常の場合には，バルコニーの境に設置してある隔て板を蹴破って隣の住戸のバルコニーへ移動します. このように，バルコニーは非常の場合の避難通路となるため，専有部分ではなくて共用部分なのです），［イ］＝誤（**メゾネット型**は，階段を住戸内に取り込むので，住戸面積が小さいと計画上無理が生じてしまいます），［ウ］＝正（記述の通り，住戸の平面計画の基本型として提案された「DK（ダイニングキッチン）型」は，主に，「食

寝の分離」と「就寝室の隔離」をねらいとして開発されたプランニング手法です），［エ］＝正（記述の通り，**同潤会**は，関東大震災後の罹災者住宅対策として設立された官主導の住宅供給組織であり，鉄筋コンクリート造のアパートを中心に各種の住宅を建設しました）

【問題 2.3（集合住宅の計画）】 集合住宅の計画に関する記述［ア］，［イ］，［ウ］の正誤を答えなさい．

［ア］一般に，集合住宅は構造上，火災や地震に強く，盗難に対しても高い防御性能をもつ．
［イ］敷地内に住戸数とほぼ同じ数の駐車台数を確保する場合，高層集合住宅においては，集中方式ではなく各戸駐車方式が適当である．
［ウ］集合住宅において，外気に面する部分は，まず居室として計画されることから，洗面所や便所等は外気に画して開口部を取れないことが多い．

(国家公務員Ⅱ種試験)

【解答】 ［ア］＝正（記述の通り，集合住宅は火災や地震に強く，盗難に対しても高い防御性能を持っています），［イ］＝誤（当然ですが，各戸駐車方式では住戸数とほぼ同じ数の駐車台数を確保することはできません），［ウ］＝正（記述の通り，外気に面する部分はまず居室として計画されることから，洗面所や便所等は外気に画して開口部を取れないことが多い）

【問題 2.4（住宅等に関する用語）】 住宅等に関する用語［ア］～［オ］と関係の深い事項をA～Eから選びなさい．

［ア］コーポラティブハウス
［イ］スケルトン・インフィル
［ウ］コレクティブハウス
［エ］タウンハウス
［オ］コートハウス

A　協同居住型集合住宅
B　協同組合運営方式
C　2段階供給方式
D　建物や塀で囲われた中庭
E　共用の庭（コモンスペース）

(国家公務員Ⅱ種試験)

【解答】　［ア］＝B，［イ］＝C，［ウ］＝A，［エ］＝E，［オ］＝D

【問題 2.5（住宅等の呼称）】　住宅等の呼称 A ～ D に対応する説明を［ア］～［エ］から選びなさい.

A　ハーフウェイハウス
B　モビリティーハウス
C　コレクティブハウス
D　コーポラティブハウス

［ア］共同生活の場を組み込んだ集合住宅で，私的な住居部分のほかに食事・家事・育児等の共同スペースを設け，居住者どうしの密接なコミュニティをつくるための共同居住型集合住宅である.
［イ］医療施設での治療・訓練を終了した身体障害者や高齢者が，日常生活への復帰に向けて予備的な訓練を受ける施設である.
［ウ］自らが居住するために住宅を建設しようとする者が組合を結成し，共同事業としてつくられる集合住宅である.
［エ］車いす使用者等を対象に，通路幅の確保，段差の解消等の各種の条件を確保した住宅である.

（国家公務員Ⅱ種試験）

【解答】　A＝［イ］，B＝［エ］，C＝［ア］，D＝［ウ］

2.2 店舗建築

●百貨店の売場床面積

百貨店の売場床面積の割合は，**延べ面積に対して 60% 前後**が標準的です．

●動線計画

店員の動線は合理的にし，**客の動線は不快感を与えない範囲で長めに計画します**．

2.3 事務所建築

●事務室の床面積

事務室の床面積は $8 \sim 12\mathrm{m}^2 ／$人です．

●事務室の扉

中廊下に面する事務室の扉は，一般に**内向き**にします．

●基準階

玄関ホールのある階（1 階が多い）や駐車場階（地下階が多い）など独自の平面を持つ特殊な階を除けば，事務所の用途に供する階は平面的には同一ですので，これが設計の基本となります．この基準となる平面を持つ階を**基準階**といいます．

●レンタブル比

収益部分面積の総床面積に対する割合を**レンタブル比**といいます．

$$レンタブル比 = \frac{収益部分の面積}{総床面積} \times 100 \quad (\%)$$

レンタブル比は，延べ面積に対しては $65 \sim 75\%$，基準階では $75 \sim 85\%$ 程度です．

●コアシステム

階段・エレベーターなどの交通部分や水回りなどの設備部分を 1 カ所に集めて配置する方式を**コアシステム**といいます．コアシステムを大きく分類すると図 2-1 に示す方式があります．

①センターコア方式

構造的にバランスがとれ，事務室とコアの動線が短くなり，**レンタブル比が有利です**．ただし，**2 方向避難が難しい**という問題があります．**高層・超高層向き**です．

②**オープンコア方式**

事務室スペースがコアによって分断されるため，基準階面積がある程度以上ないとフレキシビリティに欠けるといった問題はありますが，2方向避難に適しています．

③**偏心コア方式**

レンタブル比を高くできますが，構造的にやや不利です（構造計画上，**偏心に対する配慮が特に必要**）．2方向避難がとりにくく，事務室とコアの距離が不均等になります．**低・中層向き**です．

④**分離コア方式**

騒音源となるコアが分離されているので，静かであり事務室の独立性に優れています．ただし，2方向避難がとりにくく，大規模になると事務室とコアの距離が長くなります．**中・高層向き**です．

⑤**ダブルコア方式**

2方向避難が容易で大空間をとることができます．ただし，廊下部分が多くなり，**レンタブル比がやや低下**します．**中・高層向き**です．

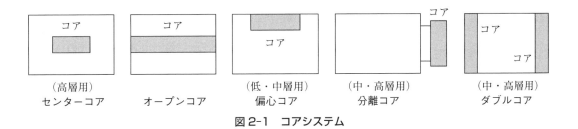

図 2-1　コアシステム

●**エレベーターの計画**

エレベーターの計画にあたっては，**待ち時間（エレベーターの質的評価）**と**輸送能力（エレベーターの量的評価）**が重要な指標となります．エレベーターの質的評価では，出勤時と昼食時をピーク時として，その時間帯の**エレベーター利用者の待ち時間をできるだけ短くする**ように，設置台数と定員を決定します．また，エレベーターの量的評価では，1日のピーク時における**5分間当たりの平均利用者数を基準**として台数を算定しています．

なお，超高層ビルのエレベーター方式のうち，バンクごとに低層用，中層用，高層用などと分類する方式を**コンベンショナルゾーニング方式**といいます．

●**階高**

階高とは，床面からすぐ上の階の床面までの高さのことです．階高が高いと天井高が高くなり，広々とした開放的な空間がつくれるのと同時に二重床や二重天井にすることで遮音性を向上させることができます．ただし，階の高さが高くなるので，マンションなどでは同じ高さの建物と比べて住戸の数が少なくなる傾向があります．

●オフィスランドスケープ

オフィスランドスケープとは，オフィスのスペースを間仕切り壁で区画せずに，プライバシーと話し合いを調和させるオフィスレイアウトの手法です．

【問題2.6（事務所の建築計画）】 事務所建築の計画に関する記述［ア］～［エ］の正誤を答えなさい．

［ア］エレベーターの台数について，1日のピーク時における5分間あたりの平均利用者数を基準として算定した．

［イ］貸事務所とするビルのレンタブル比について，延べ面積で70%程度，基準階面積で80%程度とした．

［ウ］共用施設である階段，エレベーター，トイレなどによるコアの配置形態において，オープンコアタイプを採用した場合，避難階段や緊急時の動線が外気に面していないことが問題となる．

［エ］事務室の床をフリーアクセスフロアとすることは，床の設計荷重を軽減する効果がある．

（国家公務員Ⅱ種試験）

【解答】 ［ア］＝正（記述の通りで，1日のピーク時における5分間あたりの平均利用者数を基準としたのは正しい），［イ］＝正（**レンタブル比**は，延べ面積に対しては65～75%，基準階では75～85%程度ですので，記述の通りです），［ウ］＝誤（階段・エレベーター・トイレなどの共用施設がオープンになっているコアシステムと考えれば，"外気に面している"と推察できます），［エ］＝誤（OA機器に対応するために，床を二重として配線を自由に行えるようにしたのが**フリーアクセスフロア**です．4.4を参照）

【問題 2.7（事務所の建築計画）】　事務所の建築計画に関する記述［ア］，［イ］，［ウ］の正誤を答えなさい．

［ア］オフィスランドスケープとは，遮断されていない大空間にパーティションで区切りをつけ，階級序列による画一的なレイアウトとし，これによって経済的効果，心理的効果をもたせ，仕事の効率の向上を図ろうというものである．

［イ］センターコアプランとは，コアを平面の中央に配置した形式をいい，低層用に適している．レンタブル比が高く，事務室とコアとの距離を等しくとりやすいが，2 方向避難の明快さに欠ける．

［ウ］ダブルコアプランとは，事務室の両側にコアを配置した形式をいい，中層・高層用に適している．2 方向避難が明快であり，事務室とコアとの距離を等しくとりやすい．

（国家公務員 I 種試験）

【解答】　［ア］＝誤（**オフィスランドスケープ**とは，オフィスのスペースを間仕切り壁で区画せずに，プライバシーと話し合いを調和させるオフィスレイアウトの手法です），［イ］＝誤（**センターコアプラン**は高層用に適しています），［ウ］＝正（記述の通り，**ダブルコアプラン**は 2 方向避難が明快であり，中層・高層用に適しています）

【問題2.8（コアシステム）】 事務所ビルのコアシステムの特徴に関する記述［ア］〜［エ］の正誤を答えなさい.

表（問題2-8）

	コア・システム	特　徴
［ア］	中央コア（センターコア）	面積効率が高く，大型の事務所建築に適しており，2方向避難に適している.
［イ］	片寄せコア（偏心コア）	高層の建築，大型の事務所建築に適しているものの，構造計画の十分な対応が必要.
［ウ］	両端コア（ダブルコア）	大空間を確保することが可能であるが，コアの間隔が大きい場合には，構造計画の十分な対応が必要.
［エ］	分散コア	コアをバランスよく配置すると，防災計画，設備計画上の問題点がなく，大空間を確保することが可能.

▭ コアを示す

（国家公務員Ⅱ種試験）

【解答】 ［ア］＝誤（**センターコア方式**は構造的にバランスがとれ，事務室とコアの動線が短くなり，レンタブル比が有利です. ただし，2方向避難が難しく，高層・超高層向きです），［イ］＝誤（**偏心コア方式**はレンタブル比を高くできますが，構造的にやや不利です. 2方向避難がとりにくく，事務室とコアの距離が不均等になります. 低・中層向きです），［ウ］＝正（記述の通り，**両端コア**は大空間を確保することが可能ですが，コアの間隔が大きい場合には構造計画について十分な対応が必要です），［エ］＝正（記述の通り，**分散コア**は，コアをバランスよく配置すると，防災計画，設備計画上の問題点が少なく，大空間の確保が可能となります）

【問題 2.9（事務所建築）】 事務所建築の計画に関する記述［ア］〜［エ］の正誤を答えなさい.

［ア］1980 年代以降，限られた軒高の範囲でできるだけ多くのフロアを取ろうとして階高を縮小する傾向が見られる.

［イ］エレベーター計画について，出勤時と昼食時をピーク時として，その時間帯のエレベーター利用者の待ち時間をできるだけ短くするように，設置台数と定員を決定した.

［ウ］一般に，欧米のオフィスが個室等の個人の執務空間を仕切ったレイアウトとなっているのに対し，日本の場合は，複数の人で構成される大部屋方式が主流である.

［エ］共用施設である階段，エレベーター，トイレなどによるコアの配置形態において，高層建築初期に主流を占めたのは，構造計画上ならびに事務室のフレキシビリティや面積効率の面で優れているセンターコアタイプである.

（国家公務員 II 種試験）

【解答】 ［ア］＝誤（階高は段々と高くなっており，平成 18 年以降に竣工された建物の基準階における階高は 4m 程度になっています），［イ］＝正（記述の通り，出勤時と昼食時をピーク時として，その時間帯のエレベーター利用者の待ち時間をできるだけ短くするように，設置台数と定員を決定したのは正しい），［ウ］＝正（記述の通り，欧米のオフィスが個室等の個人の執務空間を仕切ったレイアウトとなっているのに対し，日本の場合は複数の人で構成される大部屋方式が主流です），［エ］＝正（記述の通り，高層建築初期に主流を占めたのは，構造計画上ならびに事務室のフレキシビリティや面積効率の面で優れている**センターコアタイプ**でした）

【問題2.10（事務所建築）】　事務所建築の計画に関する記述［ア］～［エ］の正誤を答え
なさい.

［ア］ケーブル配線における「アンダーカーペット方式」とは，二重床の内部を配線スペー
　　　スに利用するものをいう.
［イ］照明設備の「タスク・アンビエント方式」とは，局所照明を設け，全般照明は低照度
　　　にしてまぶしさのない環境照明とするものをいう.
［ウ］片寄せコアは，構造上，偏心に対する配慮が求められることから，一般的に，高層化
　　　には適していない.
［エ］事務室の机のレイアウトにおいて，仕事の流れに応じて，ローパーティション，家具，
　　　植物などによりオフィス空間を自由に構成する配置のことをスタッグ式という.

（国家公務員総合職試験［大卒程度試験］）

【解答】　［ア］＝誤（**アンダーカーペット方式**とは，厚さ1mm程度の薄いフラットケーブルを
フロアカーペットの下に敷く床配線の工事方法のことをいいます. 一方，床を二重とし，配
線を自由に行うことを可能にした配線方法のことを**フリーアクセスフロア方式**といいます），
［イ］＝正（**タスク・アンビエント照明**は，机上（タスク）と周辺（アンビエント）を，それ
ぞれ専用の特性を有する照明設備を組み合わせて照明する方式（たとえば，天井照明の明る
さを抑え，手元をデスクライトで明るくする方式）です. それゆえ，**タスク・アンビエント
照明**は，全体的に照明する従来方式と比べて，省エネルギーであるといえます），［ウ］＝正
（記述の通り，**片寄せコア**は，構造上，偏心に対する配慮が求められることから，一般的に，
高層化には適していません），［エ］＝誤（**スタッグ式レイアウト**とは，オフィスレイアウトの
1手法のことです. スタッグとは"重ね合わせ"を意味するため，袖机を利用して縦列に交互
に配置することで，仕事中におけるお互いのコミュニケーションとプライバシー両面の確保
に寄与するものです. ちなみに，最も一般的な形式は**対向式レイアウト**で，一般企業の中で
は総務系の部門において適したレイアウトといえます）

2.4　図書館

●地域図書館

　地域図書館（市町村立図書館とその分館）は，地域住民への図書の**貸出を主機能**とします．それゆえ，開架貸出部門においては，閲覧よりも貸出に重点を置き，書架主体の空間とするのが望ましいといえます．

●広域参考図書館

　広域参考図書館（都道府県立図書館）は，専門分野における図書のレファレンス（参考調査）業務や収集業務，地域図書館に対する援助活動を主機能とします．

●図書館の分館

　図書館の分館とは，図書館の中枢的機能を有する本館に対し，本館の外部に別に設けられた図書館施設のことをいいます．館内には分館固有の図書館資料が所蔵され，単独で小規模な独立した図書館としての機能を有するほか，本館や他の分館の行うサービスを取り次ぐ中継拠点となります．

●ブックディテクションシステム（Book Detection System）

　ブックディテクションシステムとは，貸出処理をしていない図書を持ったまま出入口に設置されたゲートを通ると警告音が鳴るシステムのことです．図書館側はあらかじめ，蔵書にタグを取り付ける必要があります．このシステムにより，利用者が貸出処理を忘れたまま図書館から図書を持ち出してしまうことや，図書の盗難を防ぐことができます．

●出納カウンター

　利用者の登録，書籍の貸出・返却の業務を行うコーナーです．

●レファレンスカウンター

　レファレンスカウンター（資料相談）では，図書館の利用方法・資料に関する相談等を受け付けていますので，一般に，**レファレンスカウンターの位置は，書架のあるスペースから見通せるようにします**．

●レファレンスルーム

　レファレンスルームとは，利用者が学習，研究，調査をするために必要な各種の参考資料や機器を備え，かつ専門の館員が調査研究や読書相談に対して適切なアドバイスを行う室のことです．

●閲覧室

・成人用閲覧室の床面積は1人当たり **1.5～3m²** 程度です.

・閲覧室での書架（書棚）の中心間隔は，車いす利用者が自由に通り抜けるためには **165cm** 以上は必要で，**225cm** 以上であれば車いす利用者どうしのすれ違いが可能です.

●ブラウジングコーナー

ブラウジングコーナーとは，新聞や雑誌などをゆっくりくつろぎながら閲覧できるコーナーのことです（"ブラウジング"とは，雑誌などを"パラパラめくる"意味です）.

●サインシステム

建物の中で，不慣れな人々を案内するための計画的で一貫した記号やマークのこと.

●ブックモビル

主に図書館から遠い地域の住民へのサービスのため，図書館資料を専用自動車に積んで巡回する移動図書館のこと.

●図書館の閲覧方式

図書館の閲覧方式には，**開架式**と**閉架式**の2種類があります. 開架式の場合は，自分で書架まで行って資料を手にとることができます. また，閉架式の場合には，蔵書目録（カードやコンピュータ）で自分が求めている資料を確認してから図書館員に依頼して出納してもらいます. それゆえ，周囲の住民をサービスの対象とする地域図書館の計画では，本の管理が容易な閉架式よりも，自分で書架まで行って資料を手にとることができる開架式を採用する方が望ましいといえます.

●集密書架

集密書架は収容能力を優先させた**移動式書架**で，ハンドルをまわして希望の本棚を開けるようになっています.

●図書館における配架方式

図書館における配架方式には，分類別方式と形態別方式があり，分類別方式は検索がしやすく開架書庫に適しています.

【**問題2.11（図書館の計画）**】 図書館の計画に関する記述［ア］〜［エ］の正誤を答えなさい.

［ア］周囲の住民をサービスの対象とする地域図書館の計画では，開架式よりも本の管理が容易な閉架式を採用する方が望ましい.

［イ］図書館において，本の管理を目的として出入口付近に設けられる装置のことを，ブックディテクションシステムという.

［ウ］レファレンスルームとは，利用者が学習，研究，調査をするために必要な各種の参考資料や機器を備え，かつ専門の館員が調査研究や読書相談に対し適切なアドバイスを行う室のことである.

［エ］ブラウジングコーナーとは，書庫の中で簡単な調べものをするために設けられるスペースのことである.

(国家公務員Ⅱ種試験)

【**解答**】 ［ア］＝誤（**地域図書館**の計画では，自分で書架まで行って資料を手にとることができる開架式を採用する方が望ましい），［イ］＝正（記述の通り，図書館において，本の管理を目的として出入口付近に設けられる装置のことを，**ブックディテクションシステム**といいます），［ウ］＝正（記述の通り，**レファレンスルーム**とは，利用者が学習，研究，調査をするために必要な各種の参考資料や機器を備え，かつ専門の館員が調査研究や読書相談に対し適切なアドバイスを行う室のことです），［エ］＝誤（**ブラウジングコーナー**とは，新聞や雑誌などをゆっくりくつろぎながら閲覧できるコーナーのことです）

【**問題2.12（図書館書架方式）**】 図書館書架方式に関する記述［ア］〜［エ］の正誤を答えなさい.

［ア］図書館の出納システムを開架式とした場合，閲覧者は目録により本を取り出してもらうため，書庫をコンパクトにできる.

［イ］レファレンスカウンターの位置は，一般に，書架のあるスペースから見通せるようにする.

［ウ］集密書庫を全面的に用いる場合，一般に，開架書庫に比べ床荷重が相当に大きくなるので，設計荷重に注意しなければならない.

［エ］火災対策について，一般の利用者が立ち入れない閉架書庫部分であれば，スプリンクラーが有効である.

(国家公務員Ⅱ種試験)

【**解答**】 ［ア］＝誤（自分で書架まで行って資料を手にとることができるのは**開架式**です），
［イ］＝正（記述の通り，レファレンスカウンターの位置は，一般に，書架のあるスペースから見通せるようにするのは正しい），［ウ］＝正（記述の通り，集密書庫を全面的に用いる場合，一般に，開架書庫に比べ床荷重が相当に大きくなるので，設計荷重に注意しなければなりません），［エ］＝誤（普通，図書館は $1500m^2$ ごとに防火区画され，2 方向避難ができるようになっています．また，スプリンクラーを設置した場合は，防火区画を $3000m^2$ とすることができます）

2.5　美術館・博物館

●設計にあたっての基本方針

・展示空間の動線は，原則として**後戻りせず交差させない**ようにします.

・利用者が展示物を見ることに集中できるように，**段差等を設けず歩きやすく**します.

・**休憩コーナーを適宜設けて自由な鑑賞ができる**ようにします.

●展示室の平面計画

美術館の展示室の配置計画には，

①**接室巡路形式**：一筆書き型ともいい，**小規模展示向き**

②**中央ホール形式**：中心になるホールに各室が接する形で，**中規模展示向き**

③**廊下接続形式**：廊下によって各室を結んでいるもので，**比較的大規模展示向き**

などがあります.

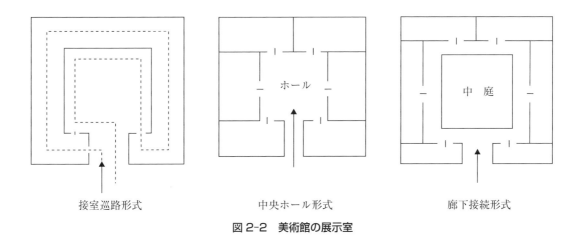

接室巡路形式　　　　　　中央ホール形式　　　　　　廊下接続形式

図 2-2　美術館の展示室

●美術館の展示室

展示室の床面積は，**延べ床面積の 30 〜 50% 程度**のものが多い.

●シーズニング

コンクリートに含まれるアルカリ汚染因子や湿気の発散量が減少するまで，収蔵や展示を控えることを**シーズニング**といいます.

●鑑賞限度

壁面延長の 400m が 1 回の鑑賞限度といわれています（休憩スペースは，展示壁面の長さ 400m 以内に設けるようにします）.

●照明

照明は**人工照明が主体**で，展示面の明るさとして $300 \sim 500$ lx が必要です．ただし，最近では，**人工照明と自然採光のバランスのとれた計画**が望まれています．ちなみに，**南向き採光は不向き**で，自然採光方式には，**トップライト方式（頂光採光）とサイドライト方式（側光採光）**があります．当然ですが，自然採光の計画にあたっては，一般に，展示壁面の照度分布が均一になるようにします．

●展示室の環境

絵画は一般に人工照明としますが，近年は自然採光の重要性が見直されており，**絵画用の人工照明の光源は，一般に自然光に近い白色光とするのが望ましい**とされています．

●光源（ランプ）

・展示物の持つ色を正確に表現するには，**高演色蛍光ランプや超高演色蛍光ランプなど，平均演色評価数の高い光源**を用います．

・**ナトリウムランプは，**効率は高いが演色性が悪いので，**展示物のための光源としては適しません．**

●展示物と室内全体の輝度比

展示物と室内全体の輝度比は **10：1** 程度にすると目の疲労度が少なくなります．

●壁面の照度

絵画を展示する壁面の照度は，**日本画で 200 lx** 程度，**洋画で 500 lx** 程度であり，一般に，**日本画より洋画の方を高く設定**します．ちなみに，石または金属製の彫刻を展示する部分の照度は 1,000 lx 程度です．

●展示物の見やすい距離

絵画等の展示物の見やすい距離は，水平線から上部への視角（仰角）が $27°$ 以内で，かつ，展示物の**対角線の長さの 1.5 倍程度**です．

●展示ケースのガラス

・展示ケースのガラスには，**青みを除去した無色の高透過ガラスを使用するのが望ましい．**

・ガラスケースによる光の反射を防ぐには，**ガラス面を傾斜させるか，ケース内部を明るくします．**

●収蔵室の内装仕上げ材

資料に悪影響を与えるおそれがあるので，**松や檜などの樹脂の多い木材の使用を避け，**一

般には，**杉やスプルースが用いられています**.

●収蔵庫の温湿度調整

収蔵庫では，一定の温湿度条件を維持するため，内壁と外壁躯体を**二重壁とし，その間の空気層を空調すること**が望ましい.

●消火設備

展示室と収蔵庫では，消火用水による被害から美術品を守るため，**不活性ガス消火設備**が適しています.

●燻蒸室
_{くんじょうしつ}

燻蒸室とは，収蔵品を害虫等の生物被害から守るため，収蔵品に付着した害虫などを殺虫・除去するための部屋をいい，搬出入口・荷解室と収蔵庫の間に設けられることが多い.

【問題 2.13（美術館・博物館の計画）】　美術館・博物館の計画に関する記述［ア］～［エ］の正誤を答えなさい.

［ア］燻蒸室とは，収蔵品を害虫等の生物被害から守るため，収蔵品に付着した害虫などを殺虫・除去するための部屋をいう.

［イ］美術館において，絵画を展示する場合の展示壁面の照度は，一般に，油絵よりも日本画の方を高くする.

［ウ］収蔵庫の内装仕上げは，収蔵品に悪影響を与えるおそれが少ないため，一般に，ひのきが多く用いられている.

［エ］国立西洋美術館は，フランク・ロイド・ライトの設計した美術館であり，日本側からは前川國男，坂倉準三，吉阪隆正らが実施設計に協力した.

（国家公務員Ⅱ種試験）

【解答】　［ア］＝正（記述の通り，**燻蒸室**とは，収蔵品を害虫等の生物被害から守るため，収蔵品に付着した害虫などを殺虫・除去するための部屋です），［イ］＝誤（絵画を展示する壁面の照度は，日本画で 150 ～ 300lx，洋画で 300 ～ 750lx であり，一般に，**日本画より洋画の方を高く設定**します），［ウ］＝誤（**松や檜などの樹脂の多い木材の使用を避け，一般には，杉やスプルースが用いられています**. ちなみに，収蔵庫では，一定の温湿度条件を維持するため，内壁と外壁躯体を二重壁とし，その間の空気層を空調することが望ましい），［エ］＝誤（**国立西洋美術館本館の設計はル・コルビュジエによる**が，彼の弟子である前川國男・坂倉準三・吉阪隆正が実施設計・監理に協力し，完成しました. 3.2 を参照）

【問題 2.14（公共建築の計画）】 公共建築の計画に関する記述［ア］〜［エ］の正誤を答えなさい.

［ア］美術館において，日本画を展示する壁面の照度を 200lx とし，石または金属製の彫刻を展示する部分の照度を 1,000lx とした.

［イ］音楽専用ホールにおいて，残響時間が 1 秒となるよう空間設計を行った.

［ウ］地域図書館の開架貸出部門において，閲覧よりも貸出に重点を置き，書架主体の空間とした.

［エ］わが国の基準に基づき，定員 50 人の保育所において，保育室および遊戯室の床面積の合計を 70m^2 とした.

（国家公務員 II 種試験）

【解答】 ［ア］＝正（記述の通り，日本画で 200lx 程度，石または金属製の彫刻で 1,000lx 程度です），［イ］＝誤（音楽に適した**残響時間**は 1.5 秒前後です），［ウ］＝正（記述の通り，地域図書館の開架貸出部門において，閲覧よりも貸出に重点を置き，書架主体の空間としたのは正しい），［エ］＝誤（保育室または遊戯室の面積は 1 人当たり 1.98m^2 以上ですので，この記述は誤りであることがわかります. 2.6 を参照）

【問題 2.15（博物館の計画）】 博物館の計画に関する記述［ア］〜［エ］の正誤を答えなさい.

［ア］面積構成について，一般に，展示室は，延べ床面積の 80％以上とすべきである.

［イ］自然採光の計画について，サイドライト方式を用いる場合，一般に，トップライト方式に比べ照度を高くすることができる.

［ウ］自然採光の計画について，一般に，展示壁面の照度分布を均一にした方がよい.

［エ］照明計画について，観客の視野に光源が入らないようにする.

（国家公務員 II 種試験）

【解答】 ［ア］＝誤（常識的に考えて "延べ床面積の 100％" は明らかに誤です. それゆえ，"（100％ も含まれてしまう）延べ床面積の 80％ 以上" は誤であるとわかります. **公務員試験で合格点を取るためには，このような常識感を働かせることも大切です**），［イ］＝誤（トップライト方式は頂光採光，サイドライト方式は側光採光であることを知っていれば，記述は誤であることがわかると思います），［ウ］＝正（記述の通りで，自然採光の計画にあたっては，一般に，展示壁面の照度分布が均一になるようにします），［エ］＝正（記述の通りで，照明計

画にあたっては，観客の視野に光源が入らないようにします）

【問題 2.16（博物館・美術館計画）】 博物館・美術館計画に関する記述［ア］～［エ］の正誤を答えなさい．

［ア］計画の際には，収集や保管を行う職員の業務の場としての側面と，展示品を見に来る観客の鑑賞の場としての側面とを考慮する必要がある．

［イ］地域住民への体験学習や教育娯楽の機会，情報サービスなどの提供も重要な機能であり，教育普及部門として講堂や図書室などがある．

［ウ］展示室の採光・照明は重要であり，自然光を人工照明と適切に合わせて利用する計画とすることが望ましい．

［エ］空調設備による収蔵空間の温湿度の調整については，内部空間を直接空調する場合と，中間の空気層を空調して間接的に温湿度を調整する場合とがあるが，前者の直接的な方法の方が省エネルギーの面からも良いとされている．

(国家公務員Ⅱ種試験)

【解答】　［ア］＝正（記述の通りで，計画の際には，収集や保管を行う職員の業務の場としての側面と，展示品を見に来る観客の鑑賞の場としての側面とを考慮する必要があります），［イ］＝正（記述の通り，地域住民への体験学習や教育娯楽の機会，情報サービスなどの提供も重要な機能であり，教育普及部門として講堂や図書室などがあります），［ウ］＝正（記述の通り，展示室の採光・照明は重要であり，自然光を人工照明と適切に合わせて利用する計画とすることが望ましい），［エ］＝誤（常識的に考えて，中間の空気層を空調して間接的に温湿度を調整する方が省エネルギーになることがわかると思います）

【問題 2.17（公共建築の計画）】 公共建築に関する記述［ア］～［エ］の正誤を答えなさい．

［ア］美術館の展示空間の床面積は，延べ面積に対して 30 ～ 50% のものが多い．

［イ］幼稚園を計画する場合，園児 1 人当たりの保育室の床面積は，5 歳児学級より 3 歳児学級を広くする．

［ウ］学校の計画における片廊下型のプランは，通風と日照が得やすいという利点とともに，廊下を効率的に活用できるため廊下の面積を少なくできるという利点がある．

［エ］地域図書館の分館を計画するにあたり，書架部分の面積は延べ面積の 70% 程度とする．

(国家公務員Ⅱ種試験)

【**解答**】 ［ア］＝正（記述の通りで，美術館の展示空間の床面積は，延べ面積に対して 30 ～ 50% のものが多い），［イ］＝正（3 歳児学級は 5 歳児学級より広くします．2.6 を参照），［ウ］＝誤（片廊下型の長所は"通風と日照が得やすい"，短所は"廊下の面積が多くなる"ことです．2.6 を参照），［エ］＝誤（分館は相対的に小規模であるため所蔵資料は少なく，レファレンスも簡易なものに限られますが，本館と分館の間には密接なネットワークが構築されており，本館や他の分館の所蔵する図書館資料の取り寄せ，レファレンスの回付などを通じて図書館組織全体のサービスを提供します）

2.6　学　校

●保育所と幼稚園
　（1）　保育所
　児童福祉法にもとづいて厚生労働省が所管する児童福祉施設で，共稼ぎ世帯などの乳幼児を保育するところ.

　（2）　幼稚園
　学校教育法にもとづいて文部科学省が所管する幼児教育施設のこと.

●保育所計画
　・乳児と幼児は活動能力が違うので，空間を切り離す.
　・乳児室：**1.65m² ／人**
　・ほふく室：3.3m² ／人
　・幼児保育室・遊戯室：1.98m² ／人
　・運動場：3.3m² ／人

●幼稚園計画
　・園舎は 2 階以下（園児が大変なので）
　・保育室・遊戯室は 1 階（園舎が耐火構造で有効な避難施設があれば 2 階でもよい）
　・保育室と遊戯室，職員室と保育室は兼用可
　・保育室：床面積 1.5 〜 2.0m² ／人（**3 歳児は 5 歳児より広め**. 3 歳児では集団遊びができない子がいるため）
　・便所：扉の高さは 1m
　・遊戯室：床面積 100m² 以上

●学校の運営方式
　①総合教室型
　　体育などを除き，すべての学習や生活を教室とその周りで行う方式. **小学校低学年に最適な方式**. 教室の周りの面積に余裕を持たせ，ロッカーなどを配置します.
　②特別教室型
　　各クラスが専用の教室を持ち，普通教科は教室で行い，特別の施設・設備を必要とする特別教科は特別教室または教科教室で行う方式. 現在，**小学校の高学年や中学校で最も多く採用されています**.
　　　長所：クラスの場所が常に確保されているので，児童・生徒が落ち着く.

短所：特別教室が増えると，教室の利用率が低下する．

③教科教室型

全教科の専用教室を持ち，生徒が時間ごとに各教科の教室に移動して授業を受ける方式．一般にクラスルームを持たないため，代わりにホームベース（ロッカー，掲示板等を置き，生徒の学校生活の拠点となるスペース）の確保が必要になります．少なくとも**中学校以上でないと使いこなせない方式**といえます．

長所：教室の利用率が高い．教室数が特別教室型よりも少なくて済む．

短所：専用の教室がない．移動が多くなる．

④プラトゥーン型

特別教室型において，特別教室の数だけ常に空き教室が存在するという欠点を補おうというもので，全クラスの半分の普通教室と，それと同数の特別教室を設け，全クラスがこの2つの教室群に分かれて学習を行い，ある時間帯で入れ替わる方式．ちなみに，「プラトゥーン」は英語で，集団とか小隊といった意味です．

長所：限られた面積条件のもとで十分な数の特別教室を設けることができる．
教科教室型に比べ，移動が少ない．

短所：時間割編成が難しい．②と③の両者の長所が薄れてしまう．

●配置計画

・小学校では，特別教室群を高学年の普通教室の近くに配置する．

・図書館は，児童が利用しやすいように，学校の中心的な位置に配置する．

・小学校では，教室群・遊び場の両方を低学年用と高学年用に分離する．

●教室の規模

・小学校と中学校の普通教室の床面積は，**1.2 ～ 2.0m² ／人程度**が一般的です（小学校：200 ～ 240m²／クラス，中学校：240 ～ 300m²／クラス）．

・天井の高さは**2.1m** 以上とする（建築基準法施行令）．

●平面計画

片廊下型と中廊下型の長所・短所は，以下の通りです．

①片廊下型

長所：通風と日照が得やすい．

短所：廊下の面積が多くなる．
教室と廊下の間に窓を設けると廊下の騒音を遮断できない．

②中廊下型

長所：通路部分の面積が少なくて済む．

短所：向かい合う教室間の音や視線が気になる．廊下が暗く，室内の空気環境も悪くなりやすい．

●校舎の配置形式

①フィンガープラン

　数教室を片廊下で結んで 1 つのブロックを形成したものをさらに別の廊下で結びつけて，手指の形のように配置した形式のこと.

②クラスタープラン

　2 ～ 4 教室程度のブロックを単位として水平あるいは垂直に集めて，ちょうどブドウの房（クラスター）のように配置した形式のこと.

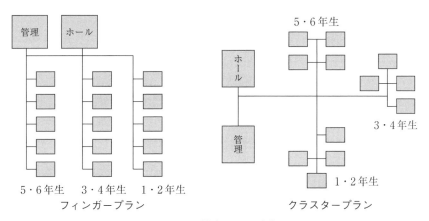

図 2-3　校舎の配置形式

●職員室

　職員室は，屋外運動場やアプローチ部分などへの見渡しがよく，校内各所への移動に便利で緊急時にも即応できる位置に計画することが重要です.

【問題 2.18（学校の計画）】　学校の計画に関する記述 ［ア］ ～ ［エ］ の正誤を答えなさい.

［ア］運営方式を教科教室型とした場合は，特別教室型とした場合に比べて，教室の利用率が低下する.

［イ］運営方式を特別教室型とした場合，クラスの生活拠点として独立したホームベースを設ける.

［ウ］平面プランを片廊下型とした場合は，中廊下型とした場合に比べて，通風や日照が得やすい.

［エ］平面プランを中廊下型とした場合，全体面積に対する通路面積の割合は 50% 程度となる.

（国家公務員 II 種試験）

【解答】　［ア］＝誤（**教科教室型**とした場合は，教室の利用率が高くなります），［イ］＝誤（**特**

別教室型のことを知っていれば，誤だとわかるでしょう），［ウ］＝正（記述の通り，平面プランを片廊下型とした場合は，中廊下型とした場合に比べて，通風や日照が得やすい），［エ］＝誤（中廊下型の長所は，通路部分の面積が少なくて済むことです．50％はあまりにも高すぎます）

【問題2.19（建築計画）】 建築計画に関する記述［ア］〜［エ］の正誤を答えなさい．

［ア］美術館の展示室において，紫外線の遮断，照度分布の均一化等に配慮した上で，人工照明と併せて自然採光を採用する計画とした．

［イ］高等学校において，各教科の専門化を図るために運営方式を教科教室型とし，教室とは別にロッカースペースを計画した．

［ウ］地域図書館の分館において，閉架式を採用し，閲覧者が貸出し用図書を自分で書架から取り出して選べるように計画した．

［エ］集合住宅において，住棟を東西軸に配置した上で，プライバシーの確保に有利な中廊下型を採用し，各住戸の窓を2方向に計画した．

（国家公務員一般職種試験）

【解答】 ［ア］＝正（最近では，人工照明と自然採光のバランスのとれた計画が望まれています．それゆえ，この記述は正しい），［イ］＝正（教科教室型は，各教科が専用の教室を持ち，生徒が時間割にしたがって教室を移動する方式です．一般にクラスルームを持たないため，代わりにホームベース（ロッカー，掲示板等を置き，生徒の学校生活の拠点となるスペース）の確保が必要になります），［ウ］＝誤（閉架式は，蔵書目録（カードやコンピュータ）で自分が求めている資料を確認してから，図書館員に依頼して出納してもらう方式です），［エ］＝誤（中廊下型の集合住宅を東西軸に配置すると北側にしか面さず，日照を十分に得ることができない住戸があるため，一般的には南北軸に配置するのが適しています）

【問題 2.20（学校の計画）】　学校の計画に関する記述 ［ア］～［エ］の正誤を答えなさい.

［ア］プラトゥーン型は, 全クラスを, 時間帯でクラスルームを使用するクラスと特別教室を使用するクラスに二分し, それぞれを一定の時間ごとに入れ替える方式であり, 教室の利用率が高く, 時間割の編成がしやすい.

［イ］総合教室型は, クラスルームまたはその周りで大部分の学習・生活を行う方式であり, 小学校の低学年に適した運営方式である.

［ウ］小学校の計画において, 一般的に, 図書室や管理諸室は全校の児童が利用しやすいように校舎の中央に配置し, 特別教室は低学年児童の移動に配慮し低学年のクラスルームの近くに配置する.

［エ］体育館の計画において, 災害時に避難所としても利用できるように耐震性を十分に確保し, 備蓄倉庫を隣接して設置した.

（国家公務員総合職試験［大卒程度試験］）

【解答】　［ア］＝誤（**プラトゥーン型**は, 特別教室型において, 特別教室の数だけ常に空き教室が存在するという欠点を補おうというもので, 全クラスの半分の普通教室と, それと同数の特別教室を設け, 全クラスがこの2つの教室群に分かれて学習を行い, ある時間帯で入れ替わる方式のことです. プラトゥーン型の短所は, 時間割編成が難しいところです）, ［イ］＝正（記述の通り, **総合教室型**はクラスルームまたはその周りで大部分の学習・生活を行う方式であり, 小学校の低学年に適した運営方式です）, ［ウ］＝誤（小学校では, 特別教室群を高学年の普通教室の近くに配置します）, ［エ］＝正（記述の通り, 体育館の計画において, 災害時に避難所としても利用できるように耐震性を十分に確保し, 備蓄倉庫を隣接して設置することは正しい）

2.7 病院・医療施設

●診療所と病院

　患者の収容施設（ベッド数）が **19 以下のものが診療所**で，**20 以上のものが病院**です．また，患者の収容施設（ベッド数）が 200 以上で，他の病院などから紹介された患者への医療提供等，様々な提供能力を有し，一定水準を満たす集中治療室を有するものを**地域医療支援病院**といいます．

●診療部の計画

　・外来診療と入院患者との動線は分離するようにします．
　・診療室と処置室は隣り合わせて配置します．

●内法面積

　内法面積とは，建物の床面積を測定する際に壁の厚みを考慮せず，壁の内側の部分の面積だけを「床面積」とする考え方のこと．部屋を真上から見下ろし，壁で囲まれた，その内側だけの面積ということもできます．

●病室の内法床面積

　病室の内法床面積の**最低基準は，患者 1 人当たり 6.4m² 以上（小児のみを収容する病室ではこれらの数値の 2/3 以上**にできます．ただし，最低床面積は 6.3m² 以上）と規定されています．

● 1 看護単位が担当する病床数

　看護単位とは，8 ～ 10 人程度で構成される 1 看護師チームが担当する患者グループのことで，1 看護単位が担当する病床数は，以下の通りです．
　①内科・外科などの一般病棟：40 ～ 50 ベッド
　②産科病棟・小児科病棟：30 ベッド
　（特殊な配慮を要する産科や小児科は，病床数を少なくして看護が行き渡るようにします）

● ICU（集中治療室）

　手術直後の患者や重病の患者を集めて，集中的に観察・看護する室のこと．ナースステーションに近接して設けます．

●バイオクリーンルーム

空気中の微細な細菌や粉じんを最小限度に抑えた室のこと.

●リネン室

病院やホテルなどでシーツや毛布を保管しておく部屋のこと.

●デイルーム

病院や社会福祉施設などに設けられる休憩・談話室のこと.

【問題 2.21（病院計画）】　病院計画に関する記述［ア］〜［エ］の正誤を答えなさい.

［ア］病院計画を検討する際には，外来患者数の増加など社会的要求の変化，医療技術の進歩，新たな管理システムの導入など，竣工後の変化を考慮する必要がある.

［イ］病棟，外来，診療，供給，管理の5部門のうち，一般に，最も面積比率が高いのは病棟である.

［ウ］入院用ベッド数は，新入院患者数が多ければ多いほど増大し，入院期間が長ければ長いほど減少する.

［エ］病院建築は，建築基準法上，特殊建築物として一般の建物よりも厳しい規制を受ける.

(国家公務員Ⅱ種試験)

【解答】　［ア］＝正（記述の通り，病院計画を検討する際には，外来患者数の増加など社会的要求の変化，医療技術の進歩，新たな管理システムの導入など，竣工後の変化を考慮する必要があります），［イ］＝正（記述の通り，病棟，外来，診療，供給，管理の5部門のうち，一般に，最も面積比率が高いのは病棟です），［ウ］＝誤（常識的に考えて，この記述は"誤"であると気づくと思います），［エ］＝正（記述の通りで，病院建築は，建築基準法上，特殊建築物として一般の建物よりも厳しい規制を受けます）

【問題 2.22（病院計画）】 病院計画に関する記述［ア］〜［エ］の正誤を答えなさい.

［ア］病室の面積を個室で $4m^2$ 以上，2 床以上の病室では 1 床当たり $3m^2$ 以上とした.

［イ］1 看護単位当たりの病床数は，内科や外科では 40 〜 50 床，産科や小児科では 70 床が適当とされている.

［ウ］病院とは病床数 20 床以上のものをいい，病床数 19 床以下のものは診療所という.

［エ］病院の部門構成は，大きく病棟部，中央診療部，管理部，外来診療部，サービス部，付属施設等に分類される.

(国家公務員Ⅱ種試験)

【解答】 ［ア］＝誤（**病室の内法床面積の最低基準**は，患者 1 人当たり $6.4m^2$ 以上です），［イ］＝誤（1 看護単位が担当する病床数は，「内科・外科などの一般病棟：40 〜 50 ベッド」，「産科病棟・小児科病棟：30 ベッド」です），［ウ］＝正（記述の通り，病院とは病床数 20 床以上のものをいい，病床数 19 床以下のものは診療所といいます），［エ］＝正（記述の通り，病院の部門構成は，大きく病棟部，中央診療部，管理部，外来診療部，サービス部，付属施設等に分類されます）

【問題 2.23（公共施設）】 公共施設の建築計画に関する記述［ア］〜［エ］の正誤を答えなさい.

［ア］小規模な美術館において，動線を短縮するため，展示室どうしを直接つないだ接室順路型の計画とした.

［イ］保育所において，乳児と幼児の交流を深めるため，乳児室と幼児の保育室を同じ空間になるよう計画した.

［ウ］小学校において，学校の中心位置にメディアセンターを設け，図書・コンピュータ・視聴覚教育メディアなどを，児童が利用しやすくなるよう，集中して配置する計画とした.

［エ］病院において，中央診療施設部門は，病棟部の入院患者と外来の通院患者の双方が利用するため，病棟部と外来部門の中間の利用しやすい位置になるよう計画した.

(国家公務員Ⅰ種試験)

【解答】 ［ア］＝正（記述の通り，「小規模な美術館において，動線を短縮するため，展示室どうしを直接つないだ接室順路型の計画とした」のは正しい），［イ］＝誤（常識的に考えても，「乳児室と幼児の保育室を同じ空間にする計画」は誤であると気づくと思います），［ウ］＝正

（児童が利用しやすくするのが基本です．それゆえ，「小学校において，学校の中心位置にメディアセンターを設け，図書・コンピュータ・視聴覚教育メディアなどを，児童が利用しやすくなるよう，集中して配置する計画とした」は正しい），［エ］＝正（記述の通り，「病院において，中央診療施設部門は，病棟部の入院患者と外来の通院患者の双方が利用するため，病棟部と外来部門の中間の利用しやすい位置になるよう計画した」のは正しい）

【問題 2.24（建築計画）】　建築計画における色彩に関する記述［ア］〜［エ］の正誤を答えなさい．

［ア］色を表す体系として用いられるマンセル表色系は，色を「色相・輝度・彩度」で表記したものである．

［イ］光源の出す光の色を，これと等しい光色を出す黒体の絶対温度によって表したものを色温度といい，赤みを帯びた光は色温度が低く，青みを帯びた光は色温度が高い．

［ウ］博物館において，展示室内に差し込む直射日光から展示物を保護するためにガラスケースは薄く青みがかったものを使用した．

［エ］病院の放射線治療室の扉に，JIS で定める安全色を用いた赤紫色の標識をつけた．

（国家公務員総合職試験［大卒程度試験］［改]）

【解答】　［ア］＝誤（**マンセル表色系の 3 属性は，色相・明度・彩度**です），［イ］＝正（記述の通り，赤みを帯びた光は色温度が低く，青みを帯びた光は色温度が高くなります．ちなみに，**色温度の低い光源を用いた場合，一般に暖かみのある雰囲気**になります），［ウ］＝誤（展示ケースのガラスには，青みを除去した無色の高透過ガラスを使用するのが望ましい），［エ］＝正（**安全色**は，危険箇所や避難経路などの安全性を，だれもが遠くからひと目でわかるように示す色のことです）

2.8 劇　場

●客席の計画
・観客席の床面積は 0.5m²／人
・緊急避難時を想定して，**ホールの扉は外開き**とする．

●残響時間
・音楽に適した残響時間は 1.5 秒前後（1 秒未満だと音楽ホールといい難い）
・演劇に適した残響時間は 1 秒〜 1.3 秒前後（音楽に適した残響時間では，声にエコーがかかりすぎる）

●舞台の形式
（1）　プロセニアムステージ

プロセニアムステージは，舞台前面の額縁状の枠を指すプロセニアムアーチ（proscenium arch）の設置された舞台のことです．プロセニアムステージは，ステージ（舞台）と観客が境界によってはっきり区分されていて，観客はテレビ画面を見るように，プロセニアムの内側のステージ（舞台）を観ることになります．舞台と観客が境界によってはっきり区分されており，"閉じた舞台" ということができます．日本の舞台で最も一般的な舞台形式です．

（2）　オープンステージ

オープンステージは，舞台の周囲を客席が取り囲む形式の舞台です．円形劇場のように舞台の周囲をぐるりと取り囲む場合（**アリーナステージ**）や三方を取り囲む場合（**スラストステージ，スリーサイドステージ**）ならびに長方形の空間においてステージと客席が向かい合う場合（**エンドステージ**）など，いろいろな形式があります．オープンステージでは舞台と観客席の空間がつながっていて境界はありません．特に小規模なオープンステージでは舞台と客席の「近さ」が演者と観客の双方に緊張感と一体感を生じさせて密度の高い公演が期待できます．ちなみに，プロセニアムステージが舞台の主流になったのはオペラの流行にともなうものですが，それ以前はオープンステージが普通の舞台の形でした．

【問題 2.25（公共建築）】　公共建築に関する記述［ア］～［エ］の正誤を答えなさい.

［ア］美術館の展示室の動線方式には，接室巡路形式，中央ホール形式，廊下接続形式があるが，中規模の美術館においては中央ホール形式が適している.

［イ］図書館における配架方式には，分類別方式と形態別方式があり，形態別方式は検索がしやすく開架書庫に適している.

［ウ］小学校の配置計画においては，低学年教室群と特別教室群とをひとまとめにすることが，教育上も生活上も有効である.

［エ］劇場の計画において，客席と舞台の一体感を高めるために，舞台にプロセニアムアーチをもたないオープンステージを採用した.

（国家公務員Ⅱ種試験［改］）

【解答】　［ア］＝正（記述の通り，美術館の展示室の動線方式には，**接室巡路形式，中央ホール形式，廊下接続形式**がありますが，中規模の美術館においては中央ホール形式が適しています），［イ］＝誤（**分類別方式**は検索がしやすく開架書庫に適しています），［ウ］＝誤（小学校では，**特別教室群**を高学年の普通教室の近くに配置します），［エ］＝正（記述の通り，「劇場の計画において，客席と舞台の一体感を高めるために，舞台にプロセニアムアーチをもたない**オープンステージ**を採用した」のは正しい）

【問題 2.26（劇場）】　劇場の計画に関する記述［ア］～［エ］の正誤を答えなさい.

［ア］プロセニアムステージ形式は，多くの劇場で採用されている舞台形式であり，舞台を客席が取り囲んでいる.

［イ］オープンステージ形式は，小劇場に多い舞台形式であり，一般に，演劇と客席の一体感があるといわれる.

［ウ］プロセニアムステージ形式では，客席を多層とした場合，同じ客席数を確保すると，一般に，客席を 1 層にする場合に比べ，舞台から客席までの距離は短くなる.

［エ］通路などを含めた客席部の 1 席当たりの面積は，$1.8 \sim 2.4\,\mathrm{m}^2$ となる.

（国家公務員Ⅱ種試験）

【解答】　［ア］＝誤（舞台を客席が取り囲んでいるのは**オープンステージ形式**です），［イ］＝正（記述の通り，**オープンステージ形式**は，小劇場に多い舞台形式であり，一般に，演劇と客席の一体感があるといわれています），［ウ］＝正（記述の通り，**プロセニアムステージ形式**では，客席を多層とした場合，同じ客席数を確保すると，一般に，客席を 1 層にする場合に比

べ，舞台から客席までの距離は短くなります），[エ]＝誤（観客席の床面積は $0.5m^2$／人ですので，通路などを含めても $1.8 \sim 2.4m^2$ は広すぎます）

2.9 各部計画

●体の前後幅
一般的な成人がゆったり座ったときの**体の前後幅は約 80cm** です.

●モデュール
建築を設計する際に用いられる基準寸法のこと. 時代や地域によって異なり, 日本の伝統建築で長らく用いられてきた寸, 尺, 間もモデュールの一種です. ただし, 最も一般的には, 柱の底面の半径を建物全体の基準に見立てた西洋の古代建築における基準寸法のことを指します.

●モデュロール
モデュロールは, フランス語で寸法を意味するモデュール（module）と黄金比（section d'or）を組み合わせた造語で, ル・コルビュジエが黄金比と密接に関係したフィボナッチ数列から得られる数値をもとに, 人体寸法に適合させながらつくりあげた寸法体系のことです.

●黄金比
黄金比とは「1 : 1.618」の比率で構成される割合のこと. 人間にとって最も安定し, 美しい比率とされ, 建築や美術的要素の 1 つとされます.

●待ち行列理論
待ち行列理論とは, 顧客がサービスを受けるために行列に並ぶような確率的に挙動するシステムの混雑現象を, 数理モデルを用いて解析することを目的とした理論です.

● SD 法（Semantic Differential Scale Method）
早い－遅い, 明るい－暗い, 重い－軽いなどの対立する形容詞の対を用いて, 商品や銘柄などの与える感情的なイメージを 5 段階あるいは 7 段階の尺度を用いて判定する方法.

●距離の与える心理効果
E.T. ホールの分類によれば, 距離の与える心理効果は以下の 4 つの段階に分かれています.
①密接距離（他人の身体と密着する距離. 家族・恋人・親しい友人間の距離. 450mm まで）
②個体距離（小さな防護距離. 1,200mm まで）
③社会距離（支配の限界. 相手に触れ難い距離. 3,700mm まで）
④公衆距離（相手と関わらずに済む距離. 逃げ出せる距離. 3,700mm 以上）

●駐車場の計画

- ・車路の幅員は 5.5m 以上（一方通行の場合は 3.5m 以上）としなければなりません．
- ・車路の梁下の高さは 2.3m 以上（駐車スペースでの梁下の高さは 2.1m 以上）であること
- ・車路の傾斜部（スロープ）の縦断勾配は 17%（約 1/6）を超えないこと
- ・1 台当たりの所要駐車面積は，直角駐車より斜め駐車の方が大きい（斜め駐車は直角駐車に比べて，単位面積当たりの駐車台数が少なくなる）
- ・普通乗用車 1 台当たりの駐車スペースは幅 300cm，長さ 600cm 程度ですが，**車いす使用者用駐車スペースの幅は 350cm 以上**と定められています．
- ・**機械式立体駐車装置**が開発された当初においては，車両を空中に吊り上げて格納する**垂直循環方式**が採用され，ビルの梁および壁面を利用して機械を据え付ける構造としていましたが，この方式の駐車装置から発生する振動や騒音がビルの隣室に大きな影響を与えていました．その対策として，近年は，ビル内に独立のタワーを設けてビルと分離し，タワー内に機械を取り付けて振動や騒音の影響を少なくしています．

●バリアフリーとユニバーサルデザイン

バリアフリーが高齢者や障害者等のために障害を取り除くという概念であるのに対し，あらゆる使用者の行動能力や使用状況を想定して，可能な限り使いやすいデザインにすることを**ユニバーサルデザイン**といいます．

●各部の勾配計画

- ・車路の傾斜部の縦断勾配は 17%（約 1/6）を超えないようにすることになっています．
- ・エスカレーターの勾配は 30° まで（一定の条件のもとでは 35° まで）．
- ・傾斜路の勾配は 1/12 を超えないこと（高さが 16cm 以下の場合は 1/8 を超えないこと）．

●高齢者や身体障害者等に配慮した計画

①車いすの寸法
- ・車いすは幅が 70cm 以下と定められています．車いすの座面高は 40 ～ 45cm です．

②車いすの動作限界
- ・段差の限度は 2cm 以内
- ・360° 回転するのに必要なスペースは最低 150cm 角以上

③傾斜路（スロープ）
- ・勾配は原則として 1/12 以下，屋外では 1/15 以下

④屋内通路
- ・有効幅員は原則として 120cm 以上で，50m 以内ごとに 140cm 角以上の方向転換スペースを設けます．

  （車いすと人のすれ違いには 120cm 以上，車いす同士のすれ違いには 180cm 以上）

⑤階段

・有効幅員は原則として 140cm 以上，蹴上げは 16cm 以下，踏み面は 30cm 以上，蹴込みは 2cm 以下

・階段には手すりを設けなければなりません．手すりの設置高さは 75 〜 85cm です．

⑥エレベーター

・かごは，幅 140cm，奥行き 135cm 以上

・出入口の有効幅員は最低 80cm 以上

・乗降ロビーの広さは最低 150cm 角以上

⑦便所・洗面所

・出入口の有効幅員は最低 80cm 以上

・便所の広さは 200cm 角以上が標準

・便器は腰掛け式で，座面の高さは 40 〜 45cm 程度（健常者用より高い）

・洗面器は，取り付け高さが 75cm，奥行きが 55cm，下部を高さ 60 〜 65cm 程度開放します．

⑧台所の流し台

・台所の流し台の高さは 75cm 程度（健常者は 85cm 程度）

⑨浴槽

・和風浴槽の深さは 60cm 程度，縁の高さは床から 30 〜 45cm 程度

●手すりの高さ

　建築基準法では，階段と踊り場，2 階以上のバルコニーや屋上には，高さ **1.1m** 以上の手すりを設置することが義務付けられています。

●加齢による視界黄変化

　目のレンズにあたる水晶体は老化に加え，長年にわたる紫外線の影響を受けて，50 歳代から構成タンパク質が黄変化し，視界が黄ばんできますが，この現象を視界の黄変化といいます．それゆえ，**白地に黄色で書かれた案内標識は，視界が黄変化する傾向のある高齢者にとって，見やすい配色とはいえません．**

●オストメイト用設備

　オストメイトとは，さまざまな病気や障害，事故などが原因で，手術によってストーマ（人工肛門・人工膀胱）を腹部に取り付けている人たちのことです．オストメイト対応トイレの多くは，公共交通機関の施設構内，官公庁施設や商業施設内に設置されています．

●建築計画上の環境関連事項

（1） シックハウス症候群

シックハウス症候群とは，新築や改築（リフォーム）直後の室内空気汚染によって引き起こされる病気です．**住宅の高気密化・高断熱化が進み，化学物質を含有した新建材と呼ばれる建材を多く用いたことにより，室内空気が化学物質などに汚染された**ことに関連があります．

（2） セルローズファイバー

セルローズファイバーは，古紙やパルプを綿状にして，ホウ酸などの難燃剤で処理したリサイクル製品であり，主に断熱材として用いられています．

（3） 暖房負荷と冷房負荷（単位は kW）

暖房負荷とは，気象条件（外気温度や日射等）のもと，室内をある温度に維持するために必要な投入熱量のことです．一方，冷房負荷とは，室内をある温度と湿度に維持するために必要な冷房時の除去熱量のことです．

（4） 通風

流出（出口）開口部が流入（入口）開口部より広ければ，風の流れは風下に向けて大きく膨らみます．それゆえ，室内の通風を促進するためには，一般に，風の流入開口面積を大きくすることよりも，流出開口面積を大きくすることの方が，効果が大きいとされています．

（5） ブロックプラン

建物内の各店舗の配置，もしくは店舗内の売場の配置を計画的に行い，それを示した平面図のこと．

【問題 2.27（寸法計画）】 寸法計画に関する記述 ［ア］～ ［エ］の正誤を答えなさい．

［ア］一般的な成人がゆったり座ったときの体の前後幅は約 80cm である．

［イ］E.T. ホールによれば，人間同士の間隔には「密接距離」,「個体距離」,「社会距離」,「公衆距離」の 4 つの段階がある．

［ウ］自動車の標準的な駐車区画の寸法は 2.5m×3.5m と考えてよいが，車いす使用者のためには 3.5m×5.0m が必要である．

［エ］日本の伝統的な寸，尺，間はモジュールの一種である．

(国家公務員 II 種試験)

【解答】　［ア］＝正（記述の通り，一般的な成人がゆったり座ったときの体の前後幅は約 80cm です），［イ］＝正（記述の通り，E.T. ホールによれば，人間同士の間隔には「密接距離」，「個体距離」，「社会距離」，「公衆距離」の 4 つの段階があります），［ウ］＝誤（普通乗用車 1 台当たりの**駐車スペース**は幅 300cm，長さ 600cm 程度ですが，**車いす使用者用駐車スペース**の幅は 350cm 以上と定められています），［エ］＝正（記述の通り，日本の伝統的な寸，尺，間はモデュールの一種です）

【問題 2.28（住宅を設計するときの寸法）】　一般的な成人が居住する住宅を設計するときの寸法に関する記述［ア］〜［エ］の正誤を答えなさい．ただし，居住者の高齢化にあらかじめ配慮した設計内容とする．

［ア］階段の有効幅を 75cm とし，階段の手すりを踏面の先端から 70cm の高さに設けた．
［イ］ドアの開放有効幅を 90cm とし，ドアハンドルの位置も床面から 90cm の高さとした．
［ウ］洗面所の洗面器について，上端部が床面から 85cm の高さとなるよう設けた．
［エ］浴室の浴槽について，縁の高さを洗い場の床面から 35cm とした．

（国家公務員 II 種試験）

【解答】　［ア］＝誤（手すりの設置高さは 75 〜 85cm が標準です．なお，高齢者や子供のことを考えて更にもう一段下に設ける場合は 65 〜 70cm 程度で考えます．参考までに，建築基準法では「住宅の階段の有効幅は 75cm 以上」と規定されていますが，階段の有効幅は，手すり等の幅が 10cm 以下なら無視でき，10cm を超えた場合は超えた分だけ有効幅が狭くなることに留意してください），［イ］＝正（ドアの開放有効幅が 90cm であれば十分です．また，ドアハンドルの位置も適切です），［ウ］＝誤（洗面動作を立って行う場合と椅子に座って行う場合で基準値が異なり，椅子に座って行う場合の基準値は 70 〜 75cm です），［エ］＝正（縁の高さは床から 30 〜 45cm 程度なので，この記述は正しい）

【問題 2.29（高齢者・障害者等に配慮した設計）】　住宅における高齢者，障害者等に配慮した設計に関する記述［ア］〜［エ］の正誤を答えなさい．

［ア］便所，浴室，洗面所を 1 か所にまとめたサニタリールームを設置した．
［イ］車いすの利用に配慮し，便所の有効開口寸法を 650mm とした．
［ウ］玄関に手すりとベンチを設置した．
［エ］車いすで通行する屋内のスロープの勾配を 12 分の 1 とした．

（国家公務員 II 種試験）

【解答】　［ア］＝正（記述の通り，「便所，浴室，洗面所を1か所にまとめたサニタリールームを設置した」のは正しい），［イ］＝誤（最低 800mm 以上は必要です），［ウ］＝正（記述の通り，「玄関に手すりとベンチを設置した」のは正しい），［エ］＝正（記述の通り，「車いすで通行する屋内のスロープの勾配を 12 分の 1 とした」のは正しい）

【問題 2.30（高齢者や障害者等に配慮した計画）】　高齢者や障害者等の利用に配慮した建築物の計画に関する記述［ア］～［エ］の正誤を答えなさい．

［ア］公共施設の階段の手すりの起点および終点の水平部分に，視覚障害者の利用を考慮して，階数，方向などを点字で表示した．
［イ］車椅子使用者用の駐車スペースについて，車椅子使用者が安全に車から乗降できるよう，1台当たりの幅を 3,500mm とした．
［ウ］廊下の有効幅員を，車椅子使用者どうしのすれ違いを考慮して，1,400mm とした．
［エ］住宅の台所について，作業台の下の高さは車椅子が十分に接近できるように床面から 450mm とした．

（国家公務員総合職試験［大卒程度試験］）

【解答】　［ア］＝正（記述の通り，公共施設の階段の手すりの起点および終点の水平部分に，視覚障害者の利用を考慮して，階数，方向などを点字で表示することは正しい），［イ］＝正（記述の通り，**車いす使用者用駐車スペースの幅は 350cm 以上**と定められています），［ウ］＝誤（**車いす同士のすれ違いには 180cm 以上**が必要です），［エ］＝誤（車いすの座面高は 40 ～ 45cm です．カウンタートップの高さの目安は，ひざの高さ＋18cm 程度が目安とされていますので，ひざまでが 60cm と考えると 78cm になります．ちなみに，健常者では「身長÷2＋5cm」に概ね相当する 85cm 程度とされています）

【問題 2.31（駐車場の計画）】　駐車場の計画に関する記述［ア］～［エ］の正誤を答えなさい．

［ア］車いす使用者の乗降を可能にするため，駐車スペースの幅を 3.0m とした．
［イ］車路の両側に普通乗用車を直角駐車する計画において，車路の幅を 7.0m とした．
［ウ］斜め駐車は直角駐車に比べて，単位面積当たりの駐車台数が少なくなる．
［エ］機械式立体駐車設備の計画において，1基当たりの設置スペースが少なく出入りに時間がかからない垂直循環方式を採用した．

（国家公務員Ⅱ種試験）

【解答】　［ア］＝誤（**車いす使用者用駐車スペース**の幅は，350cm 以上と定められています），［イ］＝正（車路の幅員は 5.5m 以上です），［ウ］＝正（記述の通り，斜め駐車は直角駐車に比べて，単位面積当たりの駐車台数が少なくなります），［エ］＝誤（**垂直循環方式**は多数の搬器を垂直に配置し，すべての搬器を同時に垂直移動する方式で，一般に**メリーゴーラウンド型**と呼ばれています．この方式は，エレベーター方式のように目的の車 1 台分だけを移動させる仕組みではなく，全台数分を移動させなければなりませんので，大きな消費電力を必要とします．また，振動や騒音が大きな影響を与えることもあります）

【問題 2.32（勾配）】　わが国の建築物における勾配に関する記述［ア］〜［エ］の正誤を答えなさい．

［ア］商業施設において，エスカレーターの勾配を 25° とした．
［イ］平面自走式駐車場において，車路の最大勾配を 1/5 とした．
［ウ］病院の屋内において，階段に併設され多数の者が利用する傾斜路の勾配を 1/10 とした．
［エ］集会場の来客者用の階段において，蹴上げの寸法を 16cm，踏み面の寸法を 30cm とした．

（国家公務員Ⅱ種試験）

【解答】　［ア］＝正（30° より小さいので，この記述は正しい），［イ］＝誤（車路の傾斜部の縦断勾配は，17% を超えないようにすることになっています），［ウ］＝誤（傾斜路の勾配が 1/12 を超えていますので，この記述は誤りです），［エ］＝正（蹴上げ×2＋踏み面＝16×2＋30＝62cm≦65cm となっています）

【問題 2.33（建築計画）】　建築計画に関する記述［ア］〜［エ］について，正誤を答えなさい．

［ア］教科教室型の学校運営方式では，一般に，全ての教科が専用の教室をもち，生徒が時間割にしたがって教室を移動して授業を受ける．
［イ］集合住宅におけるバルコニーの手すり壁の高さは，1.2m 以上としなければならない．
［ウ］視覚障害者誘導ブロックの一種である点状ブロックは，主に注意すべき位置や誘導対象施設等の位置を案内する場合に用いる．
［エ］モデュロールとは，フランク・ロイド・ライトによって唱えられた比例尺度で，人体の基本寸法に黄金比を組み込んだ美的な尺度である．

（国家公務員一般職試験）

【解答】 ［ア］＝正（記述の通り，**教科教室型の学校運営方式**では，一般に，全ての教科が専用の教室をもち，生徒が時間割にしたがって教室を移動して授業を受けます），［イ］＝誤（バルコニーの手すりは，**1.1m** 以上の高さを確保する必要があります），［ウ］＝正（記述の通り視覚障害者誘導ブロックの一種である点状ブロックは，主に注意すべき位置や誘導対象施設等の位置を案内する場合に用います），［エ］＝誤（**モデュロール**を提唱したのは，フランク・ロイド・ライトではなく，**ル・コルビュジエ**です）

【問題 2.34（建築計画）】 建築計画に関する用語［ア］〜［オ］とそれらに関連の深い事項または人名を A 〜 E から選びなさい．

［ア］機能図
［イ］モデュロール
［ウ］待ち行列理論
［エ］食寝分離
［オ］パターン・ランゲージ

A　規模計画
B　黄金数列
C　西山夘三
D　クリストファー・アレグザンダー
E　ブロックプラン

（国家公務員Ⅱ種試験）

【解答】 ［ア］＝E，［イ］＝B，［ウ］＝A，［エ］＝C，［オ］＝D（3.1 を参照）

【問題 2.35（建築計画に関する用語）】 建築計画に関する用語 ［ア］〜 ［オ］ について，それらに関連の深いものを A 〜 E から選びなさい.

［ア］モデル分析
［イ］ハーフウェイハウス
［ウ］SD 法
［エ］レンタブル比
［オ］コンバージョン

A　用途変更
B　収益部門
C　シミュレーション
D　ADL（日常生活動作）
E　心理学

（国家公務員 II 種試験）

【解答】 ［ア］＝ C，［イ］＝ D（ハーフウェイハウスは，病院の治療，訓練を終了した身体障害者や老人が，日常生活への復帰に向けて予備的な訓練を受ける施設のことです. また，ADL は Activities of Daily Living の略語です），［ウ］＝ E（SD 法とは，商品やサービス，銘柄などの与える感情的なイメージを，「明るい－暗い」，「人工的な－自然な」など，対立する形容詞の対を用いて 5 段階または 7 段階の尺度で回答させる方法のことです），［エ］＝ B，［オ］＝ A（Conversion は，変換，転換，交換といった意味の英単語です. ここから，建築用語のコンバージョンは，建物の用途を変更して再利用することを指します）

【問題 2.36（高齢者等に配慮した計画）】 高齢者等に配慮した計画に関する記述 ［ア］〜［エ］ の正誤を答えなさい.

［ア］ケアハウスとは，身体機能の低下や高齢等のため，ひとりで生活するには不安がありながら家族の援助を受けることの困難な人が，低額な料金で入所し，自立した生活を継続できるように工夫された施設をいう.
［イ］白地に黄色で書かれた案内標識は，視界が黄変化する傾向のある高齢者にとって，見やすい配色とはいえない.
［ウ］車いす使用者用の駐車スペースとして，1 台当たりの幅を 3,000mm とした.
［エ］車いす使用者のための計画として，通路の段差を 3cm とした.

（国家公務員 II 種試験）

【解答】 ［ア］＝正（記述の通り，**ケアハウス**とは，身体機能の低下や高齢等のため，ひとりで生活するには不安がありながら家族の援助を受けることの困難な人が，低額な料金で入所し，自立した生活を継続できるように工夫された施設のことです），［イ］＝正（記述の通り，白地に黄色で書かれた案内標識は，視界が黄変化する傾向のある高齢者にとって，見やすい配色とはいえません），［ウ］＝誤（車いす使用者用駐車スペースの幅は **350cm** 以上です），［エ］＝誤（段差の限度は **2cm** 以内です）

【問題 2.37（公共建築）】 公共建築における高齢者，身体障害者等に配慮した設計に関する［ア］〜［エ］の正誤を答えなさい．ただし，寸法はすべて有効寸法を示しています．

［ア］車いす使用者の利用するエレベーターの計画において，出入口の幅を 900mm とし，かごの間口の寸法を 1,600mm，奥行の寸法を 1,350mm とした．

［イ］車いす使用者の利用に配慮して，洗面台の下の床面からのクリアランスを 650mm とした．

［ウ］車いす使用者の利用する多機能便房の計画において，出入口の幅を 900mm とし，間口の寸法を 1,500mm，奥行の寸法を 1,500mm とした．

［エ］車いす使用者と歩行者がすれ違うことができるように，廊下の幅を 1,000mm とした．

（国家公務員 II 種試験）

【解答】 ［ア］＝正（出入口の有効幅員は最低 80cm 以上，かごは，幅 140cm，奥行き 135cm 以上なので，この記述は正しい），［イ］＝正（洗面台の下の床面からのクリアランスは 60 〜 65cm 程度なので，この記述は正しい），［ウ］＝誤（便所の広さは 200cm 角以上が標準．ちなみに，便房は便器を囲った空間のことを指します），［エ］＝誤（車いすと人のすれ違いには 120cm 以上が必要です）

【問題 2.38（公共建築物）】 公共建築物として地域で設置される建築物の計画に関する記述［ア］〜［エ］の正誤を答えなさい.

［ア］図書館の書庫の消火設備として, 密集した本棚の隅々まで一斉に消火できるようスプリンクラーヘッドを設置した.

［イ］小学校の職員室について, 教職員が集中して業務が行えるよう, 職員室から屋外運動場やアプローチ部分が見えない静かな場所に配置した.

［ウ］高齢者福祉施設において, 廊下に2段の手すりを設ける際, 床面から手すりの最上端の高さを80cmとした.

［エ］市内の公共施設に, 腹部へ人工肛門や人工膀胱の排泄口を造設している人が利用できるオストメイト用設備を有するトイレを設置した.

（国家公務員総合職試験［大卒程度試験］）

【解答】 ［ア］＝誤（国立国会図書館の書庫には, 水を用いるスプリンクラーではなく, 消火剤による汚損が少なく, 復旧を早急に行える**不活性ガスによる消火設備**を設置しています）, ［イ］＝誤（職員室は, 屋外運動場やアプローチ部分などへの見渡しがよく, 校内各所への移動に便利で緊急時にも即応できる位置に計画することが重要です）, ［ウ］＝正（75〜85cmの範囲なので正しい）, ［エ］＝正（**オストメイト対応トイレ**は, 公共交通機関の施設構内, 官公庁施設や商業施設内に設置されていることが多い）

【問題 2.39（バリアフリーおよびユニバーサルデザイン）】 バリアフリーおよびユニバーサルデザインに関する記述［ア］〜［エ］の正誤を答えなさい.

［ア］「バリアフリー」が, 高齢者や障害者等のために障壁を取り除くという考え方であるのに対し, あらかじめ, 障害の有無, 年齢, 性別, 人種等にかかわらず多様な人々が利用しやすいよう都市や生活環境をデザインする考え方を「ユニバーサルデザイン」という.

［イ］ロナルド・メイスが提唱した「ユニバーサルデザイン」の六つの原則とは, 公平な利用, フレキシブルな使用, 接近し使用するためのサイズとスペース, 間違いの許容, 自由な平面, 自由なファサードである.

［ウ］多機能トイレは, 異性が介助する場合も考慮して男女共用とし, 扉や設備のレイアウトについて, 右勝手のものと左勝手のものをそれぞれ設けた.

［エ］階段のノンスリップ（滑り止め）の仕上げ表面は, 踏面と段鼻を容易に識別しやすくするため, 同じ段の路面と段差をつけて設けた.

（国家公務員一般職種試験）

【解答】 ［ア］＝正（記述の通りで，**バリアフリー**は障壁を取り除くという考え方，**ユニバーサルデザイン**は多様な人々が利用しやすいようにデザインするという考え方です），［イ］＝誤（ユニバーサルデザインの提唱者であるロナルド・メイスを含む，ユニバーサルデザインの主宰者たちが，ユニバーサルデザインにおける7つの決まりごとを定めています．①公平な利用，②利用における柔軟性，③単純で直感的な利用，④認知できる情報，⑤失敗における寛大さ，⑥少ない身体的な努力，⑦接近や利用のためのサイズと空間），［ウ］＝正（「多機能」とは，車いす使用者が円滑に利用できる機能のほか，オストメイト（人工肛門・人工膀胱を造設している人）対応や乳幼児連れ対応機能等，高齢者・障害者等が利用する機能を付加することをいいます．それゆえ，「異性が介助する場合も考慮して男女共用とし，扉や設備のレイアウトについて，右勝手のものと左勝手のものをそれぞれ設けた」という記述は正しい），［エ］＝誤（階段のノンスリップ（滑り止め）の仕上げ表面は，同じ段の路面と同一面とする必要があります）

【問題 2.40（高齢者・障害者等に配慮した計画）】 高齢者，障害者等に配慮した公共施設の計画に関する記述［ア］～［エ］の正誤を答えなさい．

［ア］「バリアフリー」が，高齢者や障害者等のために障害を取り除くという概念であるのに対し，あらゆる使用者の行動能力や使用状況を想定して，可能な限り使いやすいデザインにすることを「ユニバーサルデザイン」という．

［イ］視覚障害者を誘導する装置として，誘導用ブロックや音声チャイム等の誘導装置を扉付近に設置した．

［ウ］車いす使用者の利便性を考慮した屋内通路を設計するにあたり，有効幅員として90cmを確保した．

［エ］美術館のメインエントランスを設計するにあたり，有効幅員として120cmを確保した．

（国家公務員Ⅱ種試験）

【解答】 ［ア］＝正（記述の通り，「**バリアフリー**」が，高齢者や障害者等のために障害を取り除くという概念であるのに対し，あらゆる使用者の行動能力や使用状況を想定して，可能な限り使いやすいデザインにすることを「**ユニバーサルデザイン**」といいます），［イ］＝正（記述の通り，「視覚障害者を誘導する装置として，誘導用ブロックや音声チャイム等の誘導装置を扉付近に設置した」のは正しい），［ウ］＝誤（車いすと人のすれ違いには120cm以上，車いす同士のすれ違いには180cm以上必要です），［エ］＝正（100cm以上の有効幅員を確保しているので，この記述は正しい）

【**問題 2.41（細部の設計・寸法計画）**】　細部の設計・寸法計画に関する記述［ア］〜［エ］の正誤を答えなさい.

［ア］病院の患者が使用する片廊下の幅は，車椅子のすれ違いを考慮し，内法による測定で 180cm とした.

［イ］小学校の児童用階段においては，蹴上げを 25cm とした.

［ウ］病院の病室の床面積は，内法による測定で，患者一人につき 4.0m^2 とした.

［エ］車椅子で使用するテーブルカウンターは，高さを 70cm とした.

(国家公務員総合職試験［大卒程度試験］)

【**解答**】　［ア］＝正（車椅子と人のすれ違いには 120cm 以上，車椅子同士のすれ違いには **180cm** 以上必要です），［イ］＝誤（小学校の児童用階段では，蹴上げを 16cm 以下としなければなりません），［ウ］＝誤（法律で定められている病室の広さは，「療養病棟の病室：1 人あたり 6.4m^2 以上」，「その他の病室で多床室の場合：1 人あたり 4.3m^2 以上」，「その他の病室で個室の場合：1 人あたり 6.3m^2 以上」です），［エ］＝正（記述の通り，車椅子で使用するテーブルカウンターの高さは 70cm 程度です）

第**3**章
都市と建築家

3.1　都　市

●パターン・ランゲージ（Pattern Language）

　パターン・ランゲージは，クリストファー・アレグザンダーが提唱した建築・都市計画にかかわる理論のこと．単語が集まって文章となり，詩が生まれるように，パターンが集まってランゲージとなり，「このパターン・ランゲージを用いて生き生きとした建物やコミュニティを形成することができる」とされる．

●グロス人口密度とネット人口密度

　住宅地の人口密度に関し，一定区域の総面積（住宅建設用地以外に公園や道路なども含んだ面積）に対する人口の密度を**グロス人口密度**といいます．これに対して，**ネット人口密度**は公園や道路などを省いた住宅建設用地の面積に対する人口の密度ですので，**グロス人口密度はネット人口密度より小さな値（ネット人口密度はグロス人口密度より大きな値）**になります．

●戸建て住宅地の適正なグロス人口密度

　戸建て住宅地の適正なグロス人口密度は，60 ～ 100 人／ha とされています．

●スプロール現象

　都市計画なしに無秩序に市街地が広がること．

●ハンプ

　住宅地内の区画道路等で設けられるハンプ（道路上に設けられたカマボコ状の突起）は，自動車の速度を落とさせる効果があり，歩行者と自動車の共存を目的とした手法です．

●リノベーション（コンバージョン）

　既存建物の構造体である柱や梁などを残して解体し，用途や機能を変更，更新して性能を向上させることを**リノベーション**または**コンバージョン**といいます．

●パーソントリップ調査

　パーソントリップ調査は，交通の主体である人（パーソン）の動き（トリップ）を把握することを目的としており，**「どのような人が，どこからどこへ，どのような目的・交通手段で，どの時間帯に動いたか」**について，調査日1日のすべての動きを調べるものです．この調査結果は，交通状況の実態把握，将来交通需要の予測およびそれらを踏まえた総合的な都市交通体系のあり方を提案する上で，非常に有用なものです．

●地区交通計画

　地区交通計画に関する重要用語を，以下に説明しておきます．

（1）　ボンエルフ

　ボンエルフとは，**人と車の共存**を目的にした道路整備形態の1つです．1970年代にオランダの**デルフト**という街で初めて導入された方式で，人間が対応できる速度である約15km/h以上に，住宅地内の道路を走行する車がスピードを出せないような構造[1]になっています．ちなみに，ボンエルフはフランス語で「生活の庭」という意味です．

（2）　ラドバーンシステム

　1920年代後半のアメリカで，スタインとライトによって提唱された，**自動車と歩行者の交通動線を完全に分離する方式**．ニュージャージー州の**ラドバーン**では徹底的な歩車分離が図られ，通過交通の流入を排除するため，住区内の道路を**クルドサック（袋小路）**とし，住民は住宅裏の歩行者専用道路を通って学校や商店に行くことができようになっています．

（3）　近隣住区論

　1920年代前半にアメリカの**ペリー**が唱えたもので，近隣住区[2]の単位（小学校区を1単位）は幹線街路によって囲まれ，通過交通は住区内には入り込まず，日常生活は歩行可能な住区の範囲内で完結させるようにしたもの（近隣住区論では，近隣単位の規模，コミュニティ機能を支える公園，レクリエーション施設，コミュニティセンター，商店街などの種類・数と配置原則が設定されており，**街路体系の都市計画論**ともいえます）．この近隣住区論を実践的に応用したものがラドバーンシステムです．

---

1) 　道路を蛇行させたり，道路に張り出して花壇を作ったり，街路樹などを配置したりして，道路の幅に変化をもたせた構造にしています．また，ボンエルフは，舗装面に凹凸の処理をしたり，車路に屈曲を設けるなど，自動車走行速度を落とさせる工夫を施した，歩行者と自動車とが共存できる道路方式ということもできます（**ハンプ**もボンエルフに含まれます）．

2) 　**近隣住区**：幹線街路等に囲まれたおおむね1km四方（面積100ha）の居住単位（小学校区に相当）で，1近隣住区は4つの街区で構成されます．また，4近隣住区で1地区を形成します．

（4）　トラフィックゾーンシステム

スウェーデンの**イエテボリ**（Göteborg）で採用されたシステム．市街地をいくつかの地区に分割し，その相互間の自動車交通は直接には認めず，外周環状道路を迂回させる強力な方式です．

（5）　ブキャナン・レポート

1963 年に，イギリスの**ブキャナン**によって発表された「都市と自動車の問題」をわかりやすくまとめたレポート．人が生活するところを**居住環境地域**とし，そこでの生活の快適さと便利さが両立するように道路をつくるというもの．自動車がむやみに居住環境地域に進入するのを防ぐため，道路を細街路，地区道路，主要道路のように階層的につくる道路網計画を提唱しています．

（6）　大ロンドン計画

ロンドンへの過度の人口集中による弊害を克服するため，また，第二次世界大戦の戦災復興を意図して，**アーバークロンビィ卿**によって作成された都市計画．過密混雑地域を適正密度に再開発して，あふれ出る人口と工業を郊外ニュータウンや拡張都市を整備して受け入れようとする大都市の改造計画です．

（7）　トランジットモール

中心街の通りを一般の車両通行を抑制した歩行者専用の空間とし，バス・路面電車などの公共交通機関だけが通行できるようにした街路のこと．欧米の都市ではこれまでに広く実施されています．

● G. E. オースマンのパリ改造

1853 年から 1870 年までセーヌ県知事の地位にあったオースマンが，その在任中に皇帝ナポレオン三世とともに行った都市の大改造．現在のパリの骨格はそのときに形成されました．都市軸としての大街路，行政施設の集約，緑地の効果的な配置，ガス灯，上下水道などのインフラのシステマティックな整備など，美学的な側面ではなく都市施設相互の機能的な連関を重視した都市計画であり，その規模と成果はめざましいものがありました．

●田園都市

田園都市（Garden City）とは，1898 年にイギリスのエベネザー・ハワードが提唱した新しい都市の形態で，自然との共生，都市の自律性を提示したもの．その理想にもとづき，実際にレッチワースとウェリンの都市開発が行われました．1920 年代のドイツの集合住宅（ジードルンク）や日本の郊外型の都市開発，第二次世界大戦後のイギリスのニュータウン政策などにも大きな影響を与えました．

●都市

（1）　ブラジルの首都ブラジリア

コンペではルチオ・コスタが当選し，実際の設計実務はコスタとオスカー・ニーマイヤーがあたりました．1960 年の供用開始時には，モダニズム様式によって建てられた国会議事堂，行政庁舎，最高裁判所による未来都市が出現し，その威容はいち早く世界に紹介されました．あまりにも歴史や伝統がありすぎてヨーロッパでは実現できなかった，ル・コルビュジエが理想とする都市構想を，全部盛り込んで造った理想的近代都市といわれています．

（2）　レッチワース

田園都市（Garden City）とは，1898 年にイギリスのエベネザー・ハワードが提唱した新しい都市の形態（自然との共生，都市の自律性を提示したもの）．レッチワースはロンドン郊外の都市で，その理想にもとづいて建設された最初の田園都市です．

（3）　ハーロウ

ハーロウは，田園都市の思想を受け近隣住区制を採用した，ロンドンの郊外に開発された初期のニュータウンの代表例です．日本では千里ニュータウンが同じタイプです．

（4）　フック

ロンドン西方の都市．ハーロウ等の第一期のニュータウンにおいて，地区中心の性格が曖昧となる問題点を改善する目的で計画されました．**ワンセンター・システム**の新都市として話題をよびました．ハーロウには及びませんが近隣住区的まとまりは配慮されています．日本では**高蔵寺ニュータウン**がこのパターンです．

（5）　ランコーン

リバプール西南の都市．8 の字型のバス専用ルートにより構造付けられています．バス停留所の中間にコミュニティのセンターが配置され，人口 8,000 人の規模を持つコミュニティは，人口 2,000 人の住区に分割され，その中心には店舗群を持っています．日本では，**多摩ニュータウンや泉北ニュータウン**がこのタイプです．

●都市開発・住宅地開発の事例

（1）　多摩ニュータウン

多摩ニュータウンは，東京の住宅難を緩和し，南多摩丘陵の乱開発を防止するために計画された住宅新都市の事例であり，この開発手法は新住宅市街地開発事業を主とした土地区画整理事業との合併事業です．

（2） 広島の基町団地

広島の基町団地は，高層棟による大規模な囲み配置で構成されていますが，高層棟を適切に分節化しているために，多様化されたピロティと合わせて，大味でない囲み空間が創出された事例です．

（3） 千里ニュータウン

千里ニュータウンは，大阪府豊中市・吹田市に跨る千里丘陵に存するニュータウンです．開発主体は大阪府企業局で，日本最初の大規模ニュータウン開発として，新住宅市街地開発法の初適用など，その後の各ニュータウン開発に大きな影響を与えました．1962 年の初入居から 50 年が経過し，住民の年齢構成の変化，ニュータウン周辺の都市化，地域商業の衰退と再生，交通網の再整備などの現象が進行しています．

●公共交通指向型（都市）開発（**TOD**：Transit Oriented Development の略語）

公共交通機関に基盤を置き，自動車に依存しない社会を目指した都市開発のこと．P. カルソープによって提唱され，駅前などの公共交通拠点を中心に，歩行を促す都市構造をつくるための方法論でもあります．

●ワンセンター方式

ワンセンター方式は，住宅地計画などにおいて，1 つのセンター地区に商業施設その他の利便施設を集約し，集積による豊かなサービスを生むことなどを主な目的とした方式であり，**高蔵寺ニュータウン**などで実施されています．

●公園
（1） 住区基幹公園
①街区公園

主として街区内に居住する者の利用に供することを目的とする公園で，街区内に居住する者が容易に利用することができるように，**誘致距離 250m** の範囲内で面積 0.25ha を標準として配置します．

②近隣公園

近隣住区（小学校区に相当するおおむね 1km 四方の居住単位）に居住する人が利用することを目的として設置された公園．近隣に居住する者が容易に利用することができるように，近隣住区当たり 1 か所を**誘致距離 500m** の範囲内で，面積 2ha を標準として配置します．幼児から老人までのすべての年齢層の利用を考えた都市計画上の基本的な公園で，コミュニティ社会の形成に役立ちます．

③地区公園

主として徒歩圏域内に居住する者の利用に供することを目的とする公園で，徒歩圏内に

居住する者が容易に利用することができるように，**誘致距離 1km** の範囲内で面積 4ha を標準として配置します．

（2）都市基幹公園
①総合公園
　都市住民全般の休息，観賞，散歩，遊戯，運動等総合的な利用に供することを目的とする公園で，都市規模に応じ 1 か所当たり面積 10 ～ 50ha を標準として配置します．
②運動公園
　都市住民全般の主として運動の用に供することを目的とする公園で，都市規模に応じて 1 か所当たり面積 15 ～ 75ha を標準として配置します．

【問題 3.1（ペリーの近隣住区論）】 ペリーの近隣住区論に関する記述［ア］～［エ］の正誤を答えなさい．

［ア］開発規模は通常，高等学校が 1 校必要な人口に対応する．
［イ］通過交通の処理に十分な幅員をもつ幹線道路を，住区の中央に配置する．
［ウ］住区の範囲に応じたサービス領域をもつ公共施設用地を，住区中央か公共広場の周りにまとめる．
［エ］サービスする人口に応じた商店街区を 1 か所以上，住区の周辺で交通拠点か隣の住区のそれに近いところに配置する．

（国家公務員 II 種試験）

【解答】　［ア］＝誤（**近隣住区**は，小学校区を 1 単位としています），［イ］＝誤（**近隣住区論**では，通過交通は住区内には入り込ませず，日常生活は歩行可能な住区の範囲内で完結させるようにしています），［ウ］＝正（記述の通り，**近隣住区論**では，住区の範囲に応じたサービス領域をもつ公共施設用地を，住区中央か公共広場の周りにまとめます），［エ］＝正（記述の通り，**近隣住区論**では，サービスする人口に応じた商店街区を 1 か所以上，住区の周辺で交通拠点か隣の住区のそれに近いところに配置します）

【問題 3.2（住宅地計画）】 住宅地計画に関する記述［ア］～［エ］の正誤を答えなさい.

［ア］住宅地内の区画道路等で設けられるハンプは, 自動車の速度を落とさせる効果があり, 歩行者と自動車の共存を目的とした手法である.

［イ］グロスの人口密度が 100 人 /ha である戸建て住宅地は, 一般に, 良好な居住環境を実現する上で適当な密度の住宅市街地といえる.

［ウ］住宅地に計画的に配置されたコモンスペース（共有の園地, 小広場）は, 良好な景観, 環境, コミュニティの形成に有効である.

［エ］C. A. ペリーの近隣住区論においては, 近隣住区は, 周囲を幹線道路で区画するとともに, 住区内街路網は通過交通が容易になるよう計画することとされている.

(国家公務員 II 種試験)

【解答】 ［ア］＝正（記述の通り, 住宅地内の区画道路等で設けられる**ハンプ**は, 自動車の速度を落とさせる効果があり, 歩行者と自動車の共存を目的とした手法です）, ［イ］＝正（戸建て住宅地の適正なグロス人口密度は, 60 〜 100 人／ha とされています）, ［ウ］＝正（記述の通り, 住宅地に計画的に配置されたコモンスペース（共有の園地, 小広場）は, 良好な景観, 環境, コミュニティの形成に有効です）, ［エ］＝誤（C. A. ペリーの**近隣住区論**において, 近隣住区の単位（小学校区を 1 単位）は幹線街路によって囲まれ, 通過交通は住区内には入り込まず, 日常生活は歩行可能な住区の範囲内で完結させるようにしています）

【問題 3.3（住宅地または住宅地計画）】 住宅地または住宅地計画に関する記述［ア］～［エ］の正誤を答えなさい.

［ア］ラドバーンシステムは, スーパーブロックとクルドサックの採用により, 徹底した歩車動線の分離を特徴とする住宅地の計画手法である.

［イ］ボンエルフは, 舗装面に凹凸の処理をしたり, 車路に屈曲を設けるなど, 自動車走行速度を落とさせる工夫を施した, 歩行者と自動車とが共存できる道路方式である.

［ウ］C.A. ペリーの近隣住区論における近隣住区の規模は, 中学校の校区を標準としている.

［エ］ワンセンターシステムは, 住宅地計画などにおいて, 1 つのセンター地区に商業施設その他の利便施設を集約し, 集積による豊かなサービスを生むことなどを主な目的とした方式であり, 高蔵寺ニュータウンなどで実施されている.

(国家公務員 II 種試験 [改])

【解答】 ［ア］＝正（記述の通り，**ラドバーンシステム**は，スーパーブロックとクルドサックの採用により，徹底した歩車動線の分離を特徴とする住宅地の計画手法です），［イ］＝正（記述の通り，**ボンエルフ**は，舗装面に凹凸の処理をしたり，車路に屈曲を設けるなど，自動車走行速度を落とさせる工夫を施した，歩行者と自動車とが共存できる道路方式です），［ウ］＝誤（"中学校の校区"でなく，"小学校の校区"です），［エ］＝正（記述の通り，**ワンセンターシステム**は，住宅地計画などにおいて，1つのセンター地区に商業施設その他の利便施設を集約し，集積による豊かなサービスを生むことなどを主な目的とした方式であり，高蔵寺ニュータウンなどで実施されています）

【問題 3.4（都市）】 都市に関する記述 ［ア］〜［エ］の正誤を答えなさい．

［ア］大ロンドン計画（1944年）は，空洞化した中心市街地の再開発と都心居住の推進などによる大都市の改造計画である．
［イ］G.E. オースマンのパリ改造では，道路網の整備や付け替え，沿道建物の高さ制限の設定，公園の新設，給排水ネットワークの近代化などが行われた．
［ウ］ブラジルの首都ブラジリアは，ル・コルビュジエらにより，1つの巨大な軸に沿って行政施設，居住地区が配置されるように計画された．
［エ］レッチワースは，エベネザー・ハワードの田園都市を実現した都市である．

(国家公務員II種試験)

【解答】 ［ア］＝誤（**大ロンドン計画**は，ロンドンへの過度の人口集中による弊害を克服するため，**アーバークロンビィ卿**によって作成された都市計画です），［イ］＝正（記述の通り，**G.E. オースマンのパリ改造**では，道路網の整備や付け替え，沿道建物の高さ制限の設定，公園の新設，給排水ネットワークの近代化などが行われました），［ウ］＝誤（ブラジルの首都**ブラジリア**は，ル・コルビュジエが理想とする都市構想を全部盛り込んで造った理想的近代都市といわれていますが，コンペでは**ルチオ・コスタ**が当選し，実際の設計実務はコスタとオスカー・ニーマイヤーがあたりました），［エ］＝正（記述の通り，**レッチワース**はエベネザー・ハワードの田園都市を実現した都市です）

【問題 3.5（住宅地計画）】 住宅地計画に関する記述［ア］〜［エ］の正誤を答えなさい.

［ア］C.A.ペリーの近隣住区論における近隣住区の規模は，小学校の校区を標準としている.

［イ］一般に，住宅地における人口密度は，グロス密度よりネット密度の方が大きい.

［ウ］ラドバーンシステムとは，ペデストリアンデッキや地下通路によって，歩行者と自動車を立体的に分離する設計手法をいう.

［エ］近隣公園は，誘致距離が 2km の範囲内で配置するのが望ましい.

（国家公務員Ⅱ種試験［改］）

【解答】 ［ア］＝正（記述の通り，**C.A.ペリーの近隣住区論**における近隣住区の規模は，小学校の校区を標準としています），［イ］＝正（記述の通り，一般に，住宅地における人口密度は，グロス密度よりネット密度の方が大きい），［ウ］＝誤（**ラドバーンシステム**では，住区内の道路を**クルドサック（袋小路）**とし，住民は住宅裏の歩行者専用道路を通って学校や商店に行くことができるようになっています），［エ］＝誤（**近隣公園**は，近隣住区に居住する人が利用することを目的として設置された公園です．ここで，近隣住区は小学校区に相当し，おおむね 1km 四方の居住単位です）

【問題 3.6（住宅地または住宅地計画）】 住宅地または住宅地計画に関する記述［ア］〜［エ］の正誤を答えなさい.

［ア］主として街区内に居住する者の利用に供することを目的とする公園は，誘致距離が 500m の範囲内で配置することが望ましい.

［イ］クルドサックは，ペデストリアンデッキや立体交差によって，歩車道の立体分離を実現する設計手法をいう.

［ウ］ハーロウは，田園都市の思想を受け近隣住区制を採用した，ロンドンの郊外に開発された初期のニュータウンの代表例である.

［エ］同潤会による代官山，江戸川など一連の RC 造アパート団地は，わが国において良質な住宅地の実現を目指し計画された最も初期のアパート団地の事例である.

（国家公務員Ⅱ種試験）

【解答】 ［ア］＝誤（**街区公園**は，誘致距離 250m の範囲内で面積 0.25ha を標準として配置します），［イ］＝誤（**クルドサック**は袋小路のことです），［ウ］＝正（記述の通り，**ハーロウ**は，田園都市の思想を受け近隣住区制を採用した，ロンドンの郊外に開発された初期のニュータ

ウンの代表例です），［エ］＝正（記述の通り，同潤会による代官山，江戸川など一連の RC 造アパート団地は，わが国において良質な住宅地の実現を目指し計画された最も初期のアパート団地の事例です）

【問題 3.7（都市開発・住宅地開発）】　わが国における都市開発・住宅地開発の事例に関する記述［ア］，［イ］，［ウ］の正誤を答えなさい．

［ア］　多摩ニュータウンは，東京の住宅難を緩和し，南多摩丘陵の乱開発を防止するために計画された住宅新都市の事例であり，この開発手法は新住宅市街地開発事業を主とした土地区画整理事業との合併事業である．

［イ］　広島の基町団地は，高層棟による大規模な囲み配置で構成されているが，高層棟を適切に分節化しているために，多様化されたピロティと合わせて，大味でない囲み空間が創出された事例である．

［ウ］　千里ニュータウンは，公的開発主体による住宅新都市の事例であり，住宅地の計画に当たり，田園都市の概念を適用し，ループ型の街路網を採用した点に特色がある．

(国家公務員 II 種試験)

【解答】　［ア］＝正（記述の通り，**多摩ニュータウン**は，東京の住宅難を緩和し，南多摩丘陵の乱開発を防止するために計画された住宅新都市の事例であり，この開発手法は新住宅市街地開発事業を主とした土地区画整理事業との合併事業です），［イ］＝正（記述の通り，**広島の基町団地**は，高層棟による大規模な囲み配置で構成されているが，高層棟を適切に分節化しているために，多様化されたピロティと合わせて，大味でない囲み空間が創出された事例です），［ウ］＝誤（**千里ニュータウン**の開発主体は大阪府企業局で，計画ではラドバーンシステムが手本とされました．日本最初の大規模ニュータウン開発であり，その後の各ニュータウン開発に大きな影響を与えました）

【問題3.8（住宅に関する語句）】 住宅に関する語句とその説明［ア］〜［エ］の正誤を答えなさい.

［ア］最低居住水準：健康で文化的な住生活の基礎として必要不可欠な水準として，住宅建設計画法にもとづく計画に定められた国の住宅政策における住戸専用面積等の水準.

［イ］高齢者向け優良賃貸住宅：高齢者，身体障害者等が円滑に利用できる特定建築物の建築の促進に関する法律（ハートビル法）に整備，管理に関する手続き，支援措置等が規定された，良好な居住環境を備えた高齢者向けの賃貸住宅.

［ウ］住宅性能表示制度：住宅の品質確保の促進等に関する法律にもとづき，構造耐力，高齢者等への配慮等の住宅の性能を表示するための共通ルール（日本住宅性能表示基準等）を定め，住宅の性能の相互比較をしやすくするもの.

［エ］住宅・土地統計調査：住宅の実態，土地の保有状況の実態等を把握し，その現状と推移を全国および地域別に明らかにすることを目的として，5年に1度全国で実施される調査.

（国家公務員Ⅱ種試験）

【解答】 ［ア］＝正（記述の通り，健康で文化的な住生活の基礎として必要不可欠な水準として，住宅建設計画法にもとづく計画に定められた国の住宅政策における住戸専用面積等の水準が**最低居住水準**です），［イ］＝誤（**高齢者向け優良賃貸住宅**は，高齢者が安全に安心して居住できるように，「バリアフリー化」され，「緊急時対応サービス」の利用が可能な賃貸住宅のことです），［ウ］＝正（記述の通り，住宅の品質確保の促進等に関する法律にもとづき，構造耐力，高齢者等への配慮等の住宅の性能を表示するための共通ルール（日本住宅性能表示基準等）を定め，住宅の性能の相互比較をしやすくするものが**住宅性能表示制度**です），［エ］＝正（記述の通り，住宅の実態，土地の保有状況の実態等を把握し，その現状と推移を全国および地域別に明らかにすることを目的として，5年に1度全国で実施される調査が**住宅・土地統計調査**です）

3.2 建築家

[西洋の建築家]

●ウィトルウィウス

　紀元前1世紀頃に活動した建築家で，古代ギリシアからローマに至る建築理論の集大成である『建築十書』を記しました．この書は中世に再発見され，ルネサンス以降の建築に大きな影響を与えました．また，これは**現存する最古の建築理論書**で，古代ギリシアを含め，建築に関わるあらゆる事柄が記されています．彼は，この書で，文学・絵画・幾何学・歴史・哲学・音楽・医術・法律・天空などの理論と実技の知識の両方を熟知した人だけが真の建築家であると言っています．また，「建築は，強さ・用・美の理が保たれるようにつくられるべきである」とも述べています．

●フランク・ロイド・ライト（F. L. Wright）

　環境と一体化した**有機的建築**を提唱し，現代建築に大きな影響を与えました．生涯に1191点にものぼる作品を遺し，**旧帝国ホテル**の設計者として日本人にも馴染み深い建築家です．また，**自由学園 明日館**も設計しましたが，空間を連続させて一体構造としたこの設計は，枠組壁式構法（2×4工法）の先駆けとの見方もあります．さらに，「**ブロードエーカー・シティ」の計画案**は，自然に包まれた低密度の理想都市像として，工場群，行政管理施設，市場センターが主要な交通路線と密接に結びつけられて住宅地の中に散在し，それらの規模や数も限定されています（代表的な建築物：**グッゲンハイム美術館，旧帝国ホテル**など）．

●ハワード（E. Howard）

　「**明日の田園都市**」を発表し，緩衝緑地帯によって分離された，日常生活を十分に満足させられるような施設を備えた一定規模の都市を，母都市を中心に放射同心円状の幹線交通路の結節点に建設することを提案しました．

●ガルニエ（T. Garnier）

　「**工業都市**」を発表し，都市を市街地と工業地に分け，市街地では住宅と公共施設用地を分けてこれらの都市機能を分担するスペースをグリーンベルトで明快に分離し，近代都市の全体像を組み立てました．

●ル・コルビュジエ（Le Corbusier）[3],[4]

都市計画理論「**ユルバニズム**」を発表し，超高層建築群と高架自動車道からなる都市構造で垂直の都市を描き，近代建築の手法を用いて都市問題に対処しようとしました．なお，**国立西洋美術館本館の設計**はル・コルビュジエによりますが，彼の弟子である前川國男・坂倉準三・吉阪隆正が実施設計・監理に協力し完成しました（代表的な建築物：**クック邸，サヴォア邸，ユニテ・ダビタシオン**など）．

●ミース・ファン・デル・ローエ

近代主義建築のコンセプトの成立に貢献したドイツ出身の建築家で，コルビュジエ，ライトとともに**近代建築の三大巨匠**と呼ばれています．柱と梁によるラーメン構造の均質な構造体が，その内部にあらゆる機能を許容するという意味の**ユニバーサルスペース**という概念を提示しました．また，ガラスの連続窓をもったカーテンウォールにより覆われる皮膜をもち，均質な空間の積み重ねられた建築イメージである**ガラスのスカイスクレイパー案**を提示しました．さらに，彼の計画案である「**煉瓦造の田園住宅案**」では，自立した壁が自由に配置されることで，流動的で多様な空間を形成しています（代表的な建築物：**バルセロナ万国博覧会ドイツ・パビリオン，ファンズワース邸**など）．

●ルイス・カーン

偉大な建築家であると同時にすぐれた教育者であり，**「光と構造」**という概念を提案しました．

●アルヴァ・アアルト

フィンランドが生んだ20世紀を代表する世界的な建築家であり，ボストンに設計したMIT（マサチューセッツ工科大学）の寄宿舎「ベーカーハウス」は，湾曲する有機的な建物（環境に合わせた建物）として成立しています．

●ジョサイア・コンドル（Josiah Conder）

イギリスのロンドン出身の建築家．お雇い外国人として来日し，政府関連の建物の設計（**東京帝室博物館本館・鹿鳴館・ニコライ堂・三菱一号館**などの設計）を手がけました．また，工部大学校（現・東京大学工学部建築学科）の教授として，辰野金吾ら創生期の日本人建築

---

3) **ル・コルビュジエが提案したドミノ・システム**
　ドミノ・システムとは，ル・コルビュジエが提案した鉄筋コンクリート構造骨組のことで，鉄筋コンクリートでできた四隅の柱を鉄筋コンクリートのスラブ（床板）でつなぎ，システムを広げていけば，いくらでも自由な空間をつくり出すことができるというものです．

4) **ル・コルビュジエが提案した近代建築の5原則**
　・自由な平面　・水平連続窓　・屋上庭園　・ピロティ　・自由なファサード（建物正面）

家を育成し，明治以後の日本建築界の基礎を築きました．

［日本の建築家］

●片山東熊
<small>かたやまとうくま</small>

ジョサイア・コンドルの弟子で，宮内省で赤坂離宮など宮廷建築に多く関わりました．代表作である**旧東宮御所（現 迎賓館赤坂離宮）**は，2009 年に明治以降の建築としては初めて国宝に指定されました．また，**奈良帝室博物館（現 奈良国立博物館）・京都帝室博物館（現 京都国立博物館）の設計者**でもあります．

●辰野金吾
<small>たつのきんご</small>

東京帝国大学教授を経て，東京・大阪に建築設計事務所を開設．日本建築学会会長を長く務めました．**東京駅・日本銀行本店**等の日本を代表する建築物を数々手がけてきた建築界の重鎮で，「日本近代建築の父」と呼ばれました．「日本現代建築界の父」と呼ばれたイギリスの建築家ジョサイア・コンドルを師とし，明治期を中心に活躍しました．

●妻木頼黄
<small>つまきよりなか</small>

大蔵省などで数多くの官庁建築を手がけ，明治時代の官庁営繕組織を確立しました．**横浜正金銀行本店（現 神奈川県立歴史博物館）**や**横浜赤レンガ倉庫**などの設計も手がけました．辰野金吾，片山東熊とともに，明治建築界の三大巨匠の一人にあげられています．国会議事堂の建設にも執念を燃やしましたが，在世中に本建築が着工されることはありませんでした．

●伊東忠太
<small>いとうちゅうた</small>

法隆寺が日本最古の寺院建築であることを学問的に示し，日本建築史を創始しました．また，「**建築進化論**」を唱え，それを実践するように独特の様式を持った**築地本願寺**などの作品を遺しました．

●丹下健三
<small>たんげけんぞう</small>

「世界のタンゲ」と呼ばれた，世界的に有名な建築家の一人です．第二次世界大戦復興後から高度経済成長期にかけて，多くの国家プロジェクトを手がけるとともに，磯崎　新，黒川紀章，槇　文彦，谷口吉生などの世界的建築家を育成しました．代表的な建築作品には，**広島平和記念資料館**，**東京カテドラル聖マリア大聖堂**，**国立代々木競技場**などがあります．

【問題 3.9（都市計画の理論・思想）】　都市計画の理論・思想に関する記述［ア］〜［エ］の正誤を答えなさい.

［ア］ル・コルビュジエ（Le Corbusier）は，都市計画理論「ユルバニズム」を発表し，超高層建築群と高架自動車道からなる都市構造で垂直の都市を描き，近代建築を道具手段として都市問題に対処しようとした.

［イ］ハワード（E. Howard）は，「明日の田園都市」を提案し，近代都市が備えるべき住宅，公共施設，工場などすべての施設と空間を構成要素として，これらの都市機能を分担するスペースを緑地帯で分離させる配置形態をとることにより，近代都市の全体像を組み立てた.

［ウ］ペリー（C. A. Perry）は，近隣単位の規模，コミュニティ機能を支える公園，レクリエーション施設，コミュニティセンター，商店街などの種類・数と配置原則を設定し，街路体系の都市計画論「近隣住区論」を展開した.

［エ］ライト（F. L. Wright）が発表した「ブロードエーカー・シティ」の計画案は，自然に包まれた低密度の理想都市像として，工場群，行政管理施設，市場センターが主要な交通路線と密接に結びつけられて住宅地の中に散在し，それらの規模や数も限定されている.

（国家公務員 II 種試験［改］）

【解答】　［ア］＝正（記述の通り，**ル・コルビュジエ**（Le Corbusier）は，**都市計画理論「ユルバニズム」**を発表し，超高層建築群と高架自動車道からなる都市構造で垂直の都市を描き，近代建築を道具手段として都市問題に対処しようとしました），［イ］＝誤（**ハワード**は，**「明日の田園都市」**を発表し，緩衝緑地帯によって分離された，日常生活を十分に満足させられるような施設を備えた一定規模の都市を，母都市を中心に放射同心円状の幹線交通路の結節点に建設することを提案しました），［ウ］＝正（記述の通り，**ペリー**（C. A. Perry）は，近隣単位の規模，コミュニティ機能を支える公園，レクリエーション施設，コミュニティセンター，商店街などの種類・数と配置原則を設定し，街路体系の都市計画論**「近隣住区論」**を展開しました），［エ］＝正（記述の通り，**ライト**（F. L. Wright）が発表した**「ブロードエーカー・シティ」の計画案**は，自然に包まれた低密度の理想都市像として，工場群，行政管理施設，市場センターが主要な交通路線と密接に結びつけられて住宅地の中に散在し，それらの規模や数も限定されていました）

【問題 3.10（都市計画の理論・思想）】 都市計画の理論・思想に関する記述 ［ア］～［エ］の正誤を答えなさい.

［ア］ライト（F. L. Wright）は，幹線交通を境界として，内部は自動車による交通事故や分断の脅威から安全な日常生活の場として完結した市街地単位をコミュニティの場とする「近隣住区論」を展開した.

［イ］ハワード（E. Howard）は，「明日の田園都市」を発表し，緩衝緑地帯によって分離された，日常生活を十分に満足させられるような施設を備えた一定規模の都市を，母都市を中心に放射同心円状の幹線交通路の結節点に建設することを提案した.

［ウ］ガルニエ（T. Garnier）は，「工業都市」を発表し，都市を市街地と工業地に分け，市街地では住宅と公共施設用地を分け，これらの都市機能を分担するスペースをグリーンベルトで明快に分離し，近代都市の全体像を組み立てた.

［エ］コルビュジエ（Le Corbusier）は，都市計画理論「ユルバニズム」を発表し，超高層建築群と高架自動車道からなる都市構造で垂直の都市を描き，近代建築の手法を用いて都市問題に対処しようとした.

（国家公務員 II 種試験［改］）

【解答】 ［ア］＝誤（**「近隣住区理論」**を展開したのはアメリカのペリーです．ライトは環境と一体化した**有機的建築**を提唱し，現代建築に大きな影響を与えました．旧帝国ホテルの設計者として日本人にも馴染み深い建築家です），［イ］＝正（記述の通り，**ハワード**（E. Howard）は，**「明日の田園都市」**を発表し，緩衝緑地帯によって分離された，日常生活を十分に満足させられるような施設を備えた一定規模の都市を，母都市を中心に放射同心円状の幹線交通路の結節点に建設することを提案しました），［ウ］＝正（記述の通り，**ガルニエ**（T. Garnier）は，**「工業都市」**を発表し，都市を市街地と工業地に分け，市街地では住宅と公共施設用地を分け，これらの都市機能を分担するスペースをグリーンベルトで明快に分離し，近代都市の全体像を組み立てました），［エ］＝正（記述の通り，**コルビュジエ**（Le Corbusier）は，都市計画理論**「ユルバニズム」**を発表し，超高層建築群と高架自動車道からなる都市構造で垂直の都市を描き，近代建築の手法を用いて都市問題に対処しようとしました）

【問題 3.11（都市計画の理論・思想）】　都市計画の理論・思想に関する記述［ア］〜［エ］の正誤を答えなさい．

［ア］エベネザー・ハワード（Ebenezer Howard）は，「明日の田園都市」を発表し，市街地の周りに農地を配置することで都市の拡大を防ぎ，市街地内にも緑地を取り入れた田園都市の建設を提案した．

［イ］トニー・ガルニエ（Tony Garnier）は，「線状都市（線型都市）」を発表し，道路と軌道を中心軸に，そこに面する住宅地では，全ての戸建て住宅に庭がある，無限に延長可能な帯状の都市形態を提案した．

［ウ］クラレンス・アーサー・ペリー（Clarence Arthur Perry）は，「近隣住区論」を提唱し，十分な幅員をもつ幹線道路で囲まれた，小学校が1校必要な人口規模を単位とする近隣住区を提案した．

［エ］ル・コルビュジエ（Le Corbusier）は，民主主義共同社会「ユーソニア」を理想として掲げ，1人あたり1エーカー以上の土地を保有する「ブロードエーカー・シティ」を発表し，都市機能が鉄道や幹線道路に沿って分散配置された都市イメージを提案した．

（国家公務員一般職種試験）

【解答】　［ア］＝正（記述の通り，ハワードは**「明日の田園都市」**を発表し，市街地の周りに農地を配置することで都市の拡大を防ぎ，市街地内にも緑地を取り入れた田園都市の建設を提案しました），［イ］＝誤（交通の発達により都市が線的に形成されていく**線状都市理論**を提唱したのはアルトゥーロ・ソリア・イ・マータです），［ウ］＝正（記述の通り，**ペリー**は**「近隣住区論」**を提唱し，十分な幅員をもつ幹線道路で囲まれた，小学校が1校必要な人口規模を単位とする近隣住区を提案しました），［エ］＝誤（**「ブロードエーカー・シティ」**を提唱したのは**フランク・ロイド・ライト**です．**ル・コルビュジエ**は，都市計画理論**「ユルバニズム」**を発表し，超高層建築群と高架自動車道からなる都市構造で垂直の都市を描き，近代建築の手法を用いて都市問題に対処しようとしました）

【問題 3.12（空間構成の手法）】　20 世紀に建築家が提案した空間構成の手法に関する記述 ［ア］〜［エ］の正誤を答えなさい.

［ア］ル・コルビュジエが提案した「ドミノ・システム」の意義は, 壁式構造の長所をいかした点にある.

［イ］ル・コルビュジエが提案した近代建築の五原則の 1 つは「自由な平面プラン」である.

［ウ］ルイス・カーンが提案した概念の 1 つは「光と構造」である.

［エ］ミース・ファン・デル・ローエは「ユニバーサル・スペース」の概念を提案した.

(国家公務員 II 種試験)

【解答】　［ア］＝誤（**ドミノ・システム**は, ル・コルビュジエが提案した量産住宅用の鉄筋コンクリート構造骨組のことです）, ［イ］＝正（記述の通り, **ル・コルビュジエ**が提案した近代建築の五原則の 1 つは「**自由な平面プラン**」です）, ［ウ］＝正（記述の通り, **ルイス・カーン**が提案した概念の 1 つは「**光と構造**」です）, ［エ］＝正（記述の通り, **ミース・ファン・デル・ローエ**は「**ユニバーサル・スペース**」の概念を提案しました）

【問題 3.13（建築家）】　近代の日本において活躍した建築家に関する記述 ［ア］〜［エ］の正誤を答えなさい.

［ア］建築学会の結成を含め, 日本建築界の体制づくりに大きな功績を残した「辰野金吾」は, 国会議事堂など明治国家の記念碑的建築を設計した.

［イ］官庁施設の整備に携わった「妻木頼黄」は, 奈良帝室博物館（現奈良国立博物館）など主にフランスバロック様式の作品を設計した.

［ウ］日本建築の歴史に目を向け, 法隆寺建築論を発表した「伊東忠太」は, 築地本願寺などアジア様式の独特な作品を設計した.

［エ］政府の招聘を受けて来日した「J. コンドル」は, 近代的な建築教育に尽力する一方で, 鹿鳴館をはじめ数多くの作品を設計した.

(国家公務員 II 種試験)

【解答】　［ア］＝誤（**国会議事堂**の実質的デザイナーは, 吉武東里と大熊喜邦とされています）, ［イ］＝誤（**奈良帝室博物館**は, 片山東熊の設計です）, ［ウ］＝正（記述の通り, 日本建築の歴史に目を向け, **法隆寺建築論**を発表した「**伊東忠太**」は, 築地本願寺などアジア様式の独特な作品を設計しました）, ［エ］＝正（記述の通り, 政府の招聘を受けて来日した「**J. コ**

ンドル」は，近代的な建築教育に尽力する一方で，鹿鳴館をはじめ数多くの作品を設計しました）

【問題 3.14（歴史的な建築物とその設計者）】　歴史的な建築物とその設計者の組合せ［ア］〜［エ］について，正誤を答えなさい．

［ア］霞が関ビルディング — 磯崎　新
［イ］落水荘 — ルートヴィヒ・ミース・ファン・デル・ローエ
［ウ］東京カテドラル聖マリア大聖堂 — 丹下健三
［エ］サヴォア邸 — ル・コルビュジエ

（国家公務員一般職試験）

【解答】　［ア］＝誤（霞が関ビルディングの設計・建設を指揮したのは**武藤　清**です．参考までに，**磯崎　新**は，茨城県のつくばセンタービルやアメリカのロサンゼルス現代美術館などで知られ，ポストモダン建築をリードして国際的に活躍した建築家です），［イ］＝誤（アメリカのピッツバーク近郊にある**落水荘**を設計したのは，**フランク・ロイド・ライト**です），［ウ］＝正（**東京カテドラル聖マリア大聖堂は丹下健三**の代表作品の一つです），［エ］＝正（**サヴォア邸はル・コルビュジエ**の代表的建築物の一つです）

【問題 3.15（わが国の歴史的な建築物とその設計者）】　わが国の歴史的な建築物とその設計者の組合せ［ア］〜［エ］の正誤を答えなさい．

［ア］日本銀行本店　　　　　　　　　　　　　　　　　　—　　辰野金吾
［イ］東宮御所（現・迎賓館赤坂離宮）　　　　　　　　　—　　片山東熊
［ウ］横浜正金銀行本店（現・神奈川県立歴史博物館）　　—　　曾禰達蔵
［エ］築地本願寺　　　　　　　　　　　　　　　　　　　—　　佐立七次郎

（国家公務員一般職種試験）

【解答】　［ア］＝正（記述の通り，**辰野金吾は日本銀行本店**の設計者です），［イ］＝正（記述の通り，**片山東熊は東宮御所（現・迎賓館赤坂離宮）**の設計者です），［ウ］＝誤（**横浜正金銀行本店（現・神奈川県立歴史博物館）**の設計者は**妻木頼黄**です），［エ］＝誤（**築地本願寺**の設計者は**伊東忠太**です）

【問題 3.16（日本の建築家）】　日本の近代建築史における建築家に関する記述［ア］〜
［エ］について正誤を答えなさい.

［ア］辰野金吾は，宮廷建築家として活躍した人物であり，帝国奈良博物館（現・奈良国立
　　　博物館），帝国京都博物館（現 京都国立博物館）などの設計を手がけた.
［イ］ル・コルビュジエが設計した帝国ホテルは，戦後に取り壊され，現在，その正面玄関
　　　部分が博物館明治村に保存されている.
［ウ］伊東忠太は，建築史研究者として「法隆寺建築論」を執筆した. また，祇園閣や築地
　　　本願寺などの設計を手がけた.
［エ］ジョサイア・コンドルは，明治初期に来日し，工部大学校の教師として日本人建築家
　　　を育成した. また，鹿鳴館やニコライ堂などの設計を手がけた.

（国家公務員総合職試験［大卒程度試験］）

【解答】　［ア］＝誤（**帝国奈良博物館（現 奈良国立博物館），帝国京都博物館（現・京都国立
博物館）**などの設計を手がけたのは**片山東熊**です），［イ］＝誤（**旧帝国ホテルの設計者はフラ
ンク・ロイド・ライト**です），［ウ］＝正（記述の通り，**伊東忠太**は，建築史研究者として「法
隆寺建築論」を執筆しました. また，祇園閣や築地本願寺などの設計を手がけました），［エ］
＝正（記述の通り，**ジョサイア・コンドル**は，明治初期に来日し，工部大学校の教師として
日本人建築家を育成しました. また，鹿鳴館やニコライ堂などの設計を手がけました）

【問題 3.17（近代に活躍した建築家）】　近代に活躍した建築家に関する記述［ア］〜［エ］
の正誤を答えなさい.

［ア］ジョサイア・コンドルはイギリスから来日し，工部大学校（現在の東京大学工学部）
　　　で教鞭をとった. また，鹿鳴館やニコライ堂を設計した.
［イ］辰野金吾は「日本近代建築の父」と呼ばれ，日本における最初の洋風事務所建築であ
　　　る三菱一号館や日本銀行本店を設計した.
［ウ］片山東熊は宮内省で宮廷建築に携わり，迎賓館赤坂離宮（旧東宮御所）や京都国立博
　　　物館（旧帝国京都博物館）を設計した.
［エ］アントニン・レーモンドは東京ゴルフクラブハウスや東京女子大学チャペルのほか，
　　　建築理念として提唱したピロティを駆使した国立西洋美術館を設計した.

（国家公務員総合職試験［大卒程度試験］）

【解答】 ［ア］＝正（記述の通り，**ジョサイア・コンドル**は工部大学校（現在の東京大学工学部）で教鞭をとり，**鹿鳴館**や**ニコライ堂**を設計しました），［イ］＝誤（国内初のオフィス建築である**三菱一号館**を設計したのは**ジョサイア・コンドル**です），［ウ］＝正（記述の通り，**片山東熊**は，**迎賓館赤坂離宮**（旧東宮御所）や**京都国立博物館**（旧帝国京都博物館）を設計しました），［エ］＝誤（**国立西洋美術館の設計者はル・コルビュジエです**）

【問題3.18（建築家）】 近代建築史における代表的な建築家名，建築家に関する記述［ア］，［イ］，［ウ］および代表的な建築物 A，B，C の組み合せとして最も妥当なものを解答群から選びなさい．

●建築家に関する記述

［ア］「有機的建築」を目指した彼の独立後の活動は，1890年代から1910年にかけての「プレーリー・ハウス」を創出した「第一黄金時代」，その後1930年代までのわが国における「帝国ホテル」など以外に仕事に恵まれなかった「失われた時代」，そして1930年代後半からの「ユーソニアン・ハウス」を創出した「第二黄金時代」の大きく3期に分けられるといわれる．

［イ］彼の計画案である「煉瓦造の田園住宅案」では，自立した壁が自由に配置されることで，流動的で多様な空間を形成している．周囲に延びた壁は，理念としての内部空間の解放を強調している．傑作とされる「バルセロナ万国博覧会ドイツ・パビリオン」は，この理念の延長線上に位置付けられるといわれる．

［ウ］彼は，鉄筋コンクリートの軸組と量産住宅の主題についての研究を発展させ，「ドミノ」と呼ばれる構築体系を考案した．後に，「ドミノ」に由来する「シトロアン型」住居と呼ばれる量産住宅を出品し，集合住宅「ユニテ・ダビタシオン」に発展させた．

●代表的な建築物

A　ファンズワース邸（1950年アメリカ）

B　グッゲンハイム美術館（1959年アメリカ）

C　サヴォア邸（1931年フランス）

	建築家	建築家に関する記述	代表的な建築物
1.	ヴァルター・グロピウス	［ア］	A
2.	フランク・ロイド・ライト	［ア］	B
3.	ミース・ファン・デル・ローエ	［イ］	C
4.	ル・コルビュジエ	［ウ］	A
5.	ルイス・カーン	［ウ］	B

（国家公務員Ⅰ種試験）

【解答】　［ア］=「有機的建築」と「旧帝国ホテル」から，**フランク・ロイド・ライト**であることがわかります．代表的な建築物：**グッゲンハイム美術館**，［イ］=「煉瓦造の田園住宅案」から，**ミース・ファン・デル・ローエ**であることがわかります．代表的な建築物：**ファンズワース邸**，［ウ］=「ドミノ」から，**ル・コルビュジエ**であることがわかります．代表的な建築物：**サヴォア邸**

　　したがって，正解は 2 となります．

【問題 3.19（近代の建築作品とその特徴）】　近代の建築作品とその特徴の組合せ［ア］〜［エ］の正誤を答えなさい．

［ア］カウフマン邸（落水荘）（フランク・ロイド・ライト）　　　　―　有機的建築

［イ］ファンズワース邸（ルートヴィヒ・ミース・ファン・デル・ローエ）　―　セセッション

［ウ］シュレーダー邸（ヘリット・トーマス・リートフェルト）　―　デ・ステイル

［エ］タッセル邸（ヴィクトル・オルタ）　　　　　　　　　　　　―　アール・デコ

（国家公務員一般職種試験）

【解答】　［ア］= 正（**カウフマン邸（落水荘）**は，アメリカの建築家**フランク・ロイド・ライト**によって 1936 年に造られた建物です．フランク・ロイド・ライトは，環境と一体化した**有機的建築**を提唱し，現代建築に大きな影響を与えました），［イ］= 誤（**ルートヴィヒ・ミース・ファン・デル・ローエ**は，近代主義建築のコンセプトの成立に貢献したドイツ出身の建築家で，**ユニバーサルスペース**という概念を提示しました．一方，**セセッション様式**は，過去の建築様式からの分離を主張したもので，新しい時代に相応しい創造を目指しました），［ウ］= 正（**シュレーダー邸**は，1924 年にオランダ人建築家**ヘリット・リートフェルト**によって設計された住宅です．シュレーダー邸は**デ・ステイル建築**を代表する作品で，世界遺産に登録されています．なお，デ・ステイルとはオランダ語で様式を意味し，基本理念は対象を客観的に普遍的にとらえ，直線的・幾何学的模様による表現を目指すというものでした），［エ］= 誤（**タッセル邸**は，ヴィクトル・オルタが手掛けた邸宅の中で最も古く，1894 年に造られました．建築に，**アール・ヌーボー**（意味は新しい芸術）を取り入れた世界初の作品で，それまでの住宅の空間概念を打破した作品でもあります．なお，**アールヌーボーのデザインは曲線的ですが，アールデコは直線的**であるといえます．ちなみに，アールデコ期の代表的な建築はニューヨーク・マンハッタンの建築群であり，アールデコ期にはマンハッタンで高層建築ラッシュが起こりました）

【問題 3.20（代表的な建築物）】 近代建築史における代表的な建築物に関する記述［ア］〜［エ］について正誤を答えなさい．

［ア］マルセイユのユニテ・ダビタシオンは，ル・コルビュジエが設計したメゾネット型住戸を主とし，多様な施設を複合した高層集合住宅であり，世界遺産に登録されている．

［イ］ケネディ空港 TWA ターミナル・ビルは，丹下健三が設計した吊り屋根構造によるターミナル・ビルで，航空機の翼を表現した大胆な彫塑的造形が特徴である．

［ウ］シドニー・オペラハウスは，国際コンペによって選ばれたヨーン・ウッソンが設計したオペラハウスで，シェル構造の屋根をヨットの帆に見立てた造形が特徴であり，世界遺産に登録されている．

［エ］ソーク生物学研究所は，ルイス・カーンが設計した鉄筋コンクリート構造による研究所で，ヴォールト天井頂部に設けられたトップライトからの自然光を内部に取り入れているのが特徴である．

（国家公務員総合職試験［大卒程度試験］）

【解答】 ［ア］＝正（記述の通り，マルセイユの**ユニテ・ダビタシオン**は，**ル・コルビュジエ**が設計したメゾネット型住戸を主とし，多様な施設を複合した高層集合住宅であり，世界遺産に登録されています），［イ］＝誤（**ケネディ空港 TWA ターミナル・ビル**を設計したのは**E. サーリネン**です），［ウ］＝正（記述の通り，**シドニー・オペラハウス**は，国際コンペによって選ばれた**ヨーン・ウッソン**が設計したオペラハウスで，シェル構造の屋根をヨットの帆に見立てた造形が特徴であり，世界遺産に登録されています），［エ］＝誤（**ソーク生物学研究所**は，**ルイス・カーン**が設計した鉄筋コンクリート構造による研究所で，青い海と空に映える美しい対象形の建物は，当時の建築界に新風を巻き起こしました．ちなみに，**ヴォールト**とは，アーチを平行に押し出した形状（かまぼこ型）を特徴とする天井様式および建築構造の総称です）

第4章

建築設備

4.1　空気調和設備

●自然換気
自然に発生する温度差，気圧差を利用した換気を，自然換気といいます．

（1）　風力換気（外気圧による換気）
自然換気の1つで，建物に風があたると風上側では風圧力が高くなり，風下側では圧力が低くなるので，この圧力差を利用して室内の空気を排出する方式のこと．**換気量は開口部の開放面積と外気風速に比例します**（換気量は，開口部の開放面積と内外の圧力差の平方根に比例しますが，圧力差は外気風速の2乗に比例するという関係があります）．

（2）　温度差による換気
換気量は，開口面積のほか，給気口と排気口の高さの差の平方根と，内外の温度差の平方根に比例します．

●機械換気
換気には，風力や室内外の温度差を原動力とする**自然換気**と給気機や排気機のような機械力を利用する**機械換気**があります．なお，機械による換気方式は表4-1に示すように3つに分類することができます．

表4-1　機械換気の3つの方式

種別	給気	排気	適用例
第1種機械換気法	機械	機械	地階の機械室など
第2種機械換気法	機械	自然	ボイラー室など
第3種機械換気法	自然	機械	便所など

①第 1 種機械換気

給気送風機と排気送風機の両方があるもので，**最も完全な排気方法**です．

②第 2 種機械換気

給気送風機と自然排気口があるもので，**室内に清浄な空気を供給するのに適しています（室外よりも室内の気圧を上げるので，工業用クリーンルームや無菌室に適しています）**．

③第 3 種機械換気

自然給気口と排気送風機があるもので，室内で発生する汚染物質を効率よく排出するのに適しています．

●必要換気量 Q

室内の発生量を M，室内の許容濃度を C_p，外気の濃度を C_o とすれば，必要換気量 Q は次式で求めることができます．

$$Q = \frac{M}{C_p - C_o}$$

ただし，二酸化炭素に対する必要換気量 Q（m³/h）を算出する場合，濃度は％ではなく ppm（parts per million の略）で表した数値（たとえば，0.01％＝100ppm）となります．一方，粉じんに対する必要換気量 Q を求める場合，濃度の次元は mg/m³ となります．

●換気回数

室内の空気が 1 時間に入れ替わった回数を換気回数といい，次式で表されます．

$$換気回数（回／h） = \frac{1時間の換気量（m^3/h）}{部屋の容積（m^3）}$$

なお，必要換気回数は，厨房で 30 〜 60 回／h，トイレで 5 〜 10 回／h です．

●空気齢<ruby>空気齢<rt>くうきれい</rt></ruby>

空気齢とは，建物の換気計画をする際に換気効率を調べるために使われるもので，室内のそれぞれの位置における「空気の新鮮度」を示すものです．給気口などから部屋に入ってきた空気が室内のある場所に着くまでの時間のことをいい，給気口から入ってきた新鮮空気が到達するまでの時間が長いほど空気齢が長く，その位置では空気の新鮮度が低くて換気効率が良くないことを表します．

●通風の目的

換気は主として空気汚染防止を目的としているのに対して，通風は室内に風を導くことによって人体から発汗作用による気化熱を奪い，体温調節の役割を果たします．また，建築各部から余分な湿気をとり去って室内を乾燥させ，木部などを腐敗から守る役割もあります．

●ビル衛生管理法における環境基準

　ビル衛生管理法における環境基準では，温度，湿度，気流，浮遊粉じん量，CO（一酸化炭素）濃度，CO_2（二酸化炭素）濃度，ホルムアルデヒドの量が定められています．

●二酸化炭素濃度

　二酸化炭素濃度は，室内空気の汚染指標として重要なもので，低減させるための対策としては換気が最も効果的です．ちなみに，ビル衛生管理法における二酸化炭素濃度基準は，1日平均値として 0.1% を超えないこととされています．たとえば，開放型ストーブを使用する場合は，1時間に5分程度の窓開けが必要です．

●タスク・アンビエント空調

　タスク・アンビエント空調とは，作業域とそれ以外の領域をそれぞれ，タスク域，アンビエント域として分割し，タスク域に集中して冷暖房を行う空調方式のことです．

●全熱交換と顕熱交換

　熱交換には，**全熱交換**と**顕熱交換**という2つの方法があります．全熱交換は入ってくる外気の“温度（顕熱）[1]と水蒸気（潜熱）”を交換するのに対して，顕熱交換は入ってくる外気の“温度（顕熱）”だけを交換するタイプの換気扇です．

　空気の中に含まれる水蒸気は熱を隠しもっていることからこれを**潜熱**といいますが，この潜熱を交換するかどうかで換気による総合的な熱の負荷が違ってきます．**全熱交換型換気扇では“温度（顕熱）と水蒸気（潜熱）”を交換しますので，冷暖房を行う部屋の換気による熱損失・熱取得を軽減することができます**[2]．

●空調方式

　空調方式は，**中央熱源方式**と**分散熱源方式**に分類されます．中央熱源方式には，全空気方式，全水方式，空気・水方式，水方式があり，分散熱源方式には冷媒方式があります．

【中央熱源方式】

（1）　全空気方式

①定風量単一ダクト（CAV）方式　（CAV は Constant Air Volume の略語）

　1本の主ダクトとその分岐ダクトに，同じ空調空気の温風または冷風を送り出す方式．**各室ごとの送風機の調整は不可能で，各室に負荷の差があると対応できません．**

---

1)　顕熱：温度の上昇・下降にともなう熱，潜熱：蒸発や凝縮，融解などに必要な熱・気化熱
2)　**全熱交換器**は，夏期・冬期の空調負荷（エネルギー）の 25 〜 40% を占める，**外気負荷（換気し外気導入することにともなう負荷）の軽減**を図るために，換気の排気中の熱エネルギー（顕熱＋潜熱＝全熱）を回収する熱交換システムです．

②変風量単一ダクト（VAV）方式 （VAVはVariable Air Volumeの略語）

各室の変風量（VAV）ユニットごとに，冷暖房の室内負荷に応じて**吹き出し風量を制御**する方式．最小風量を定めておく必要はありますが，定風量単一ダクト方式に比べてエネルギー消費量を低減できます．

③二重ダクト方式

常に温風と冷風を2本のダクトで必要な箇所に送風し，それぞれの箇所における熱負荷に応じて混合ボックスで混合し，各部屋に吹き出す方式．暖房と冷房が混在していても対応できますが，温風と冷風を別々に送り出さなければならないためエネルギーロスが大きい．

④その他

（2）　全水方式

ファンコイルユニット方式

中央機械室から冷水または温水を供給し，各室に設置したユニットによって冷暖房を行う方式．全空気方式のような大きなダクトスペースを必要としません．また，ユニットごとに風量の調整ができるので，個別制御が容易です．ただし，冬季の窓の**コールドドラフト**（冷気の流れ）を防ぐため，窓際に設置する方が望ましい．

（3）　空気・水方式

ダクト併用ファンコイルユニット方式

定風量単一ダクト方式と比べてダクトスペースが小さくて済むメリットがあります．

【分散熱源方式】

冷媒方式には，パッケージユニット方式，小型ヒートポンプユニット方式，ルームエアコン方式があります．

なお，マルチパッケージ型空気調和機は，1つの屋外ユニットと複数の室内ユニットを組み合わせたシステムで，住宅や小規模ビルで用いられています．

●暖房方式

暖房方式は，輻射（ふくしゃ）式と対流式の2つに大きく分類できます．

（1）　輻射式暖房

熱を持った物体が放射（輻射）する熱を利用した暖房方式です．この方式では，部屋が暖まるまでに時間がかかり，暖房費も高めで広い空間を暖めるには不向きですが，風（対流）が起きないため，室内の空気が汚れることがなく，湿度への影響もありません．輻射式暖房には，パネルヒーター，オイルヒーター，ホットカーペット，電気ストーブがあります．

（2）　対流式暖房

　熱によって発生した暖かい空気を対流させることで，室内を暖める暖房方式です．広い部屋でも，すぐに全体を暖めることができ，費用も比較的安価ですが，温風の吹き出し口が天井近くにあると，足もとが暖まりにくく，輻射式と比べて，天井と床面付近の温度差が大きくなります．また，対流が起きることで，室内の湿度が急激に下がってホコリが舞うため，加湿や換気に注意が必要です．この方式の暖房器具・設備には，エアコン，ファンヒーター，石油ストーブ（一部）があります．

●蓄熱式空調システム

　蓄熱式空調システムでは，夜間に熱エネルギーを蓄熱槽に蓄え，昼間は蓄熱槽に蓄えられた熱エネルギーを空調に使います．イニシャルコストが比較的安価な**水蓄熱方式**と蓄熱槽容量を小さくできる**氷蓄熱方式**があります．

●低速ダクトと高速ダクト

（1）　低速ダクト

　一般にダクト内の風速が 15m/s 以下，静圧が 500Pa 以下のダクトのことをいいます．一般のダクトのほとんどは，低速ダクトに含まれます．

（2）　高速ダクト

　ダクト内の風速が 15m/s 以上の空気調和用のダクトのことをいいます．高速ダクトは，ダクト内面積を大幅に小さくすることが可能で，強度上からスパイラルダクトが用いられます．しかし，**騒音が発生しやすい欠点がある**ので，吹き出し口には消音ボックスが必要です．

●2管式・3管式・4管式

それぞれ空調設備における配管方式です．

①2管式

　空調機やファンコイルユニットなどへ分配する冷温水の配管として往きと返り（各1本）の計2本が配管される方式．冷房と暖房を季節により切り替えるため，冷暖房同時運転はできません．

②3管式

　ファンコイルユニットや誘引ユニットのコイルに冷水および温水を別個の管で送り，利用後の還水を共通の返り管を用いて熱源装置に戻す配管方式．冷暖房同時運転が可能ですが返り管が1本のため，エネルギーロスが大きい．

③4管式

　空調機やファンコイルユニットの冷温水コイルにそれぞれ冷水および温水の往き・返り

管を別々に配管し，熱負荷に応じて冷水または温水を任意に利用できるようにした空調方式．コストはかかりますが，冷暖房同時運転が必要な場合には理想的なシステムです．

●密閉回路方式と開放回路方式

①密閉回路方式

空調設備などの循環回路で，配管系統が大気と隔絶されている配管方式．

②開放回路方式

空調設備などにある配管系統で，循環回路に空気に開放されている部分がある配管方式．

●エアハンドリングユニット（Air Handling Unit）

エアハンドリングユニットとは，外部熱源設備から供給される冷水・温水・蒸気等を用いて，空気の温度・湿度を調節して部屋へ供給する，比較的大きな一体型の空気調和機であり，エアフィルター・コイル・加湿器・送風機（ファン）などが金属のケーシングに収められています．専用の機械室に設置され，ダクトで各部屋からの還気や外気を取り入れ，ダクトで各部屋に送風されるのが一般的です．

●直接還水法（ダイレクトリターン）と逆還水法（リバースリターン）

流体が流れると配管の抵抗によって圧力が降下しますが，当然，この影響は配管が長いほど大きくなります．それゆえ，(a) の直接還水法（ダイレクトリターン）では一番左の機器は往きも返りも配管が短いために流量が多く，一番右の機器はどちらも長いために流量が少なくなってしまいます．これに対して，(b) の逆還水法（リバースリターン）を採用すれば，往き管が短い箇所は返りの管を長く，往きの管が長い箇所は返りの管を短くすることでいずれの機器においても管路の抵抗がおよそ均等になり，機器の流量を同等にすることができます．

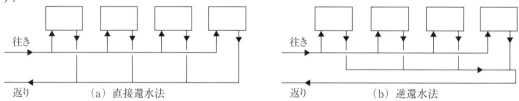

図 4-1　直接還水法と逆還水法

●インバータ

負荷に応じて電流の流れを変換し，モーターの回転を自由に制御する装置のこと．

●外気冷房とナイトパージ

外気冷房は，外気温が室温より低い場合に外気を建物に取り入れることによって室内の冷

却を行う方法で，内部発熱が大きい建築物の中間期および冬期において，省エネルギー効果が高い（冷暖房を必要としない季節において省エネルギー効果が高い）．また，冷房期間中で，夜間の外気が室内の冷房温度を下回るときに，夜間の外気を室内に送風して建物の躯体を冷却して，翌日の冷房負荷を軽減する方法がありますが，これを**ナイトパージ**（夜間換気）と呼んでいます．

●圧縮式冷凍機

圧縮式冷凍機は，冷媒を圧縮，凝縮，膨張，蒸発させる冷凍サイクルを用いる冷凍機です．

●吸収式冷凍機

吸収式冷凍機は，吸収力の高い液体に冷媒（冷房・冷凍機で，温度を下げるために用いる熱媒体となる物質のこと．冷媒には特定フロン・代替フロン・アンモニアなどがあります）を吸収させて発生する低圧によって，別の位置の冷媒を気化させて低温を得る冷凍機のことです．

●ヒートポンプ

冷凍機の凝縮器から放出される熱を利用し，夏は冷房，冬は暖房として使える空調方式．ちなみに，**空気熱源ヒートポンプ方式**は，外気の低温側から高温側に熱をくみ上げて暖房に利用するもので，**外気温が低いと効率が悪くなります**．

●冷却塔（クーリングタワー）

建物の屋上などに設ける，冷却器の冷却水の熱を外気に放散する装置のこと．

●燃焼器具

燃焼器具には，開放型燃焼器具，半密閉型燃焼器具，密閉型燃焼器具の3種類があります．

（1）　開放型燃焼器具

燃焼に必要な空気を室内から取り入れ，排気ガスも室内へ排出する燃焼器具です．普通の石油ストーブやファンヒーターなどがこれにあたります．暖房効率は一番良いのですが，意識的な換気が絶対必要です．必要換気量 V は，

$$必要換気量\,V = 定数 × 理論廃ガス量\,K × 燃料消費量\,Q$$

で求めます．ちなみに，定数は換気フードがない場合で 40 となります．

（2）　半密閉型燃焼器具

燃焼に必要な空気を室内から取り入れ，排気ガスは煙突で室外へ排出する燃焼器具です．薪ストーブやだるまストーブなどがこれにあたります．煙突の工夫次第で，暖房効率もかなり良くなります．

（3） 密閉型燃焼器具

燃焼に必要な空気を室外から取り入れ，排気ガスも室外へ強制的にファンで排出する燃焼器具です．FF 型（強制対流型）といわれるファンヒーターがこれです．最も安全な燃焼器具ですが，暖房効率が悪いのが欠点です．

【問題 4.1（建築環境工学における概略値）】 建築環境工学における概略値に関する記述［ア］〜［エ］の正誤を答えなさい．

［ア］一般事務室・会議室の照度はおよそ 300 〜 700lx である．

［イ］一般事務室の騒音レベルはおよそ 60 〜 70dB である．

［ウ］コンクリートの熱伝導率に対して合板の熱伝導率はおよそ 1/2 である．

［エ］トイレの設計用換気回数は 5 〜 10 回／h である．

（国家公務員Ⅱ種試験）

【解答】 ［ア］＝正（記述の通り，一般事務室・会議室の照度はおよそ 300 〜 700lx です），［イ］＝誤（人間の会話が 60 〜 70dB で，一般事務室の推奨値は 50dB 程度です），［ウ］＝誤（木材の熱伝導率はコンクリートのおよそ 1/10 です），［エ］＝正（記述の通り，トイレの設計用換気回数は 5 〜 10 回 /h です）

【問題 4.2（換気）】 換気に関する記述［ア］〜［オ］の正誤を答えなさい．

［ア］第 2 種機械換気とは，給気のみ送風機を用い，排気は窓や排気ガラリなどを通して自然に行う方法で，他室の空気が侵入しないようにできる方式である．

［イ］換気回数とは，1 時間当たりの換気量を床面積で割った値をいう．

［ウ］室内外温度差による自然換気量は，他の条件が同じ場合，2 つの開口間の垂直距離が大きいほど少なくなる．

［エ］一般に，室内空気汚染の指標として CO 濃度を用いる．

［オ］倉庫や書庫は，空気が汚染されることがないので，換気する必要はない．

（国家公務員Ⅱ種試験）

【解答】 ［ア］＝正（記述の通り，**第 2 種機械換気**とは，給気のみ送風機を用い，排気は窓や排気ガラリなどを通して自然に行う方法で，他室の空気が侵入しないようにできる方式です），［イ］＝誤（**換気回数**は，1 時間当たりの換気量を室容積で割った値をいいます），［ウ］＝誤（**温度差による換気**では，換気量は，開口面積のほか，「給気口と排気口の高さの差の平方

根」と「内外の温度差の平方根」に比例します），［エ］＝誤（**室内空気汚染の指標は１つでは**ありませんが，一般には指標として CO_2 濃度を用います），［オ］＝誤（当然，倉庫や書庫も換気が必要です）

【問題 4.3（換気）】 換気に関する記述［ア］～［エ］の正誤を答えなさい．

［ア］第２種機械換気とは，排気に送風機を用い，給気はガラリなどを通して自然に行う方法で，汚染物質が発生する部屋に適している．

［イ］自然換気には，風力を原動力とするものと，室内外の温度差を原動力とするものがある．

［ウ］換気回数とは，室の１時間当たりの換気量を床面積で割った値である．

［エ］全熱交換型換気扇は，冷暖房を行う部屋の換気による熱損失・熱取得を軽減するために用いられる．

（国家公務員Ⅱ種試験）

【解答】 ［ア］＝誤（**第２種機械換気**は，排気が自然，給気が機械です．なお，ガラリとは，外部に対して目隠しをしながら換気ができるように，ドアや窓などにもうけた通気口のことで，鎧窓（よろいまど）とカルーバーともいいます），［イ］＝正（記述の通り，**自然換気**には，風力を原動力とするものと，室内外の温度差を原動力とするものがあります），［ウ］＝誤（**換気回数**とは，室の１時間当たりの換気量を室容積で割った値です），［エ］＝正（記述の通り，**全熱交換型換気扇**は，冷暖房を行う部屋の換気による熱損失・熱取得を軽減するために用いられています）

【問題 4.4（換気）】 建築物の換気に関する記述［ア］～［エ］の正誤を答えなさい．

［ア］汚染物質が発生している室における必要換気量は，その室の容積の大小によって変化する．

［イ］必要換気回数〔回／h〕が２である室においては，30分間で室の容積と同じ量の外気を取り入れる必要がある．

［ウ］風圧力による換気量は，外部風向と開口条件が一定ならば，外部風速の２乗に比例する．

［エ］温度差による換気において，室内温度が外気温度よりも高いとき，中性帯よりも上側の開口から室内の空気が流出する．

（国家公務員総合職試験［大卒程度試験］）

【解答】 ［ア］＝誤（**汚染質が発生している室における必要換気量**は，その室における汚染質の許容濃度と発生量および外気の汚染質の濃度によって変化し，その室の容積によって変化しない），［イ］＝正（室内の空気が1時間に入れ替わった回数を**換気回数**といいます．したがってこの記述は正しい），［ウ］＝誤（風圧力による換気量は，**換気量は開口部の解放面積と外気風速に比例します**），［エ］＝正（空気は温度が高いと，密度が小さく軽くなります．したがって，温度差による換気において，室内温度が外気温度よりも高いとき，中性帯よりも上側の開口から室内の空気が流出することになります．なお，**中性帯**とは建物内外の圧力差が0になる位置のことです）

【**問題 4.5（室内熱・空気環境）**】 室内熱・空気環境に関する記述［ア］〜［エ］の正誤を答えなさい．

［ア］断熱材は，コンクリートや木材に比べて熱伝導率の大きい材料である．
［イ］絶対湿度は，乾燥空気1kgに含まれる水蒸気の質量を示すものである．
［ウ］開放型燃焼器具を用いる場合は，理論廃ガス量の2倍の換気が必要である．
［エ］風力換気による換気量は，外部風速に比例する．

（国家公務員II種試験）

【解答】 ［ア］＝誤（**熱伝達率**が壁などの材料の表面とこれに接する空気との間の熱の伝わりやすさを示す数値であることを知っていれば，この記述は誤であることがわかると思います），［イ］＝正（記述の通り，**絶対湿度**は，乾燥空気1kgに含まれる水蒸気の質量を示すものです），［ウ］＝誤（換気フードがない場合，必要換気量Vは，V＝40×理論廃ガス量K×燃料消費量Qとなります），［エ］＝正（**風力換気による換気量**は，開口部の開放面積と外気風速に比例します）

【問題 4.6（圧力差による換気）】　図（問題 4-6）は，ある風向きにおける建築物の平面の風圧係数分布を表したものです．この建築物に開口部を設ける場合，最も通風量の多いものを解答群から選びなさい．ただし，開口部は全て同じ高さに設けるものとし，流量係数は同じ値とします．

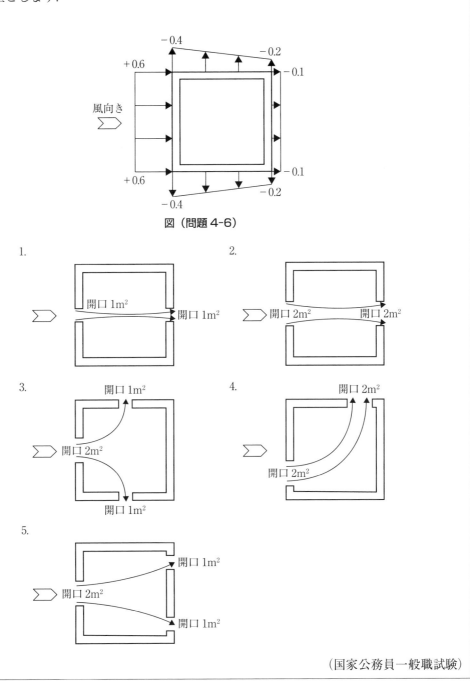

図（問題 4-6）

【解答】 開口部の前と後で圧力差があると空気は流れ，流れる空気量 Q は，A を開口面積，ΔP を開口部前後の圧力差とすれば，$Q \propto A\sqrt{\Delta P}$（$\propto$ は比例記号）と表すことができます．

1 と 2 を比較した場合，同じ位置に開口部があり，2 の開口部は 1 よりも 2 倍の大きさですので，通風量は 2 > 1 です．

2，3，4，5 の開口面積はすべて同じですので，$\sqrt{\Delta P}$ ではなく圧力差 ΔP だけを考えることにします．**負の風圧係数は吸い込む力が作用する**ことを表していることに留意すれば，

2：$\Delta P = 0.6 - (-0.1) = 0.7$

3：$\Delta P = 0.6 - (-0.3) = 0.9$

4：$\Delta P = 0.6 - (-0.2) = 0.8$

5：$\Delta P = 0.6 - (-0.2) = 0.8$

したがって，正しい選択肢は 3 であることがわかります．

【問題 4.7（換気）】 わが国における建築物の換気に関する記述 ［ア］〜［エ］の正誤を答えなさい．

［ア］ 第 2 種機械換気方式は，室外よりも室内の気圧を上げるので，工業用クリーンルームや無菌室に適している．

［イ］ 換気設備に熱交換器を使用すると，外気と熱を交換するため，一般の換気設備と比べて外気負荷が増大する．

［ウ］ 暖房時に室内の湿度を必要以上に高めないように換気や通風を行うことは，結露防止策として有効である．

［エ］ 図は，ある風向における建築物の平面の風圧係数分布を示したものである．この建築物の等しい高さに開口部を設ける場合，最も通風量の多いものは A である．

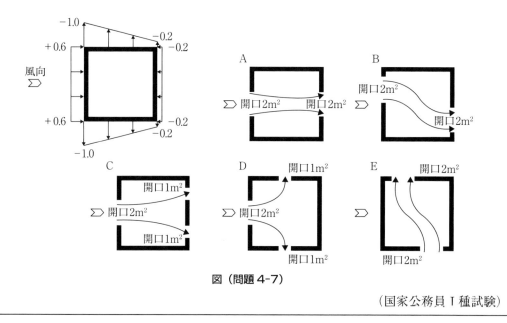

図（問題 4-7）

（国家公務員 I 種試験）

【解答】　[ア]＝正（記述の通り，**第2種機械換気方式**は，室外よりも室内の気圧を上げるので，工業用クリーンルームや無菌室に適しています），[イ]＝誤（**熱交換器**を使用すると外気負荷を軽減することができます．ちなみに，**外気負荷**とは，空調で強制換気による外気導入が行われる際に，取り入れた外気を室内の温湿度と等しくするために必要とする熱量のことです），[ウ]＝正（記述の通り，暖房時に室内の湿度を必要以上に高めないように換気や通風を行うことは，**結露防止策**として有効です），[エ]＝誤（風圧力差を考えれば，最も通風量の多いものはＤとなります．ちなみに，**負の風圧係数は吸い込む力が作用する**ことを表しています）

【問題 4.8（必要換気量）】　汚染物資 X の室内の発生量を M，室内の許容濃度を C_p，外気の濃度を C_o とすると，この室の必要換気量 Q は $Q = \dfrac{M}{C_p - C_o}$ と表すことができます．

　いま，ある事務室において，在室者が6人で，さらに，粉じんの発生源があるとき，この室の必要換気量を求めなさい．ただし，汚染物質は二酸化炭素および粉じんのみであり，それらは室内で完全混合の状態であるものとします．また，在室者一人当たりの呼吸による二酸化炭素の発生量を $0.02\mathrm{m^3/h}$，炭素の許容濃度を 0.10%，外気の二酸化炭素の濃度を 0.04%，発生源からの粉じんの発生量を $45\mathrm{mg/h}$，室内の粉じんの許容濃度を $0.15\mathrm{mg/m^3}$，外気の粉じんの濃度を $0\mathrm{mg/m^3}$ とします．

（国家公務員一般職種試験）

【解答】　問題に与えられた必要換気量 Q は，

$$C_p = C = C_o + \frac{M}{Q} \quad t \to \infty \text{ならば，} \quad Q = \frac{M}{C_p - C_o}$$

として求めることができます．ただし，二酸化炭素の必要換気量 Q $(\mathrm{m^3/h})$ を算出する場合，濃度は％ではなくppm（parts per millionの略）で表した数値であることに留意が必要です．ちなみに，

$$1\mathrm{ppm} = 1 \times 10^{-6} = 0.000001 = 0.0001\% \quad \therefore \ 1\% = 10{,}000\mathrm{ppm} \quad (0.01\% = 100\mathrm{ppm} \text{と覚える})$$

の関係が成立しますので，炭素の許容濃度である 0.10% は $1{,}000\mathrm{ppm}$，外気の二酸化炭素濃度である 0.04% は $400\mathrm{ppm}$ となります．それゆえ，二酸化炭素に対する必要換気量 Q は，在室者を考慮すれば，

$$Q = \frac{M}{C_p - C_o} = \frac{6 \times 0.02}{1{,}000 - 400} = 0.0002 \quad \mathrm{m^3/h}$$

となります．一方，粉じんに対する必要換気量 Q は，C_p と C_o の次元は $\mathrm{mg/m^3}$ ですので，

$$Q = \frac{M}{C_p - C_o} = \frac{45}{0.15 - 0} = 300 \quad \mathrm{m^3/h}$$

となります.

二酸化炭素に対する必要換気量 Q は無視できる量です.したがって,求める答え(この室の必要換気量)は,

$$300 \text{ m}^3/\text{h}$$

となります.

【問題 4.9(空気調和設備・換気設備)】 わが国における建築の空気調和設備・換気設備に関する記述〔ア〕〜〔エ〕の正誤を答えなさい.

〔ア〕空気調和設備の機器仕様や機器容量を決定する際の室内冷房負荷計算では,顕熱と潜熱を考慮する必要がある.

〔イ〕第1種換気方式は,排気側のみに送風機を設ける方式で,室内は負圧(陰圧)に保たれ,室内の汚染空気や臭気の拡散のおそれが少ない方式である.

〔ウ〕圧縮式冷凍機は,冷媒を圧縮,凝縮,膨張,蒸発させる冷凍サイクルを用いる冷凍機である.

〔エ〕ヒートポンプ式の空気調和設備とは,凝縮器で放出された熱を暖房や給湯などの加熱に利用するものである.

(国家公務員 II 種試験)

【解答】 〔ア〕＝正(記述の通り,空気調和設備の機器仕様や機器容量を決定する際の室内冷房負荷計算では,**顕熱**と**潜熱**を考慮する必要があります),〔イ〕＝誤(**第 1 種機械換気**は給気送風機と排気送風機の両方があるもので,**最も完全な排気方法**です),〔ウ〕＝正(記述の通り,**圧縮式冷凍機**は,冷媒を圧縮,凝縮,膨張,蒸発させる冷凍サイクルを用いる冷凍機です),〔エ〕＝正(記述の通り,**ヒートポンプ式の空気調和設備**とは,凝縮器で放出された熱を暖房や給湯などの加熱に利用するものです)

【問題 4.10（空調設備）】　空調設備に関する記述［ア］〜［エ］の正誤を答えなさい.

［ア］外気冷房は，外気を取り入れることにより室内の冷却を行う方法で，内部発熱が大きい建築物の中間期および冬期において，省エネルギー効果が高い.

［イ］定風量単一ダクト方式は，熱負荷特性の異なる室におけるそれぞれの負荷変動に対して，容易に対応することができる.

［ウ］VAV 方式は，室内の冷暖房負荷に応じて，吹き出し空気の温度を変化させる方式である.

［エ］日本の事務所ビルにおける年間の一次エネルギー消費量の半分は，冷暖房や空調動力に関するものといわれている.

(国家公務員 II 種試験)

【解答】　［ア］＝正（記述の通り，**外気冷房**は，外気を取り入れることにより室内の冷却を行う方法で，内部発熱が大きい建築物の中間期および冬期において，省エネルギー効果が高い），［イ］＝誤（**定風量単一ダクト方式**は，各室ごとの送風機の調整は不可能で，各室に負荷の差があると対応できません），［ウ］＝誤（**VAV 方式**は可変風量方式とも呼ばれ，冷暖房の室内負荷に応じて**吹き出し風量を制御**する方式です. なお，VAV 方式は，Variable Air Volume System の略語です），［エ］＝正（記述の通り，日本の事務所ビルにおける年間の一次エネルギー消費量の半分は，冷暖房や空調動力に関するものといわれています）

【問題 4.11（空気調和設備）】　空気調和設備に関する記述［ア］〜［エ］の正誤を答えなさい.

［ア］外気冷房は，室内の冷却を，外気を取り入れることにより行う方法で，冷暖房を必要としない季節（中間期）において省エネルギー効果が高い.

［イ］単一ダクト方式で一定風量の場合は，室の使用目的別，時間別，方位別に区分し系統を分けて空調することができ，ホテルの客室に適する.

［ウ］ダクトはダクト内風速により，低速ダクトと高速ダクトに分けられる. 高速ダクトは低速ダクトに比べてダクト寸法を小さくすることができるが，騒音は大きくなる.

［エ］全熱交換器は，換気による冷暖房負荷を 100% 減少させ，省エネルギーに有効な装置である.

(国家公務員 II 種試験)

【解答】 ［ア］＝正（記述の通り，**外気冷房**は，室内の冷却を，外気を取り入れることにより行う方法で，冷暖房を必要としない季節（中間期）において省エネルギー効果が高い），［イ］＝誤（**単一ダクト方式**では，各室ごとの送風機の調整は不可能で，各室に負荷の差があると対応できません），［ウ］＝正（高速ダクトは，**騒音が発生しやすい欠点がある**ので，吹き出し口には消音ボックスが必要です），［エ］＝誤（**全熱交換型換気扇**では"温度（顕熱）と水蒸気（潜熱）"を交換しますので，冷暖房を行う部屋の換気による熱損失・熱取得を軽減することができます．ただし，記述にあるように，冷暖房負荷を 100% 減少させることはできません）

【問題 4.12（空調設備）】 わが国における建築物の空調設備に関する記述 ［ア］～［エ］の正誤を答えなさい．

［ア］エアハンドリングユニットには，一般に，エアフィルター，コイル，加湿器，送風機などが含まれる．

［イ］空調設備における配管方式は，2 管式，3 管式と 4 管式，ダイレクトリターンとリバースリターン，密閉回路方式と開放回路方式などに分類される．

［ウ］空調方式は，搬送熱媒体により，全空気方式，空気・水方式，水方式，冷媒方式に分類される．

［エ］ビル衛生管理法における環境基準では，温度，湿度，気流，浮遊粉じん量，CO 濃度，CO_2 濃度，PMV が定められている．

（国家公務員 II 種試験）

【解答】 ［ア］＝正（記述の通り，**エアハンドリングユニット**には，一般に，エアフィルター，コイル，加湿器，送風機などが含まれます），［イ］＝正（記述の通り，空調設備における配管方式は，2 管式，3 管式と 4 管式，ダイレクトリターンとリバースリターン，密閉回路方式と開放回路方式などに分類されます），［ウ］＝正（記述の通り，空調方式は，搬送熱媒体により，全空気方式，空気・水方式，水方式，冷媒方式に分類されます），［エ］＝誤（**PMV** は，人体の熱負荷と人間の温冷感を結びつけた温熱環境評価指数のことですが，ビル衛生管理法における環境基準では，PMV は定められていません．正解は PMV ではなく，ホルムアルデヒドの量です）

【問題 4.13（空気調和設備）】 空気調和設備に関する記述 ［ア］〜［エ］の正誤を答えなさい．

［ア］オフィスビルの空調ゾーニングにおいて，インテリアゾーンは単一ダクト方式とし，負荷変動の大きいペリメーターゾーンはファンコイルユニット方式を用いた．

［イ］冷却塔（クーリングタワー）は，冷凍機の凝縮器で使用する冷却水を再利用するために用いられる屋内設置装置である．

［ウ］マルチタイプパッケージ型空調機（マルチエアコン）は，1 台の室外ユニットに複数台の室内ユニットを接続し，室内ユニットの運転台数や負荷に応じて適切な運転状態に制御できるシステムである．

［エ］空気熱源ヒートポンプ方式が用いられた空調方式では，外気の温度が低くなるほど暖房効率が向上する．

（国家公務員 II 種試験）

【解答】 ［ア］＝正（記述の通りです．ちなみに，**インテリアゾーン**は内部ゾーンともいい，外壁からの熱的影響を受けない空調室内領域のことです．また，**ペリメーターゾーン**は，建物の窓および外壁に面するスペースのことです．このゾーンは外気の影響を受けやすく，高温・低温になりやすいことを覚えておきましょう），［イ］＝誤（**冷却塔**は，建物の屋上などに設ける，冷却器の冷却水の熱を外気に放散する装置です），［ウ］＝正（記述の通り，マルチタイプパッケージ型空調機（マルチエアコン）は，1 台の室外ユニットに複数台の室内ユニットを接続し，室内ユニットの運転台数や負荷に応じて適切な運転状態に制御できるシステムです），［エ］＝誤（**空気熱源ヒートポンプ方式**は，外気の低温側から高温側に熱をくみ上げて暖房に利用するもので，外気温が低いと効率が悪くなります）

4.2　給水設備

● 1日平均使用水量

「住宅では 200 ～ 400ℓ/ 居住者 1 人当たり」，「事務所では 60 ～ 100ℓ/ 勤務者 1 人当たり」です.

●給水方式

給水方式には，**直結給水方式**と**貯水槽水道方式**があります.

（1）　直結給水方式

［長所］

・蛇口まで水道水を直接届けることができる.

・貯水槽の点検・清掃が不要

・貯水槽のスペースが不要なため，敷地を有効活用できる.

・配水管の圧力を利用するため，エネルギーを有効に活用できる.

［留意点］

・事故や災害時等に，貯留機能がないため断水することがある.

なお，この方式には，水道直結直圧方式，水道直結増圧方式などがあります.

（2）　貯水槽水道方式

［長所］

・事故や災害時等に，貯水槽内に残っている水を使用できる.

［留意点］

・貯水槽の定期的な点検や清掃などの維持管理を適正に行う必要がある.

・貯水槽で一旦水を受けるため，水道管の圧力が開放されてしまい，エネルギーを有効に活用できない.

なお，この方式には，高置水槽（タンク）方式，圧力水槽（タンク）方式，ポンプ直送方式があります. ちなみに，ポンプ直送方式は，受水槽内の水を給水ポンプによって建築物内の目的の箇所に給水する方式であり，タンクが少なくて済むので水質上は好ましいのですが，設備費や運転費がかさみます.

●循環式給湯設備

病院やホテルなどでよく見られる循環式給湯設備は，湯の配管での滞留時間が長く，水温が低い場合にはレジオネラ属菌の増殖が起こりやすくなります. それゆえ，「給湯栓からは，常に 55℃以上の湯が出るようにする」「給湯設備（貯湯タンクや配管）内において，湯が滞留

しないようにする」などの維持管理が必要です．

●ウォーターハンマー（水撃作用）

　水栓を急に閉めると，それまでスムーズに流れていた管内の水が急に停止することで，大きな圧力変動が生じますが，この圧力変動が配管を伝わって配管を振動させたり，大きな衝撃音を発生させたりする現象を，ウォーターハンマー（水撃作用）といいます．ウォーターハンマーは，シングルレバー式水栓を使用している場合に発生することが多いようです．また，「水道管内の水圧が高い」，「水栓を早く締める」，「配管に曲がりが多い」，「配管の固定が不十分な」場合などに起こりやすいといわれています．防止するには，配管の施工段階から配慮が必要です．

●エアチャンバー

　ウォーターハンマーによる水撃圧を吸収するために設ける空気だまりとなる配管部分のこと．

●さや管ヘッダー工法

　給水・給湯配管方式で，各種の器具への配管を途中で分岐させることなくヘッダーからそれぞれの器具へ直接配管する工法のこと．この工法の長所として，集合住宅における給水管および給湯管の施工の効率化や配管の更新の容易さを挙げることができます．

●給水の必要最低圧力

　一般水栓における給水の必要最低圧力は 30kPa です．参考までに，シャワー，大・小便器洗浄弁（フラッシュバルブ）の必要最低圧力は 70kPa です．

4.3 排水・衛生設備

●排水方式（合流式と分流式）[3]

　敷地内排水の場合，生活用水として使用済みの汚水・雑排水は，衛生上の観点から速やかに敷地外に排出する必要があります．排水方式には合流式と分流式とがあります．**合流式**とは汚水や雑排水を合わせて同一系統で排水する方式で，**分流式**とはそれぞれ別系統で排出する方式です．

●間接排水方式

　間接排水方式とは，汚染防止の目的で，特に衛生上配慮すべき機器に対して，他の器具からの排水が逆流したり，その下水ガスが浸入したりすることを防止するために，排水管に直接排水せずに，所要の排水口空間を設けて排水する方式のことをいいます．冷凍機や冷却塔，ボイラーなどからの排水は，間接排水としなければなりません．

●ディスポーザー排水処理システム

　ディスポーザー排水処理システムとは，ディスポーザーで粉砕した生ごみを含む排水を，排水処理装置で処理してから下水道に流すもので，生物処理タイプと機械処理タイプがあります．

●吐水口空間
（とすいこうくうかん）

　給水栓の吐水口端とその水受け容器のあふれ縁との垂直距離のこと．逆流によって，上水が汚染されるのを防止するために確保する必要があります．

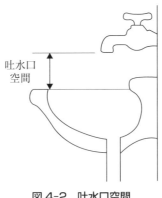

吐水口
空間

図 4-2　吐水口空間

---

3)　公共下水道における排水方式の場合，「汚水，雑排水」と「雨水」とを同一系統として合流させる方式を合流式といい，「汚水，雑排水」と「雨水」とを別系統として分流させる方式を分流式といいます．

●排水トラップ

　排水トラップは，排水管内の臭気や害虫などの室内への侵入を防止するために設けられるもので，図4-3に示すようにいろいろな種類があります．排水管にはほぼ必須のものですが，反面，ゴミが溜まりやすくパイプ詰まりの原因にもなりやすいことから，清掃のために開けられる構造になっていることが多いようです．ちなみに，**トラップの封水深さは5～10cm**で，**二重トラップは禁止**されています．**トラップの封水切れの要因には，自己サイフォン作用や蒸発のほか，毛管現象があります．**

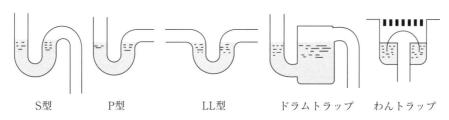

|S型|P型|LL型|ドラムトラップ|わんトラップ|

図4-3　いろいろな排水トラップ

●<ruby>逆<rt>ぎゃく</rt></ruby><ruby>圧<rt>あつ</rt></ruby>

　急激に多量の水が排水管内を流れ，管内の圧力が大気圧より高くなったときトラップ内の封水が流水方向と逆方向に流れ，器具からはねだしてくる現象のこと．

●通気管の役割

　通気管の役割は，排水管内の排水を円滑に流れるようにすることや，排水トラップの封水切れを防止することです．

●排水管

　排水管についての重要事項を以下に示します．

①横走配水管内の流速は0.6～1.2m/s程度が適当であるといわれており，この流速を得るための**最小勾配は管径によって異なります**．

②排水立て管の**上部は管径を縮小せずに伸張**し，大気に開放して**伸頂通気管**とします[4]．

③**雨水排水立て管と通気立て管は兼用してはなりません．**

---

4)　たけのこ配管の禁止

　　自然流下式の排水立て管の管径は，一般に，下層部より上層部の方を大きくします（上部を細くして下部を太くする"たけのこ配管"はしてはいけません）．理由は，排水立て管のスペースのおよそ2/3は空気のためのものであり，頂部は伸頂通気管としての役割も果たさないといけないからです．

●クロスコネクション（混交配管）

　上水の給水・給湯系統とその他の系統が配管・装置によって直接接続されることを**クロスコネクション（混交配管）**といいます．クロスコネクション（混交配管）による汚染を防ぐため，**飲料水配管は他の用途のいかなる配管とも接続してはいけません**．

●バキュームブレーカー

　負圧が給水管の中に発生すると周りのいろいろなものを吸引する力が加わり，トイレの排水管に流れるべき汚水も吸引されてしまう非衛生的な現象が生じる可能性があります．そこで，サイフォン作用を起こす真空部分へ自動的に空気を送り込んで負圧の発生を防ぎ，**逆サイフォン作用で汚水が逆流するのを防止する装置**（逆流防止器）が開発されたのですが，これを**バキュームブレーカー**といいます．

●飲料用水道水

　・上水道の給水栓からの飲料水には，**所定の残量塩素を含まなければなりません**．
　・飲料用水道水からは，**大腸菌群は検出されてはいけません**．

●雑用水と雑排水

　①雑用水：便器洗浄などの目的で供給される水
　②雑排水：汚水以外の排水．台所・風呂等からの排水

　雑用水には，排水再利用や雨水利用などがあり，飲用水道とは別に雑用水道を設けている地区・地域もあります．雑用水を中水といいます．
　・上水…飲料水
　・中水…雑用水
　・下水…雑排水・汚水・雨水

●飲料水と雑用水の使用比率

　事務所ビルと住宅では，以下のような割合で計画します．
　・事務所ビル
　　飲料水 30 〜 40%，雑用水 60 〜 70% 程度
　・住宅
　　飲料水 65 〜 80%，雑用水 20 〜 35% 程度

【問題 4.14（給排水設備）】　給排水設備に関する記述 ［ア］〜［エ］の正誤を答えなさい.

［ア］ウォーターハンマーを防ぐために, 水栓をシングルレバー式に取り替えて急閉止できるようにする.

［イ］トラップの封水切れの要因には, 自己サイフォン作用や蒸発のほか, 毛管現象がある.

［ウ］給水方式のうち, ポンプ直送方式による給水は, 高置水槽方式よりも水の汚染の機会は少ない.

［エ］通気管の役割は, 排水管内の排水を円滑に流れるようにすることや, 排水トラップの封水切れを防止することである.

(国家公務員 II 種試験)

【解答】　［ア］＝誤（**ウォーターハンマー**は, シングルレバー式の水栓で生じやすいことが知られています）, ［イ］＝正（記述の通り, **トラップ**の封水切れの要因には, 自己サイフォン作用や蒸発のほか, 毛管現象があります）, ［ウ］＝正（記述の通り, 給水方式のうち, ポンプ直送方式による給水は, 高置水槽方式よりも水の汚染の機会は少ない）, ［エ］＝正（記述の通り, **通気管**の役割は, 排水管内の排水を円滑に流れるようにすることや, 排水トラップの封水切れを防止することです）

【問題 4.15（給排水・衛生設備）】　給排水・衛生設備に関する記述 ［ア］〜［エ］の正誤を答えなさい.

［ア］給水設備におけるポンプ直送方式は, 水道引込管から受水槽へ給水した水を, 給水ポンプによって給水する方式である.

［イ］排水管内の圧力変動が大きい場合は, 排水トラップを二重に設ける.

［ウ］大便器の洗浄弁, その他吐水口空間を確保することができない器具には, バキュームブレーカーを設ける.

［エ］自然流下式の排水立て管の管径は, 一般に, 上層階より下層階の方を大きくする.

(国家公務員 II 種試験)

【解答】　［ア］＝正（記述の通り, 給水設備におけるポンプ直送方式は, 水道引込管から受水槽へ給水した水を, 給水ポンプによって給水する方式です）, ［イ］＝誤（**二重トラップは禁止**されています. 理由は, トラップとトラップの間が閉ざされた状態となって流入した空気の逃げ場がなくなり, 排水の流れが悪くなるからです）, ［ウ］＝正（記述の通り, 大便器の洗浄

弁，その他吐水口空間を確保することができない器具には，バキュームブレーカーを設けます），[エ]＝誤（**たけのこ配管**は禁止されています）

【問題4.16（給排水・衛生設備）】 給排水・衛生設備に関する記述［ア］～［エ］の正誤を答えなさい．

［ア］排水トラップは，排水管内の臭気や害虫などの室内への侵入を防止するために設けられる．

［イ］飲料水の給水・給湯系統を，排水系統などと直接接続することをクロスコネクションという．

［ウ］通気立て管と雨水排水立て管は，兼用することができる．

［エ］給湯設備において，給湯エネルギー消費係数（CEC/HW）が小さいシステムを採用することは，省エネルギーに有効である．

(国家公務員Ⅱ種試験)

【解答】 ［ア］＝正（記述の通り，**排水トラップ**は，排水管内の臭気や害虫などの室内への侵入を防止するために設けられています），［イ］＝正（記述の通り，飲料水の給水・給湯系統を，排水系統などと直接接続することを**クロスコネクション**といいます），［ウ］＝誤（雨水排水立て管と通気立て管は兼用してはいけません），［エ］＝正（記述の通り，給湯設備において，給湯エネルギー消費係数（CEC/HW）が小さいシステムを採用することは，省エネルギーに有効です）

【問題4.17（給排水設備）】 建築物の給排水設備に関する記述［ア］～［エ］の正誤を答えなさい．

［ア］雨水立て管は，通気管との接続はできないが，排水管との接続は可能である．

［イ］一般的な共同住宅における1日の平均使用水量は，1人当たり200ℓ程度である．

［ウ］水封式トラップは，口径の大きさによらず封水深さを5cm以上10cm以下としなければならず，トラップを直列し二重に設けることにより，排水の自浄作用を高めることができる．

［エ］冷凍機や冷却塔，ボイラーなどからの排水は，間接排水とする．

(国家公務員Ⅱ種試験)

【解答】 ［ア］＝誤（**雨水立て管**と**通気管**は兼用してはいけません），［イ］＝正（住宅では"200

〜 400ℓ/ 居住者一人当たり” です），［ウ］＝誤（**二重トラップ**は禁止されています），［エ］＝
正（記述の通り，冷凍機や冷却塔，ボイラーなどからの排水は，間接排水とします）

【問題 4.18（建築設備）】　わが国における建築設備に関する記述［ア］〜［エ］の正誤を
答えなさい．

［ア］飲料用の給水タンクを建築物の内部に設ける場合，給水タンクの内部には，排水関係
　　　の配管を設けることはできないが，空調設備や消火設備等の給水配管は設けることが
　　　できる．
［イ］給水配管内の負圧による逆サイホン作用によって汚染水が給水系統に逆流するのを防
　　　ぐには，吐水口空間を設けるとよい．
［ウ］雨水排水立て管は，屋内の汚水排水管または通気管と兼用してはならないが，これら
　　　の管と連結してもよい．
［エ］光束法によって全般照明の照明計算を行う場合，保守率を考慮するため，設置直後の
　　　照度は，設計照度以上となる．

（国家公務員一般職種試験）

【解答】　［ア］＝誤（飲料用の給水タンク内部には，飲料水の配管設備以外の配管設備を設け
てはいけません），［イ］＝正（給水栓の吐水口端とその水受け容器のあふれ縁との垂直距離の
ことを**吐水口空間**といいます．給水装置は，通常有圧で給水しているため，外部から水が流
入することはありませんが，断水・漏水等により，逆圧または負圧が生じた場合，逆サイホ
ン作用等により水が逆流し，衛生上の危害を及ぼすおそれがあります．**吐水口空間**は，逆流
防止の最も一般的で確実な手段です），［ウ］＝誤（雨水立て管は，汚水配水管または通気立て
管と兼用したり，これらの管に接続してはいけません），［エ］＝正（記述の通り，**光束法**に
よって全般照明の照明計算を行う場合，保守率を考慮するため，設置直後の照度は，設計照
度以上となります）

【問題 4.19（給排水衛生・給湯設備）】　わが国における建築物の給排水衛生・給湯役備に関する記述［ア］〜［エ］の正誤を答えなさい．

［ア］循環式の給湯設備における給湯温度を 60℃ に設定した．
［イ］受水槽を有する給水方式には，高置水槽方式，圧力水槽方式，ポンプ直送方式がある．
［ウ］敷地内排水において，合流排水方式とは，雑排水と雨水とを合流させることをいう．
［エ］ディスポーザー排水処理システムは，一般に，家庭内から排出される生ごみを粉砕し，排水とともに，そのまま公共下水道等に放流するシステムである．

（国家公務員Ⅱ種試験）

【解答】　［ア］＝正（循環式の中央給湯設備において，給湯温度は，レジオネラ属菌の繁殖を防ぐために，貯湯槽内で60℃以上，末端の給湯栓でも55℃以上に保つ必要があります），［イ］＝正（記述の通り，受水槽を有する給水方式には，高置水槽方式，圧力水槽方式，ポンプ直送方式があります），［ウ］＝誤（敷地内排水の場合，「汚水」と「雑排水」とを同一系統として合流させる方式を**合流式**といい，「汚水」と「雑排水」とを別系統として分流させる方式を**分流式**といいます．なお，敷地内排水では，合流式・分流式のいずれの場合においても，「雨水」は別系統として排水させなければなりません．参考までに，公共下水道における排水方式の場合，「汚水，雑排水」と「雨水」とを同一系統として合流させる方式を合流式といい，「汚水・雑排水」と「雨水」とを別系統として分流させる方式を分流式といいます），［エ］＝誤（**ディスポーザー排水処理システム**とは，ディスポーザーで粉砕した生ごみを含む排水を，排水処理装置で処理してから下水道に流すものです）

4.4　電気・照明設備

［電気設備］

●電気工作物

　電気工作物とは，発電・変電・送電もしくは配電，または電気の使用のために設置する機械・器具・ダム・水路・貯水池・電線路その他の工作物をいいます．

●送電

　同一電力を送電する場合，**電圧を高くするほど電流は少なくなり，電力損失も少なくてすみます**．それゆえ，**遠距離への送電は高い電圧**とし，変圧しやすい交流が商用電力として使用されています．

●周波数

　日本では，富士川を境にして，**東が50Hz，西が60Hz**です．

●需要率

　需要率とは，

$$需要率＝\frac{最大需要電力}{全設備容量}$$

のことで，受電設備の容量の決定に影響を与えます．

●低圧・高圧・特別高圧

　現在，日本の電力会社が提供する電気の契約は，電圧の違いによって「低圧」「高圧（低圧の電源を超えて7,000V以下）」「特別高圧（7,000Vを超えるもの）」の3種に分けられます．

●変圧器（トランス）

　ビルや工場などの一度にたくさんの電気を使うような施設では，6,600Vや22,000V，66,000Vといった電圧で，電気を建物内に引き込んでいます．そして，電圧の高い電気を施設内にある設備で100Vや200Vの電圧に降圧し，施設内でも一般家庭と同じように電灯やコンセントなどを使えるようにしています．このように，高圧で引き込んだ電気を使いやすいように降圧する機器を変圧器（トランス）といいます．

●受変電設備（キュービクル）

　ビルや工場などでは必要容量分の変圧器さえあれば，高圧で引き込んだ電気を使いやすい

100V や 200V の電気に変圧できますが，ただ単に変圧器さえあればよいというものではありません．なぜなら，配電線から雷が侵入するのを防ぐ装置や，何らかの原因で変圧器が故障したときに事故が波及しないように遮断する装置など，各種の保護装置や計測装置・配電装置が必要になるからです．このように，受変電は変圧器を中心に電力の分配・供給をより安全に行うシステムとして取り扱われ，これを**自家用受変電設備**といいます[5]．なお，受変電室は，負荷の中心に近く，機器の搬入・搬出が容易な場所が望ましい．

●漏電遮断機

漏電遮断機は，配線の絶縁が破れて，機器や人体などを通じて大地に電流が流れるのを防ぐための安全装置です．

●過電流遮断機

過電流遮断機は，電線に流れる電流が増大し電線が熱くなったり，電動機などの電気機器が焼損したりしないように，許容電流を超える電流が流れると自動的に電気をとめてしまう機器のことです．

●電気の供給方式

一般住宅のほとんどは単相3線式か単相2線式のどちらかですが，現在建築されている住宅のほとんどは単相3線式で受電しています．単相3線式では，単相 100V および単相 200V の使用が可能で，最近ではルームエアコンも 200V 機器が増えています．

● UPS 設備

UPS 設備は無停電電源装置（または，交流無停電装置）と呼ばれ，コンピュータなどの機器に対し，瞬時の電圧降下やサージなどによる誤動作を防止する装置です．

●事務室の床配線方式
（1）　フロアダクト方式

フロアダクト方式は，オフィスなどで必要に応じて床上へ各種電気器具の電線や電話線などを引き出すために，コンクリート床などの中にダクトを埋め込む方式のことをいいます．

（2）　セルラダクト方式

セルラダクト方式とは，鉄骨造建築物の床材であるデッキプレートの溝を利用して，OA機器等による高度情報通信設備に対応する配線設備のことをいいます．

---

5)　**キュービクル式高圧受変電設備**は，屋外に設置することが可能な機器であり，機器の周囲に安全な距離を確保する必要があります．

（3）　アンダーカーペット方式

アンダーカーペット方式とは，厚さ 1mm 程度の薄いフラットケーブルをフロアカーペットの下に敷く床配線の工事方法のことをいいます.

（4）　フリーアクセスフロア方式

フリーアクセスフロア方式とは，床を二重とし，配線を自由に行うことを可能にした配線方法のことをいいます.

● LAN（Local Area Network の略記）

LAN とは，一般に，建物内のような限定された範囲におけるサーバー，パソコン，プリンタ等の OA 機器をケーブルなどで接続するネットワークのことをいいます.

●超音波センサーと赤外線センサー（防犯設備）

（1）　超音波センサー

ドップラー効果を利用して移動する物体をとらえます. 人間の動きの特徴をとらえ，パルス的な動き，スローモーション的な動きは感知しにくいようになっていますが，動くすべての物体の妨害を受けやすい特性を持っています. ドップラー効果を利用していることからもわかるように，**風の影響を受けやすいのが欠点です**.

（2）　赤外線センサー

一般的に赤外線センサーはビーム遮断式で使用されています. すなわち，送信側と受信側の 2 つの装置に常時赤外線を送り出し，これが遮断された場合に警報を発します. 屋外で使用されるケースがほとんどで，人とその他の動く物との区別ができないのが欠点です. なお，**赤外線センサーでは，風の影響はほとんどありません**.

［照明設備］

●可視光線

照明に関連する光は，電磁波のうちの**可視光線**であり，波長は約 380 ～ 780nm（ナノメートルと読み，$1nm = 1 \times 10^{-9}m$ です）の間にあります.

●光束

光源全体の明るさを示す指標で，単位は lm（ルーメン）です.

●光度

光源からある方向にどれだけの光の量が出ているかを表すもので，単位は cd（カンデラ）

です.

●照度

　光源によって照らされている面の明るさの程度を表すもので，$1m^2$の面上に$1 lm$（ルーメン）の光束が一様に照らす場合の照度が$1 lx$（ルクス）です．照度の目安は，**一般事務室・会議室でおよそ300〜700 lx です．また，細かい視作業には 1,000 lx 程度必要です．**さらに，全般照明の照度は，局部照明による照度の**1/10 以上**であることが望ましいとされています．

　なお，ある方向の光度が$I cd$（カンデラ）である点光源から，距離が$r(m)$離れた光源に垂直な被照面上の照度Eは，

$$E = \frac{I}{r^2}$$

で求められますが，これを**点光源の逆2乗法則**といいます．

●輝度

　物体表面の輝きの程度を表す量で，単位はカンデラ毎平方メートル（cd/m^2）です．

●照明率

　照明率は，照明器具から出た全光束と作業面に届く有効光束との比で表されるものであり，器具の配光や室指数（壁面積に対する床面積または天井面積），室内面の反射率によって決定されます．

●光束法

　光束法は，部屋の全般照明による照度計算に使用される手法の1つで，照明器具が持つ固有の光束値を利用し，部屋の大きさ・天井高さ・壁面の反射率から「平均照度」を求める計算方法です．室の平均照度が簡易に求められるので，照明設計の基本とされています．

●保守率

　照明施設の照度は，設備の使用時間の経過とともに，光源自身の光束減退，光源・照明器具の汚れ，室内面の反射率が下がるなどにより低下します．照明設計の段階では，このような照度低下を補うために，照度計算の中に補正係数を設け，その値に応じて施設に必要な照度レベルより高い照度レベルで設計します．この補正係数を**保守率**と呼んでいます．

●室指数

　室指数kは，室の作業面から照明器具までの高さH，室の幅X，室の奥行きYとの関係を示した指数で，

$$k = \frac{XY}{H(X+Y)}$$

で表されます．室指数 k は，大きいほど効率が良いことを示します．

● **均斉度**

事務室や教室のように，室全体の明るさがなるべく均等であることが望まれるときに，室全体の照度の一様さを示す指標として均斉度が次のように定義されます．

$$均斉度 = \frac{最低照度}{最高照度} \quad \left(場合によって，均斉度 = \frac{最低照度}{平均照度} \right)$$

なお，人工照明では均斉度を 1/3 以上としなければなりません．

● **演色**

照明光が物体の色の見え方におよぼす影響を**演色**といいます．また，光源による色の見え方の効果を**演色性**といいます．人工光源の演色性は演色評価数で表し，その数値が大きくなるほど，色の見え方に関する光源の特性が，自然光に近くなります．

● **色温度**

光の色味を表す単位を**色温度**（単位は絶対温度の $\overset{ケルビン}{K}$ ）といいます．**赤っぽいものほど色温度が低く，青白っぽいものほど色温度が高くなります**．ちなみに，色温度の低い光源を用いた場合は，一般に暖かみのある雰囲気になります．

● **グレア**

グレアとは，不快感や物の見えづらさを生じさせるような "まぶしさ" のことをいい，その原因や程度によって目の機能を生理的に損なう「**不能グレア**」，「**減能グレア**（不能グレアよりも軽度）」と心理的に不快感を起こす「**不快グレア**」に分類されます．また，光源と観察者の関係によって，「**直接グレア**（高輝度光源を直接見ることによって生じるグレア）」，「**間接グレア**（高輝度光源を間接的に見ることによって生じるグレア）」，「**反射グレア**（光源からの強い光が机や紙に反射したものを受けることによって生じるグレア）」に分類されます．

● **プルキンエ現象**（プルキンエは発見者の名前）

プルキンエ現象とは，明るいところでは長波長の赤色が明るく鮮やかに見えるのに対し，暗くなってくると短波長の青色が明るく鮮やかに見える現象のことをいいます．

● **明順応と暗順応**

暗い所から急に明るい所に出たときに，最初はまぶしく感じるがやがて正常にもどる眼の作用を**明順応**といいます．これに対して，明るい所から暗い所に入ったとき，最初は全く見

えなくても次第に物が見えてくる眼の作用を**暗順応**といいます.

● **LED**（Light Emitting Diode の略記）

LED とは，電流を流すと発光する半導体素子の一種（発光ダイオード）のことで，LED 電球は，電球や蛍光灯に比べて余分な熱を消費せず，寿命も圧倒的に長いため，次世代の照明として普及してきています. **LED も周囲温度により明るさが変化しますが，蛍光ランプ（蛍光灯）のような低温での著しい明るさ低下はありません.**

【問題 4.20（電気設備）】 電気設備に関する記述［ア］，［イ］，［ウ］にあてはまるものの組合せとして，最も妥当なものを解答群から選びなさい.

「電気設備容量が大きい建築物には高圧（低圧の電圧を超え，　［ア］　以下）または特別高圧（　［ア］　を超えるもの）で電気が供給される. これらの電気は，受変電設備において一般的に使用される 100V や 200V に降圧され，受変電設備側から順に，　［イ］　を経由して，コンセントや照明設備などに供給される. 必要な箇所には，配線の絶縁が破れて，機器や人体などを通じて大地に電流が流れるのを防ぐため，　［ウ］　が設けられる」

	［ア］	［イ］	［ウ］
1.	700V	配電盤，幹線，分電盤，分岐回路	過電流遮断機
2.	700V	分電盤，分岐回路，配電盤，幹線	漏電遮断機
3.	7000V	配電盤，幹線，分電盤，分岐回路	過電流遮断機
4.	7000V	配電盤，幹線，分電盤，分岐回路	漏電遮断機
5.	7000V	分電盤，分岐回路，配電盤，幹線	過電流遮断機

（国家公務員総合職試験［大卒程度試験］）

【解答】 **特別高圧**は 7,000V を超えるもの，**漏電遮断機**は，配線の絶縁が破れて，機器や人体などを通じて大地に電流が流れるのを防ぐための安全装置であることを知っていれば，正しい選択肢は 4 であるとわかります.

【問題 4.21（電気設備）】 電気設備に関する記述［ア］〜［エ］の正誤を答えなさい.

［ア］UPS 設備は,交流無停電装置と呼ばれ,コンピュータなどの機器に対し,瞬時の電圧降下やサージなどによる誤動作を防止する装置である.

［イ］一般住宅の屋内配線では,電線の許容電流,電圧降下の条件を満たす場合,電線の機械的強度は考えなくてよい.

［ウ］自動火災報知設備の差動式熱感知器は,周囲温度があらかじめ設定した温度を超えると作動する.

［エ］蛍光ランプは,管周囲温度によって明るさが変化し,気温の低い冬場には夏場に比べ点灯直後,暗く感じる.

(国家公務員Ⅱ種試験)

【解答】 ［ア］＝正（記述の通り,**UPS 設備**は,交流無停電装置と呼ばれ,コンピュータなどの機器に対し,瞬時の電圧降下やサージなどによる誤動作を防止する装置です）,［イ］＝誤（当然,電線の機械的強度も考える必要があります）,［ウ］＝誤（**差動式熱感知器**は,短時間に温度が変化した場合に警報を発信し,ゆるやかな温度上昇では発信しません.4.5 を参照）,［エ］＝正（記述の通り,蛍光ランプは,管周囲温度によって明るさが変化し,気温の低い冬場には夏場に比べ点灯直後,暗く感じます）

【問題 4.22（電気設備）】 電気設備に関する記述［ア］〜［エ］の正誤を答えなさい.

［ア］電力会社の配電線を通して低圧で受電する個人住宅のような小規模な電気設備を自家用電気工作物という.

［イ］需要率とは,同時に使用する最大の電気設備の総容量（最大需要電力）と全設備容量の比率をいい,受電設備の容量の決定に影響を与える.

［ウ］受変電室は,負荷の中心に近く,機器の搬入・搬出が容易な場所が望ましい.

［エ］防犯設備に使用される超音波センサーは,熱線センサーに比べ,風や空気の対流の影響を受けにくい.

(国家公務員Ⅱ種試験)

【解答】 ［ア］＝誤（**電気工作物**とは,発電・変電・送電もしくは配電または電気の使用のために設置する機械・器具・ダム・水路・貯水池・電線路その他の工作物をいいます）,［イ］＝正（記述の通り,**需要率**とは,同時に使用する最大の電気設備の総容量（最大需要電力）と全設備容量の比率をいい,受電設備の容量の決定に影響を与えます）,［ウ］＝正（記述の通

り，受変電室は，負荷の中心に近く，機器の搬入・搬出が容易な場所が望ましい），［エ］＝誤（**超音波センサー**は，ドップラー効果を利用するもので，風の影響を受けやすい）

【問題 4.23（建築設備）】 建築設備に関する記述 ［ア］〜［エ］の正誤を答えなさい．

［ア］フロアダクトは，大容量の電力供給を行うため，径の大きな幹線を配線するときに用いられる鋼製ダクトである．

［イ］ドレンチャー設備は，水幕をつくるように放水する装置であり，室内地下駐車場の消火設備に適している．

［ウ］照明率は，照明器具から出た全光束と作業面に届く有効光束との比で表されるものであり，器具の配光や室指数，室内面の反射率によって決定される．

［エ］キュービクル式高圧受変電設備は，屋外に設置することが可能な機器であり，機器の周囲に安全な距離を確保する必要がある．

（国家公務員Ⅱ種試験）

【解答】 ［ア］＝誤（**フロアダクト**とは，オフィスなどで必要に応じて，床上へ各種電気器具の電線や電話線などを引き出すために，コンクリート床などの中に埋め込むダクトのことです），［イ］＝誤（**ドレンチャー設備**とは，建物の屋根や外壁・軒先・窓上などに配置した散水ノズルから圧力水を放出して水幕を張り，建物の延焼を防ぐ設備のことをいいます．したがって，室内地下駐車場の消火設備には適していません．4.5 を参照），［ウ］＝正（記述の通り，**照明率**は，照明器具から出た全光束と作業面に届く有効光束との比で表されるものであり，器具の配光や室指数，室内面の反射率によって決定されます），［エ］＝正（記述の通り，キュービクル式高圧受変電設備は，屋外に設置することが可能な機器であり，機器の周囲に安全な距離を確保する必要があります）

【問題 4.24（照明・色彩）】 照明・色彩に関する記述 ［ア］〜［エ］の正誤を答えなさい．

［ア］グレアは，視野内の高輝度の部分や極端な輝度対比などによって，対象の見やすさが損なわれる現象である．

［イ］人工光源の演色性は演色評価数で表し，その数値が大きくなるほど，色の見え方に関する光源の特性が，自然光に近くなる．

［ウ］光の色の三原色は赤，青，黄であり，物体表面の色の三原色はマゼンタ，シアン，グリーンである．

［エ］マンセル表色系における明度は，完全な黒を100，完全な白を0として表示される．

（国家公務員一般職種試験）

【解答】　［ア］＝正（記述の通り，**グレア**は，視野内の高輝度の部分や極端な輝度対比などによって，対象の見やすさが損なわれる現象です），［イ］＝正（記述の通り，人工光源の**演色性**は演色評価数で表し，その数値が大きくなるほど，色の見え方に関する光源の特性が，自然光に近くなります），［ウ］＝誤（**光の三原色**は赤，緑，青の 3 つの色です．また，**色の三原色**はシアン，マゼンタ，イエローで，この三色を混ぜ合わせると，ほとんどの色をつくり出すことができます），［エ］＝誤（マンセル表色系における明度は色の明るさを表し，完全な黒を 0，完全な白を 10 として，この間を等間隔に 11 段階に分けています）

【問題 4.25（光環境および照明設備）】　建築物の光環境および照明設備に関する記述［ア］～［エ］の正誤を答えなさい．

［ア］作業面上の均斉度は，作業面範囲の最低照度と最高照度の平均値で表される．

［イ］室内における任意の点の昼光率は，窓の大きさや窓材料の透過率によって異なる値を示すが，全天空照度の変化による影響を受けない．

［ウ］事務室の机上面で精密な作業をする場合，机上水平面の照度は 600lx 程度必要である．

［エ］色温度は光源の光色を表すものとして用いられ，色温度が高くなるほど光色は青白くなり，低照度の環境では低い色温度，高照度の環境では高い色温度の光源を採用することが望ましい．

（国家公務員 II 種試験）

【解答】　［ア］＝誤（**均斉度**は照度分布の均一性を示す値で，一般には「均斉度＝最低照度／最高照度」で求められます．平均値ではありません），［イ］＝正（記述の通り，**昼光率**は全天空照度が変化しても変わりません），［ウ］＝誤（**細かい視作業には 1,000lx 程度必要**です），［エ］＝正（記述の通り，**色温度**は光源の光色を表すものとして用いられ，色温度が高くなるほど光色は青白くなり，低照度の環境では低い色温度，高照度の環境では高い色温度の光源を採用することが望ましい）

【問題 4.26（採光・照明）】 建築物の採光・照明に関する記述［ア］〜［エ］の正誤を答えなさい.

［ア］照明器具の配光による分類において，光源の光を乳白色ガラスや紙障子などを通して拡散させるもので，その全光束のうち，下方への光束が 65% のものは，半間接照明に分類される.

［イ］直接昼光率とは，室内のある受照点の水平面照度と直射光を含む全天空照度の比であり，天空の輝度分布が一様な場合，天候や時刻によって変化し，室内の各点において独立の値をもつ.

［ウ］グレアの生じやすい条件としては，光源が注視点への視線方向に近い，光源の輝度が高い，光源の立体角が大きい，光源の周囲が暗い，といったことが挙げられる.

［エ］照度とは，受照面に入射する単位面積当たりの光束であり，ある面が照らされる程度を示す指標として用いられるが，輝度と比べ，目で見たものの明るさとの直接的な関連性は低い.

（国家公務員総合職試験［大卒程度試験］）

【解答】 ［ア］＝誤（**半間接照明**とは，大部分の光を天井や壁に向け反射によって照らし，一部の光はシェード（かさ）越しに全方向に広がる照明方式のことです. 演出性を重視する場所に使用されています），［イ］＝誤（**昼光率**は，室内のある受照点における照度と直射光を除いた全天空光照度の比として求められます），［ウ］＝正（記述の通り，**グレア**の生じやすい条件として，光源が注視点への視線方向に近い，光源の輝度が高い，光源の立体角が大きい，光源の周囲が暗い，といったことが挙げられます），［エ］＝正（記述の通り，**照度**とは，受照面に入射する単位面積当たりの光束であり，ある面が照らされる程度を示す指標として用いられますが，輝度と比べ，目で見たものの明るさとの直接的な関連性は低い）

4.5　消火・防災設備

●防災・避難計画
・シラカシなどの常緑樹は，延焼防止に有効です．
・避難経路は，日常よく使用する動線で計画した方がよい．
・エスカレーターを避難路として計画してはいけません．

●防火区画
　建築基準法に定められた区画で，大規模特殊建築物で火災が発生した場合に，火災を局所的にとどめるため，一定の面積ごとに耐火構造の床・壁または特定防火設備で区画化（1,500m² くらい）すること．防火区画に関する一般事項として，自動式のスプリンクラー設備などを設置した場合は床面積を 1/2 とみなすことができます．

●自動火災報知設備
　自動火災報知設備は感知器によって火災を早期検知し，住人や管理者に知らせて避難や消火活動を促す設備です．熱によって警報を発するタイプと，煙によって警報を発するタイプの 2 種類（**熱感知器と煙感知器**）が代表的です．
　熱感知器は，感知器周辺の熱を検出して警報を発信しますので，熱を与えない限り動作しません．したがって，熱感知器が動作する頃にはかなりの火災の進行が考えられ，火災の早期検知を必要とする場合には，煙感知器を採用する方がよいといえます．ちなみに，**差動式熱感知器**は，短時間に温度が変化した場合に警報を発信し，ゆるやかな温度上昇では発信しません．

●フラッシュオーバー（爆発的な燃焼）
　火災時に発生する可燃性ガスが一定の濃度と温度になったときに爆発的に燃え上がる現象．**フラッシュオーバーまでの時間が長い方が避難に有利です．**

●泡消火設備
　泡消火設備とは，泡で火面を覆うことによる窒息効果と泡に含まれている水分による冷却効果によって消火する設備であり，飛行機の格納庫などに用いられています．ただし，電気絶縁性がないため，電気火災の多い電気室やボイラー室には適しません．

●水噴霧消火設備
　特殊ノズルより噴出した水滴の霧で火点一帯を包み，水蒸気で空気を遮断して消火します．水による冷却効果・窒素効果に優れているために油火災にも有効で，主に道路のトンネ

ル・駐車場などに設置されています.

●不活性ガス消火設備

　不活性ガス消火設備は, 電気室や美術館, 精密機械, 電気通信機室等に設置されるもので, 消火剤による汚損が少なく, 復旧を早急にすることが必要な施設に設置されるものです. ちなみに, 国立国会図書館の書庫には, 水を用いるスプリンクラーではなく, 不活性ガスによる消火設備が設置されています.

●スプリンクラー設備

　火災を感知すると, 天井についているスプリンクラーヘッドから水を放出して消火する設備. 水の出口が常に閉じられている**閉鎖型**と水の出口が常に開いている**開放型**があります. なお, 閉鎖型には, **湿式**（配管内に水が充満している方式で一般のビル向け）, **乾式**（寒冷地工場向け）, **予作動式**（ヘッドと火災感知器の両方が作動しない限り放水しない方式で, 病院・共同住宅・重要文化財など向け）があります. また, 開放型（火災感知器等と連動して作動するか, または手動によって一斉開放弁を開いて放水する方式）は, 劇場の舞台やスタジオで採用されています.

　スプリンクラー設備は, 火災を感知してから消火までを自動的に行うので, 初期消火設備の中で最も優れた設備です.

●排煙設備

　排煙設備は, 火災発生時の煙を速やかに排除することによって, 在室者の避難経路を確保し, 消防隊の活動を助ける設備です.

●ドレンチャー設備

　ドレンチャー設備とは, 隣家などで火災が発生した場合に, 建物の屋根や外壁・軒先・窓上などに配置した散水ノズルから圧力水を放出して水幕を張り, 建物の延焼を防ぐ設備のことです.

●非常用エレベーター

　建築基準法により, 「**地上からの高さが31m以上あるか**」または「**地上11階以上の建築物**」には, 一般用のエレベーターのほかに, 非常用エレベーターの設置が義務づけられています. これは, 災害発生時に高層建築では消防隊が階段を上がって救出に向かうのが困難なためです.

●非常用照明

非常用照明とは，停電の際の早期避難に備えて予備電源で点灯できる照明器具のことをいいます．誘導灯の非常電源は，停電時でも継続して **20 分間点灯**できるものとします．

●防火性能

建物の周囲で火災などが発生した場合に，その火災を抑制するために外壁や軒裏などに求められる性能のこと．

●耐火性能

通常の火災が終了する（"燃え尽きる"あるいは"下火になる"）までの間，建物の倒壊や延焼を防ぐために，建物の間仕切り壁や外壁，柱，床，梁などに求められる防火の性能のこと．防火上，有効な性能の最上位にあるのが「耐火性能」で，その次に「防火性能」が位置づけられています．

●防火構造

防火構造とは，建築物の周囲において発生する通常の火災による延焼を抑制するために外壁または軒裏に必要とされる防火性能を有する鉄網モルタル塗，しっくい塗等の構造のことで，国土交通大臣が定めたものまたは国土交通大臣の認定を受けたものをいいます．

●準防火構造

準防火構造とは，法22条区域内 [6]において，延焼のおそれのある部分の外壁に必要とされる準防火性能を有する土塗壁その他の構造で，国土交通大臣が定めたものまたは国土交通大臣の認定を受けたものをいいます．

---

6) 火災の被害が起きやすい地域，火災を防ぐために最も予防しなければならない地域が防火地域に指定されます．防火地域の周辺が準防火地域に指定されますが，それ以外の主に木造住宅が密集している地域に指定されるのが法22条区域になります．

【問題 4.27（電気設備・消火設備）】 わが国における建築の電気設備・消火設備に関する記述［ア］〜［エ］の正誤を答えなさい.

［ア］受変電設備とは，高圧または特別高圧で受電した電力を必要な電圧に変圧する設備である.

［イ］無停電電源装置（UPS）とは，非常時に停電なく連続して安定した電力を供給できる電源システムのことである.

［ウ］泡消火設備とは，泡で火面を覆うことによる窒息効果と泡に含まれている水分による冷却効果により消火する設備である.

［エ］開放型スプリンクラーヘッドは，感熱体をもち，一定温度に達するとキャップが外れて散水するものである.

（国家公務員Ⅱ種試験）

【解答】 ［ア］＝正（記述の通り，**受変電設備**とは，高圧または特別高圧で受電した電力を必要な電圧に変圧する設備です），［イ］＝正（記述の通り，**無停電電源装置（UPS）**とは，非常時に停電なく連続して安定した電力を供給できる電源システムのことです），［ウ］＝正（記述の通り，**泡消火設備**とは，泡で火面を覆うことによる窒息効果と泡に含まれている水分による冷却効果により消火する設備です），［エ］＝誤（**開放型スプリンクラーヘッド**は，火災感知器等と連動して作動するか，または手動によって一斉開放弁を開いて放水する方式です）

【問題 4.28（建築設備）】 わが国における建築設備に関する記述［ア］〜［エ］の正誤を答えなさい.

［ア］クリーンルームには，一般に，機械換気方式の中で第3種換気方式を用いる.

［イ］住宅の電気方式には，一般に，単相2線式100Vまたは単相3線式100V/200Vを用いる.

［ウ］閉鎖型乾式スプリンクラーヘッドは，一般に，消火水が凍結するおそれのある寒冷地での使用に適している.

［エ］床暖房，天井パネルヒーター等の放射（輻射）暖房方式では，一般に，対流暖房方式に比べ，室内の上下温度差が大きくなる.

（国家公務員一般職種試験）

【解答】 ［ア］＝誤（工業用クリーンルームや無菌室に適しているのは，**第2種機械換気方式**です．ちなみに，**第3種機械換気方式**は自然給気口と排気送風機があるもので，便所などに

用いられています），［イ］＝正（一般住宅のほとんどは単相 3 線式か単相 2 線式のどちらかですが，現在建築されている住宅のほとんどは単相 3 線式で受電しています．単相 3 線式では，単相 100V および単相 200V の使用が可能で，最近ではルームエアコンも 200V 機器が増えています），［ウ］＝正（記述の通り，**閉鎖型乾式スプリンクラーヘッド**は，一般に，消火水が凍結するおそれのある寒冷地での使用に適しています），［エ］＝誤（**輻射式暖房**は，熱を持った物体が放射する熱を利用した方式です．一方，**対流式暖房**は，熱によって発生した暖かい空気を対流させて室内を暖める方式で，温風の吹き出し口が天井近くにあると，足もとが暖まりにくく，輻射式暖房と比べて，天井と床面付近の温度差が大きくなります）

【問題 4.29（防災設備）】　わが国の防災設備に関する記述［ア］〜［エ］の正誤を答えなさい．

［ア］排煙設備は，火災発生時の煙を速やかに排除することによって，在室者の避難経路を確保し，消防隊の活動を助ける設備である．

［イ］スプリンクラー設備は開放式と閉鎖式に大別され，閉鎖式には定温式，発動式がある．

［ウ］非常用照明は，停電の際の早期避難に備えて予備電源で点灯できる照明器具のことである．

［エ］非常用エレベーターは，地上 4 階を超える建築物に必要で，消防隊の活動用である．

(国家公務員 II 種試験)

【解答】　［ア］＝正（記述の通り，**排煙設備**は，火災発生時の煙を速やかに排除することによって，在室者の避難経路を確保し，消防隊の活動を助ける設備です），［イ］＝誤（**閉鎖式**には，湿式・乾式・予作動式があります），［ウ］＝正（記述の通り，**非常用照明**は，停電の際の早期避難に備えて予備電源で点灯できる照明器具のことです），［エ］＝誤（非常用エレベーターの設置が義務づけられているのは，「地上からの高さが 31m 以上あるか」または「地上 11 階以上の建築物」です）

【問題 4.30（消火・警報設備）】 消火設備および警報設備に関する記述［ア］～［エ］の正誤を答えなさい.

［ア］泡消火設備は，泡が火面を覆うことによる窒息効果と泡を構成する水による冷却効果により消火する設備であり，飛行機の格納庫などに用いられる.

［イ］ドレンチャー設備は，建物外部の火災から延焼のおそれのある外壁・屋根・開口部に水幕をつくり，延焼を防止するための設備である.

［ウ］スプリンクラー設備とは，屋内に設置されたスプリンクラーの中に収納されたホースやノズルなどを引き出して，消火に当たる設備をいう.

［エ］自動火災報知設備の差動式熱感知器は，周囲の温度が一定値以上になると作動するものであり，急激な温度上昇を生ずる室に用いられる.

(国家公務員総合職試験［大卒程度試験］)

【解答】 ［ア］＝正（記述の通り，**泡消火設備**とは，泡が火面を覆うことによる窒息効果と泡を構成する水による冷却効果により消火する設備であり，飛行機の格納庫などに用いられています），［イ］＝正（記述の通り，**ドレンチャー設備**は，建物外部の火災から延焼のおそれのある外壁・屋根・開口部に水幕をつくり，延焼を防止するための設備です），［ウ］＝誤（**スプリンクラー設備**とは，火災を感知すると，天井についているスプリンクラーヘッドから水を放出して消火する設備のことです），［エ］＝誤（**差動式熱感知器**は，短時間に温度が変化した場合に警報を発信し，ゆるやかな温度上昇では発信しません）

【問題 4.31（防災・避難計画）】 防災・避難計画に関する記述［ア］～［エ］の正誤を答えなさい.

［ア］内装材に不燃・難燃性の材料を用いることは，火災の予防（着火防止）に有効であるが，フラッシュオーバー（爆発的な燃焼）に至る時間を遅らせることはできない.

［イ］開口部に庇（ひさし）やバルコニーを設けることは，下階からの延焼を防止する上で有効である.

［ウ］避難経路は，日常よく使用する動線を利用する.

［エ］エレベーターやエスカレーターは避難経路として計画しない.

(国家公務員Ⅱ種試験)

【解答】 ［ア］＝誤（内装材に不燃・難燃性の材料を用いれば，**フラッシュオーバー**に至る時間を遅らせることができます），［イ］＝正（記述の通り，開口部に庇やバルコニーを設けるこ

とは，下階からの延焼を防止する上で有効です），［ウ］＝正（記述の通り，避難経路は，日常よく使用する動線を利用ことが大切です），［エ］＝正（記述の通り，エレベーターやエスカレーターは，避難経路として計画すべきではありません）

【問題 4.32（防災・避難計画）】　防災・避難計画に関する記述［ア］〜［エ］の正誤を答えなさい．

［ア］縦長窓に比べて横長窓は，上階へ延焼する危険性が高い．
［イ］シラカシなどの常緑樹は，延焼防止に有効である．
［ウ］避難経路は，日常よく使用する動線とは分けて計画した方がよい．
［エ］エスカレーターは，避難路として計画してよい．

（国家公務員Ⅱ種試験）

【解答】　［ア］＝正（記述の通り，縦長窓に比べて横長窓は，上階へ延焼する危険性が高い），［イ］＝正（記述の通り，シラカシなどの常緑樹は，延焼防止に有効です），［ウ］＝誤（普通に考えたら，人は緊急時に自分の知っている経路から外へ避難しようとするはずです．それゆえ，避難動線と日常動線は同じにしておいた方が無難です），［エ］＝誤（エスカレーターは，建築基準法上，避難施設には該当しません）

第5章

住環境と省エネルギー

●わが国における省エネルギーの歴史

わが国の省エネルギーの歴史は，1947年の「熱管理規則」，1951年の「熱管理法」の制定から始まりますが，当時は石炭の有効利用，ばい煙対策に重点が置かれていました．

1973年と1979年に2度の**石油ショック**を経験しましたが，**省エネルギー**という言葉が盛んに使用されるようになったのもこの頃からです．当初の省エネ活動といえば「節約」でしたが，1979年の「省エネ法（エネルギー使用の合理化に関する法律）」の施行により，「エネルギー使用効率の向上」へと変化していきました．その後，地球環境保全の観点がクローズアップされ，1992年には地球サミットがブラジルで開催されました．1997年には「**京都議定書**」が採択され，わが国は温室効果ガスの第一次削減目標6%を公約，そして2005年の発効に至ります．「省エネ法」については，1999年，2003年の大幅な改正を経て，2006年には，熱・電気の一体管理に基づく「改正省エネ法」が施行されました．

●カーボンニュートラル

カーボンニュートラルとは，温室効果ガスの排出量が全体としてゼロになっている状態を表す言葉です．温室効果ガス排出量を削減することが難しい分野もあるため，できるだけ削減努力をした上で，どうしても排出される温室効果ガスを何らかの手段によって実質ゼロにするというのが，カーボンニュートラルの基本的な考え方です．ちなみに，政府は，2020年10月に，「2050年までにカーボンニュートラルを目指す」と宣言しました．

●地球温暖化係数

京都議定書の規制対象ガスは，二酸化炭素，メタン，亜酸化窒素，ハイドロフルオロカーボン，パーフルオロカーボン，六フッ化硫黄の6つです．これらは種類が異なりますので同じ量であっても温室効果への影響度が異なります．そこで，合算できるように，**地球温暖化係数**（GWP：Global Warming Potential）が定められています．ちなみに，代表的なガスの地球温暖化係数は，二酸化炭素が1，メタンが25，亜酸化窒素が298，六フッ化硫黄が22,800です．

● ZEB

Net Zero Energy Building（ネット・ゼロ・エネルギー・ビル）の略称で，「ゼブ」と呼びます．快適な室内環境を実現しながら，建物で消費する年間の一次エネルギーの収支をゼロにすることを目指した建物のことです．

建物の中では人が活動しているため，エネルギー消費量を完全にゼロにすることはできませんが，省エネによって使うエネルギーを減らし，創エネによって使う分のエネルギーをつくることで，エネルギー消費量を正味（ネット）でゼロにすることができます．

●一次エネルギーと二次エネルギー

エネルギーを生み出すための資源は原油・液化天然ガス・石炭などの化石資源や原子力発電の燃料としてのウランなどで，日本で供給されるエネルギー資源の約96%を海外から輸入しています．こうしたエネルギー資源を**一次エネルギー**といいます．一次エネルギーは石油事業者や電力・ガス事業者などにより，ガソリンや灯油，電気，都市ガス等といった使い勝手の良い**二次エネルギー**へと転換されて消費者のもとへ届けられ使用されています．

なお，日本の事務所ビルにおける年間の一次エネルギー消費量の半分は，冷暖房や空調動力に関するものといわれています．

● ＢＯＤ（Biochemical Oxygen Demand の略語）
（ビーオーディー）

生物化学的酸素要求量といい，**好気性微生物が水中の汚れ（有機物）を分解してきれいにするのに必要とする酸素の量**を，mg/ℓ の単位で表します．主に河川の汚れぐあいを表す指標として用いられます．ちなみに，微生物によって分解可能な有機物質を **BOD 物質**といいます．

●ライフサイクルコスト

製品が製造されてから廃棄処分に要する費用の総計のことで，Life Cycle Cost を略して**LCC** ともいいます．

●ヒートアイランド現象

都市部の気温は，アスファルト舗装・ビルの輻射熱・ビル冷房の排気熱・車の排気熱などによって，夏になると周辺地域よりも数度高くなります．等温線を描くと都市部が島の形に似ていることから，この現象をヒートアイランド現象と呼んでいます．

●住宅エコポイント

住宅エコポイントは，地球温暖化対策等を目的として，木造住宅を含むエコ住宅の建設やエコリフォームにポイントが発行される制度です．

●建築や都市の緑化

建築や都市の緑化は，ヒートアイランド現象の緩和や省エネルギーの推進（エアコンにかかる電力の低減など）に加え，大気の浄化（**二酸化炭素濃度の低減，窒素酸化物や硫黄酸化物などの吸着**）にも役立ちます．

●樹木配置による防暑・防寒計画

建築物は，庭の樹木の配置により，防暑計画や防寒計画ができます．具体的には，建築物の**南側に落葉高木**を植えると，夏季は葉が茂って直射日光をさえぎり，冬季は葉が落ちて日光が当たります．また，**西側に常緑樹**を植えると，夏季は西日をコントロールし，冬季は西風の風除樹として有効です．

●日射遮蔽部材の設置位置

日射遮蔽部材の設置位置（屋外・屋内）や種類により，日射遮蔽係数は異なりますが，外付け部材の方が日射遮蔽効果は大きくなります．それゆえ，**ブラインドであれば，窓の屋外側に設けた方が屋内側に設けるよりも日射熱を遮蔽する効果が大きくなります．**

●日射による建物窓面の受熱量を減らす工夫

日射による建物窓面の受熱量を減らす工夫として，ルーバーや庇などの設置があります．

●ルーバーによる日除け（日射・日照の調整）

垂直ルーバーは北向き窓，水平ルーバーは南向き窓に効果があります．

●ライトシェルフ

ライトシェルフとは，日差しの遮へいと自然光の活用を両立した庇のことです．建物の窓面の中段に設置し，上面で太陽光を反射させより多くの光を室内の天井部に取り入れて室内を明るくすることで照明の消費エネルギー削減に貢献します．また夏期は直射日光を遮へい

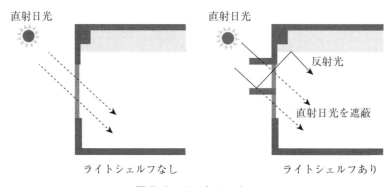

図5-1　ライトシェルフ

することで室温上昇を抑制し，冷房負荷を軽減します．

●エアフローウインドウ

　エアフローウインドウは，2枚のガラスの間に設けたブラインドに日射熱を吸収させ，窓枠下部から室内空気を吸引して窓上部から排気することで，窓面付近の熱負荷を低減させるシステムです．

●熱損失係数（Q値）

　熱損失係数とは，**住宅の断熱性能を数値的に表したもの**で，「建物内部の温度が外気よりも1℃高いときに，屋内から屋外へ逃げていく熱量（総合熱貫流率）を延べ床面積で除して求めた数値」です．一般的に **Q値**といわれています．なお，熱損失係数は，省エネルギー基準で，基準値が示されています．

●相当隙間面積（C値）

　相当隙間面積とは，**住宅がどの程度の気密性能を有しているかを把握するための指標**であり，延べ床面積 $1m^2$ 当たりでみて，その住宅に何 cm^2 の隙間があるかを表しています．一般的に **C値**といわれています．ちなみに，住宅の隙間を直接計ることはできませんので，気密測定器という機械を使って気密測定を行い，住宅の相当隙間面積を測って住宅にどのくらいの隙間があるかを判断しています．

●相当外気温度

　相当外気温度とは，伝熱計算で使用する外気温度に日射等の影響を加味する際に用いられるもので，「**外壁などに日射が当たる場合，日射の強さに応じ外気温が仮想的に上昇したと考えた温度**」と考えればわかりやすいと思います．

●ホルムアルデヒド

　ホルムアルデヒドは室内空気を汚染する化学物質の1つであり，気密性の高い居室では，常に機械換気設備を用いることにより，換気性能を確保する必要があります．ホルムアルデヒドは合板類・断熱材・壁紙・接着剤などに含まれており，**シックハウス症候群の大きな原因となる化学物質**です．

　シックハウス対策としてホルムアルデヒド発散建築材料が指定され，使用する内装仕上材や換気回数等に規制を受けますが，発散速度が極めて低い最上位規格の材料（F☆☆☆☆）を使用すればホルムアルデヒド発散建築材料としての規制を受けません．

●室内汚染の許容量

　室内が汚染されている程度を表す指標として一般には **CO_2 濃度**が用いられています．ちな

みに，CO_2 の一般の場合の許容値は 0.1% であり，**一酸化炭素濃度の許容値（空調・換気設備に対する基準値）は 0.001%** です．

●床暖房を使用するときの快適温度

一般的に床暖房を使用するときの快適温度は，床温 25 〜 31℃，室温は 18 〜 23℃ であるといわれています．

● PMV（Predicted Mean Vote の略語）

PMV は，気温，湿度，気流，熱放射（輻射）のほか，代謝量と着衣量を考慮した温熱環境指標で，**予想平均温冷感申告**ともいいます．

●小屋裏換気口

小屋裏（屋根と天井との間にできる空間）にたまる湿気や熱気を排出するために，軒裏などに設けられる換気口のこと．夏季の冷房設備の効率を高めるため，小屋裏換気口を設けることは有効です．

●地域冷暖房

地域冷暖房とは，個々の建物に冷暖房および給湯用の熱源を設けず，1か所に集中した熱源プラントから蒸気・温水・冷水などの熱媒を配管で供給するシステムのことをいいます．ちなみに，冷房のない場合を**地域暖房**といいます．

● PAL（Perimeter Annual Load の略記）

年間熱負荷係数ともいい，次式で計算されます．

$$PAL = \frac{屋内周囲空間の冷暖房時の熱負荷（MJ／年）}{屋内周囲空間の床面積（m^2）}$$

この値が小さいほど熱負荷が少なく，断熱性能が高い建物であるといえます．**PAL は，設備システムエネルギー消費係数（CEC）とともに，省エネルギー性能を判断する根拠**となっています．

●設備システムエネルギー消費係数

設備システムエネルギー消費係数（Coefficient of Energy Consumption：CEC）とは建物内設備のエネルギー効率を表す指標であり，この値は空調・換気・照明・給湯・エレベーターの5つの設備ごとに，**年間熱負荷係数**（Perimeter Annual Load：**PAL**）を用いて計算されます．たとえば，**給湯エネルギー消費係数（CEC/HW）**であれば，

$$CEC/HW = \frac{年間給湯消費エネルギー量（MJ／年）}{年間仮想給湯負荷（MJ／年）}$$

として，また，**空調エネルギー消費係数（CEC/AC）**であれば，

$$CEC/AC = \frac{年間空調消費エネルギー量（MJ／年）}{年間仮想空調負荷（MJ／年）}$$

として算出されます．ここで，エネルギー消費量 1MJ（メガジュール）は，原油 0.0258ℓ の発熱量に相当します．これらの**値が小さいほど，エネルギーの利用効率は良い**ことになります．

●コージェネレーション（Co-Generation）

　発電時に発生した排熱を利用して，冷暖房や給湯などに利用する熱エネルギーを供給する仕組みのこと．省エネルギーや CO_2 の削減に効果がある発電方式なので，地球温暖化対策としても期待されています．

● ＢEMS（Building and Energy Management System の略記）

　BEMS とは，ビルの施設運用・設備管理・防災管理・通信管理等を含む運転管理によって，**エネルギー消費量の削減を図るためのシステム（ビル管理システム）**のことです．

●アクティブソーラーとパッシブソーラー

　アクティブソーラーとは，屋根などに設けた集熱装置で水や空気を暖め，ポンプやファンなど機械設備を使用して蓄熱し，冷暖房・給湯に太陽熱を利用するシステムのことです．一方，**パッシブソーラー**とは，建物の構造や間取りなどを工夫して日射熱を取り入れ，建物自体に蓄熱するなど，機械力を使用せずに太陽熱利用を行うシステムのことをいいます．

● COP（成績係数）

　COP とは Coefficient of Performance の略語で，機器に入力されたエネルギーによってどれだけのエネルギーを出力できるか（何倍の仕事ができるか）を数値で示した成績係数を表しています．したがって，ルームエアコンであれば，COP の値が大きいほど効率が良く，省エネルギー対策になるといえます．

●全熱交換器と顕熱交換器

　全熱交換器は，ビル・住宅等の空調換気に使用され，換気によって失われる空調エネルギーの全熱を交換回収する省エネルギー装置で，空気調和機や換気扇に**全熱交換器を用いることにより，夏期および冬期における冷暖房負荷を軽減できます**．ちなみに，全熱交換器では温度と湿度を同時に交換しますが，温度のみ交換するものを**顕熱交換器**と呼んでいます．

●白熱電球と蛍光灯

　家庭用の電球として利用される照明器具は大きく「白熱電球」と「蛍光灯」に分類することができますが，経済性では蛍光灯の方が断然有利です．ただし，頻繁に電気をつけたり消

したりするような場所（トイレや階段など）では，蛍光灯の長寿命というメリットが失われますので，こういった場所では白熱電球の方が向いているといえます．

●タスク・アンビエント照明

　従来の照明では，天井に均一に配した照明器具によって机上での仕事（タスク）に必要な照度を確保し，それによって得られる光で周辺（アンビエント）の照明を兼ねています．これに対し，**タスク・アンビエント照明**は，机上（タスク）と周辺（アンビエント）を，それぞれ専用の特性を有する照明設備を組み合わせて照らす方式（たとえば，天井照明の明るさを抑え，手元をデスクライトで明るくする方式）です．それゆえ，**タスク・アンビエント照明は**，全体的に照明する従来方式と比べて，**省エネルギーであるといえます**．

【問題5.1（環境に配慮した計画）】 環境に配慮した計画に関する記述［ア］〜［エ］の正誤を答えなさい．

［ア］省エネルギー建築とするためには，冷暖房，照明，機械動力などに費やされるエネルギーをできるだけ少なくするように工夫する必要がある．
［イ］冷房に頼らずに夏期の体感温度を下げて清涼感を得るためには，通風を考慮し，風の入口だけでなく出口も必ず設けて，通風経路を確保することが重要である．
［ウ］照明設備の効率を上げるためには，できるだけ自然採光を取り入れるとともに，全体照明と局所照明の効果的な組み合せを図ることが重要である．
［エ］省エネルギーが提唱されるようになった直接のきっかけは，バブル崩壊であり，1990年代以降の比較的新しい概念である．

（国家公務員Ⅱ種試験）

【解答】 ［ア］＝正（記述の通り，省エネルギー建築とするためには，冷暖房，照明，機械動力などに費やされるエネルギーをできるだけ少なくするように工夫する必要があります），［イ］＝正（記述の通り，冷房に頼らずに夏期の体感温度を下げて清涼感を得るためには，通風を考慮し，風の入口だけでなく出口も必ず設けて，通風経路を確保することが重要です），［ウ］＝正（記述の通り，照明設備の効率を上げるためには，できるだけ自然採光を取り入れるとともに，全体照明と局所照明の効果的な組み合せを図ることが重要です），［エ］＝誤（1973年と1979年に，2度の**石油ショック**を経験してから，**省エネルギー**という言葉が盛んに使用されるようになりました）

【問題 5.2（環境に配慮した計画）】 環境に配慮した計画に関する記述［ア］〜［エ］の正誤を答えなさい.

［ア］ブラインドは，窓の屋外側に設けるよりも屋内側に設けた方が，日射熱を遮蔽する効果が大きい.

［イ］建築や都市の緑化は，二酸化炭素濃度の低減には役立つが，自動車の排気ガスに含まれる窒素酸化物に対しては効果が期待できない.

［ウ］太陽エネルギーを有効に利用する上で専用の装置や動力の使用を前提とせず，建築意匠・形態の工夫により熱の流れをコントロールするなど，快適な室内環境を形成しようとする方式をパッシブソーラーシステムという.

［エ］建物の南側に落葉高木を植えることは，日射による室内の温熱環境への影響を調整するために有効である.

（国家公務員Ⅱ種試験）

【解答】 ［ア］＝誤（外付け部材の方が日射遮蔽効果は大きくなります），［イ］＝誤（**緑化**は窒素酸化物や硫黄酸化物も吸着して，大気の浄化に役立ちます），［ウ］＝正（記述の通り，太陽エネルギーを有効に利用する上で専用の装置や動力の使用を前提とせず，建築意匠・形態の工夫により熱の流れをコントロールするなど，快適な室内環境を形成しようとする方式を**パッシブソーラーシステム**といいます），［エ］＝正（**建築物の南側に落葉高木を植える**と，夏季は葉が茂って直射日光をさえぎり，日射による室内の温熱環境への影響を調整できます）

【問題 5.3（環境に配慮した計画）】 環境に配慮した建築の計画に関する記述［ア］〜［エ］の正誤を答えなさい.

［ア］シックハウス症候群は，住宅の高気密化と関連がある.

［イ］セルローズファイバーは，古紙やパルプを綿状にして，ホウ酸などの難燃剤で処理したリサイクル製品であり，主に断熱材として用いられている.

［ウ］室内の床を木製フローリングで仕上げると，冬季の日射熱をよく蓄熱するため，暖房負荷を減らすのに効果が高い.

［エ］室内の通風を促進するためには，一般に，風の流入開口面積を大きくすることよりも，流出開口面積を大きくすることの方が，効果が大きい.

（国家公務員Ⅱ種試験）

【解答】 ［ア］＝正（記述の通り，**シックハウス症候群**は，住宅の高気密化と関連があります），［イ］＝正（記述の通り，**セルローズファイバー**は，古紙やパルプを綿状にして，ホウ酸などの難燃剤で処理したリサイクル製品であり，主に断熱材として用いられています），［ウ］＝誤（**暖房負荷**とは，室内をある温度に維持するために必要な投入熱量のことで，木製フローリングは暖房負荷を減らすのに効果が高いとはいえません），［エ］＝正（流出開口部が流入開口部より広ければ，風の流れは風下に向けて大きく膨らみますので，通風効果は大きくなります）

【問題 5.4（建築計画）】 建築計画上，配慮すべき利便性や快適性に関する記述［ア］〜［エ］の正誤を答えなさい．

［ア］建築物の使いやすさという観点から，動線計画は重要であり，①頻度の高い動線が短縮されているか，②分離すべき動線がきちんと分離されているかなどがポイントである．

［イ］建築物の快適性を高めるためには，①気温，湿度，②騒音，振動，③照度などを考慮し，計画を行うことが必要である．

［ウ］暑さ，寒さを緩和し，快適な室内環境を作り出すには，まず建築的手法によって改善を図ることが望ましく，それでも不十分な場合に，補足的に暖房や冷房を利用することが望ましい．

［エ］屋外で発生する道路騒音などに対しては，緩衝地帯を設けて，騒音源から建築物をできるだけ離して配置するなどの対策が考えられる．

（国家公務員 I 種試験）

【解答】 ［ア］＝正（記述の通り，建築物の使いやすさという観点から，動線計画は重要であり，①頻度の高い動線が短縮されているか，②分離すべき動線がきちんと分離されているかなどがポイントになります），［イ］＝正（記述の通り，建築物の快適性を高めるためには，①気温，湿度，②騒音，振動，③照度などを考慮し，計画を行うことが必要です），［ウ］＝正（記述の通り，暑さ，寒さを緩和し，快適な室内環境を作り出すには，まず建築的手法によって改善を図ることが望ましく，それでも不十分な場合に，補足的に暖房や冷房を利用することが望ましい），［エ］＝正（記述の通り，屋外で発生する道路騒音などに対しては，緩衝地帯を設けて，騒音源から建築物をできるだけ離して配置するなどの対策が考えられます）

【問題 5.5（地球環境に配慮した建築物）】　地球環境に配慮した建築物の計画に関する記述 ［ア］〜［エ］の正誤を答えなさい.

［ア］環境負荷の低減のため，将来の用途変更や，自然光と自然換気を最大限利用することに配慮して計画することは重要である.

［イ］夏季の日射を遮蔽する場合，水平ルーバーは，西向き窓の日射の遮蔽についても，南向き窓と同様の効果がある.

［ウ］機械力を利用して省エネルギーを図る手法を，アクティブ手法と呼び，機械力に頼らず建築の形態や材料から省エネルギーを図る手法を，パッシブ手法と呼ぶ.

［エ］冷暖房設備の効率を上げるため，平面プランを，なるべく凹凸の少ない形状とすることは有効である.

(国家公務員 I 種試験)

【解答】　［ア］＝正（記述の通り，環境負荷の低減のため，将来の用途変更や，自然光と自然換気を最大限利用することに配慮して計画することは重要です），［イ］＝誤（**水平ルーバー**は，南向き窓には効果がありますが，西向き窓には効果がありません），［ウ］＝正（記述の通り，機械力を利用して省エネルギーを図る手法を**アクティブ手法**と呼び，機械力に頼らず建築の形態や材料から省エネルギーを図る手法を**パッシブ手法**と呼びます），［エ］＝正（記述の通り，冷暖房設備の効率を上げるため，平面プランをなるべく凹凸の少ない形状とすることは有効です）

【問題 5.6（環境に配慮した計画）】　環境に配慮した建築設備計画に関する記述 ［ア］〜［エ］の正誤を答えなさい.

［ア］COP（成績係数）が大きいルームエアコンを採用した.

［イ］開口部に複層ガラスを採用し，PAL（年間熱負荷係数）の値が大きくなるようにした.

［ウ］照明光源を，蛍光灯から白熱電球に変更した.

［エ］日射による最上階の室内への熱貫流を低減するため，建築物の屋上を緑化した.

(国家公務員 II 種試験)

【解答】　［ア］＝正（記述の通り，COP（成績係数）が大きいルームエアコンを採用するのは正しい），［イ］＝誤（環境に配慮するには，PAL が小さくならないといけません），［ウ］＝誤（経済性では**蛍光灯**の方が断然有利です），［エ］＝正（記述の通り，日射による最上階の室内

への熱貫流を低減するため，建築物の屋上を緑化するのは正しい）

【問題 5.7（建築設備）】 建築設備に関する記述［ア］〜［エ］の正誤を答えなさい．

［ア］ZEB とは，快適な室内環境を実現しながら，建物で消費する年間の一次エネルギーの収支をゼロにすることを目指した建物のことである．

［イ］エレベーターとエスカレーターを比較した場合，一般に，1 台当たりの輸送能力はエスカレーターの方が大きい．

［ウ］泡消火設備は，汚損や感電のおそれがなく，電気室やボイラー室での利用に適している．

［エ］一般水栓における給水の必要最低圧力は 3kPa である．

（国家公務員一般職試験）

【解答】 ［ア］＝正（記述の通り，**ZEB** とは，快適な室内環境を実現しながら，建物で消費する年間の一次エネルギーの収支をゼロにすることを目指した建物のことです），［イ］＝正（記述の通りです．エスカレーターは，連続輸送ができ，エレベーターの十数倍の輸送能力を有しています），［ウ］＝誤（**泡消火設備**は，泡を噴霧し，窒息作用・冷却作用によって消火する設備です．泡消火設備は，水噴霧消火設備と違い，降下しても泡がつぶれることがないので，飛行機の格納庫など天井の高い建物に設置されます．ただし，電気絶縁性がないため，電気火災の多い電気室やボイラー室には適しません），［エ］＝誤（一般水栓における給水の必要最低圧力は 30kPa です）

【問題 5.8（建築設備）】 わが国の建築物における建築設備に関する記述［ア］〜［エ］の正誤を答えなさい．

［ア］LAN とは，一般に，建物内のような限定された範囲におけるサーバー，パソコン，プリンタ等の OA 機器をケーブルなどで接続するネットワークのことをいう．

［イ］PAL とは，建築物の屋内周囲空間の冷暖房時の年間熱負荷を，その算出対象の床面積で除した値によって断熱性能を示すものであり，年間熱負荷係数ともいう．

［ウ］VAV 方式とは，熱負荷が変動するような場合でも空調対象室への供給風量が一定である空調方式であり，定風量方式ともいう．

［エ］BEMS とは，施設運用，設備管理，防災管理，通信管理等を含むビル管理システムのことをいう．

（国家公務員 I 種試験）

【解答】 ［ア］＝正（記述の通り，LAN とは，一般に，建物内のような限定された範囲におけるサーバー，パソコン，プリンタ等の OA 機器をケーブルなどで接続するネットワークのことをいいます），［イ］＝正（記述の通り，PAL とは，建築物の屋内周囲空間の冷暖房時の年間熱負荷を，その算出対象の床面積で除した値によって断熱性能を示すものであり，年間熱負荷係数ともいいます），［ウ］＝誤（VAV は Variable Air Volume の略記．VAV 方式は，冷暖房の室内負荷に応じて**吹き出し風量を制御する方式**です），［エ］＝正（記述の通り，BEMSとは，施設運用，設備管理，防災管理，通信管理等を含むビル管理システムのことをいいます．ちなみに，BEMS は Building and Energy Management System の略記です）

【問題 5.9（建築設備）】 わが国における建築設備に関する記述 ［ア］〜［エ］の正誤を答えなさい．

［ア］COP は，冷凍機などの性能を示す指標であり，圧縮式冷凍機（遠心冷凍機）は圧縮機を駆動するため，一般に，吸収式冷凍機よりも COP が低く，冷凍効率が低い．

［イ］吸収式冷凍機は，蒸発器で冷水から熱を奪って蒸発した冷媒を，吸収液に吸収させるため，騒音および振動は少なく静かだが，再生器において，吸収液から冷媒を分離する際に加熱を必要とする．

［ウ］中小規模の事務所ビルにおいて，照明・コンセント系統の配電方式には，電圧降下，電力損失，設備費等を考慮して，三相 3 線式 200V が用いられ，また，ポンプやファン等の動力系統には，単相 3 線式 100/200V が用いられることが多い．

［エ］鉄骨造，鉄骨鉄筋コンクリート造の鉄骨や，鉄筋コンクリート造の鉄筋で，一定の断面積があるものは，避雷設備の引下げ導線の代わりとすることができる．

（国家公務員総合職試験［大卒程度試験］）

【解答】 ［ア］＝誤（冷凍機が，その運転動力で何倍の冷凍能力を出せるかを表した数値を，冷凍機の成績係数（Coefficient Of Performance を略して COP）といい，冷凍機の性能の良否を判定する上での重要な値です．吸収式冷凍機の COP は，ターボ式とも呼ばれる圧縮式冷凍機と比較して，一般に小さな値となります），［イ］＝正（記述の通り，**吸収式冷凍機**は，蒸発器で冷水から熱を奪って蒸発した冷媒を吸収液に吸収させるため，騒音および振動は少なく静かですが，再生器において，吸収液から冷媒を分離する際に加熱を必要とします），［ウ］＝誤（単相 3 線式 100/200V は低容量の配電に向く方式で，旧来の商用電源電圧である 100V に加え，200V を容易に取り出すことができるため，現在では，一般住宅から中小規模の事務所ビルまで広く普及しています．ちなみに，三相 3 線式 200V は動力用です），［エ］＝正（記述の通り，鉄骨造，鉄骨鉄筋コンクリート造の鉄骨や，鉄筋コンクリート造の鉄筋で，一定の断面積があるものは，避雷設備の引下げ導線の代わりとすることができます）

【問題 5.10（建築環境）】 建築環境に関する記述 ［ア］〜［エ］の正誤を答えなさい.

［ア］一般に, コンクリート中の温度勾配に比べて, 断熱材中の温度勾配は小さい.

［イ］相当外気温度とは, 壁から流出する熱量を計算するときに用いる, 外気温度に相当する室内温度のことをいう.

［ウ］熱損失係数（Q 値）とは, 住宅の保温性を表す指標であり, 建物内部の温度が外気よりも 1℃高いときに, 屋内から屋外へ逃げていく熱量を延べ床面積で除して求めた数値である.

［エ］相当隙間面積（C 値）とは, 住宅がどの程度の気密性能を有しているかを把握するための指標であり, 延べ床面積 1m² あたりでみて, その住宅に何 cm² の隙間があるかを表している.

(国家公務員 I 種試験)

【解答】 ［ア］＝誤（温度勾配とは単位長さ当たりの温度変化の割合のことで, 一般に, コンクリート中の温度勾配に比べて, **断熱材中の温度勾配は大きい**）, ［イ］＝誤（**相当外気温度**とは, 伝熱計算で使用する外気温度に日射等の影響を加味する際に用いられるもので, 「外壁などに日射が当たる場合, 日射の強さに応じて外気温が仮想的に上昇したと考えた温度」です）, ［ウ］＝正（記述の通り, **熱損失係数（Q 値）**とは, 住宅の保温性を表す指標であり, 建物内部の温度が外気よりも 1℃高いときに, 屋内から屋外へ逃げていく熱量を延べ床面積で除して求めた数値です）, ［エ］＝正（記述の通り, **相当隙間面積（C 値）**とは, 住宅がどの程度の気密性能を有しているかを把握するための指標であり, 延べ床面積 1m² あたりでみて, その住宅に何 cm² の隙間があるかを表しています）

【問題 5.11（室内の熱・空気環境）】 室内の熱・空気環境に関する記述 ［ア］〜［エ］の正誤を答えなさい.

［ア］冬期暖房室の窓際におけるコールドドラフトは, 室内空気が窓表面付近で冷やされて下降することによって生じる.

［イ］物体の表面から放出される熱の放射量は, 物体表面の絶対温度を 2 倍にすると 4 倍になる.

［ウ］空気齢は, 室内のある点における新鮮外気の供給効率を示すもので, 一般に, 空気齢が長いほど, 換気効率が低い.

［エ］平均放射温度は, グローブ温度, 空気温度および相対湿度から求められる.

(国家公務員 II 種試験)

【解答】　［ア］＝正（記述の通り，冬期暖房室の窓際における**コールドドラフト**は，室内空気が窓表面付近で冷やされて下降することによって生じます），［イ］＝誤（単位面積当たりの放射量は，絶対温度の4乗に比例します），［ウ］＝正（記述の通り，**空気齢**は室内のある点における新鮮外気の供給効率を示すもので，一般に，空気齢が長いほど換気効率が低い），［エ］＝誤（**平均放射温度**は，周壁からの熱放射によって人体が受ける熱量の影響を表すものです．また，周壁面温度の面積平均で近似でき，グローブ温度，気温，風速から求めることができます）

【問題5.12（省エネルギー・設備更新）】　省エネルギー・設備更新に関する記述［ア］～［エ］の正誤を答えなさい．

［ア］コージェネレーションとは，発電に伴う排熱を回収し，冷暖房や給湯等に有効利用するシステムのことをいう．

［イ］建物の断熱性，気密性を高めて，熱損失係数を大きくするよう設計を行った．

［ウ］空調設計において，空調エネルギー消費係数（CEC/AC）ができるだけ大きくなるシステムを採用した．

［エ］設備の計画から施工，運用，廃棄に至るまでの過程を，ライフサイクルコスト（LCC）により評価を行った．

（国家公務員Ⅱ種試験）

【解答】　［ア］＝正（記述の通り，**コージェネレーション**とは，発電に伴う排熱を回収し，冷暖房や給湯等に有効利用するシステムのことをいいます），［イ］＝誤（「熱損失係数を小さくする」が正しい），［ウ］＝誤（「できるだけ小さくなる」が正しい），［エ］＝正（記述の通り，設備の計画から施工，運用，廃棄に至るまでの過程を，**ライフサイクルコスト（LCC）**によって評価するのは正しい）

【問題 5.13（室内空気環境および温熱環境）】 建築物の室内空気環境および温熱環境に関する記述［ア］～［エ］の正誤を答えなさい.

［ア］PMV は, 気温, 湿度, 気流, 熱放射（輻射）のほか, 代謝量と着衣量を考慮した温熱環境指標である.

［イ］ホルムアルデヒドは室内空気を汚染する化学物質の1つであり, 気密性の高い居室では, 常に機械換気設備を用いることにより, 換気性能を確保する必要がある.

［ウ］室内の床暖房時における床の表面温度は, 床座を行う場合, 人体の皮膚表面温度より1～2℃高い値に設定するのが望ましい.

［エ］ある温度の不飽和な湿り空気を露点温度まで冷却していくと, 温度の下降とともに, 相対湿度も低下する.

（国家公務員Ⅱ種試験）

【解答】　［ア］＝正（記述の通り, **PMV** は, 気温, 湿度, 気流, 熱放射（輻射）のほか, 代謝量と着衣量を考慮した温熱環境指標です）, ［イ］＝正（記述の通り, ホルムアルデヒドは室内空気を汚染する化学物質の1つであり, 気密性の高い居室では, 常に機械換気設備を用いることにより, 換気性能を確保する必要があります）, ［ウ］＝誤（一般的に床暖房を使用するときの快適温度は, 床温 25～31℃, 室温は 18～23℃であることを知っていれば, この記述が誤であることがわかると思います）, ［エ］＝誤（**露点温度**とは, ある温度の湿り空気を冷却して相対湿度が 100% となるときの温度をいいます）

【問題 5.14（建築環境と在室者の感覚）】 建築環境と在室者の感覚に関する記述［ア］～［エ］の正誤を答えなさい.

［ア］一般に, 人は高い音より低い音に敏感である.

［イ］大きい音のために小さい音が聞こえなくなる現象をマスキング効果という.

［ウ］暗所から明所に移動すると一瞬視力を失うが, しばらくすると回復する現象を暗順応という.

［エ］PPD は不満を感じる人の割合を示す温熱指標である.

（国家公務員Ⅱ種試験）

【解答】　［ア］＝誤（人間の耳は, 一般に 20Hz から 20kHz の音を知覚します）, ［イ］＝正（記述の通りです）, ［ウ］＝誤（これは**明順応**の記述です）, ［エ］＝正（記述の通り, **PPD** は不満を感じる人の割合を示す温熱指標です. ちなみに, PPD は Predicted Percentage of

Dissatisfied の略記で，日本語では予測不快者率と訳すことができます）

【問題 5.15（省エネルギー）】　建築物の省エネルギーに関する記述［ア］～［エ］の正誤を答えなさい．

［ア］全熱交換器の設置は，室内排気からの熱回収に有効である．
［イ］パッシブ手法とは，特別な機械装置を用いて自然エネルギーを高効率に利用する方法をいう．
［ウ］日射による建物窓面の受熱量を減らす工夫として，ルーバーや庇などの設置がある．
［エ］夏季の冷房設備の効率を高めるため，小屋裏換気口を設けることは有効である．

（国家公務員Ⅱ種試験）

【解答】　［ア］＝正（記述の通り，**全熱交換器**の設置は，室内排気からの熱回収に有効です），［イ］＝誤（**パッシブ手法**では，機械力を使用しません），［ウ］＝正（記述の通り，日射による建物窓面の受熱量を減らす工夫として，ルーバーや庇などの設置があります），［エ］＝正（記述の通り，夏季の冷房設備の効率を高めるため，小屋裏換気口を設けることは有効です）

【問題 5.16（建築設備）】　建築設備における用語とその略称を示す［ア］～［エ］の正誤を答えなさい．

［ア］生物化学的酸素要求量－BOD
［イ］地球温暖化係数－CEC
［ウ］地域冷暖房－COP
［エ］変風量方式－VAV

（国家公務員Ⅱ種試験）

【解答】　［ア］＝正（記述の通り，**生物化学的酸素要求量**の略称は **BOD** です），［イ］＝誤（**地球温暖化係数**は，Global Warming Potential の略語である **GWP** です），［ウ］＝誤（**COP** とは Coefficient of Performance の略語で，機器に入力されたエネルギーによってどれだけのエネルギーを出力できるかを数値で示した成績係数を表します．ちなみに，**地域冷暖房**の英訳は Zonal Air-conditioning です），［エ］＝正（記述の通り，**変風量方式**の略称は **VAV** です．ちなみに，VAV は Variable Air Volume の略語です）

第6章

建築関連法規

6.1　建築士法

●建築士法 [1]
[目的]
・この法律は，建築物の設計，工事監理等を行う技術者の資格を定めて，その業務の適正をはかり，もって建築物の質の向上に寄与させることを目的とする.

[定義]
・この法律で「**一級建築士**」とは，**国土交通大臣の免許**を受け，一級建築士の名称を用いて，建築物に関し，設計，工事監理その他の業務を行う者をいう.
・この法律で「**二級建築士**」とは，**都道府県知事の免許**を受け，二級建築士の名称を用いて，建築物に関し，設計，工事監理その他の業務を行う者をいう.
・この法律で「**木造建築士**」とは，**都道府県知事の免許**を受け，木造建築士の名称を用いて，木造の建築物に関し，設計，工事監理その他の業務を行う者をいう.
・この法律で「設計図書」とは，建築物の建築工事の実施のために必要な図面（現寸図その他これに類するものを除く）および仕様書を，「設計」とはその者の責任において設計図書を作成することをいう.
・この法律で「構造設計」とは，基礎伏図，構造計算書その他の建築物の構造に関する設計図書で，国土交通省令で定めるものの設計を，「設備設計」とは，建築設備の各階平面図および構造詳細図その他の建築設備に関する設計図書で，国土交通省令で定めるもの

---

1)　平成20年11月28日に施行された新建築士法では，**構造設計一級建築士制度**が創設され，一定規模以上の建築物の構造設計については，構造設計一級建築士が自ら設計を行うか，もしくは構造設計一級建築士に構造関係規定への適合性の確認を受けることが義務付けられました．この構造関係規定への適合性の確認がなされずに建築基準法に定める建築確認申請が行われた場合には，その建築確認申請書は受理されないこととなっています.
　　同様に，新建築士法では，**設備設計一級建築士制度**も創設され，一定規模（階数3以上かつ床面積の合計5,000m^{2}超）の建築物の設備設計については，設備設計一級建築士が自ら設計を行うか，もしくは設備設計一級建築士に設備関係規定への適合性の確認を受けることが義務付けられました．この設備関係規定への適合性の確認がなされずに建築基準法に定める建築確認申請が行われた場合には，その建築確認申請書は受理されないこととなっています.

の設計をいう.

・この法律で「工事監理」とは，その者の責任において，工事を設計図書と照合し，それが設計図書のとおりに実施されているかいないかを確認することをいう.

[建築士法に関する重要事項]

・一定の用途，構造または規模の建築物を新築する場合には，建築士法により建築士でなければ，設計または工事監理をすることができません.

・**一級建築士は国土交通大臣，二級建築士は都道府県知事が試験を実施し，**それぞれ免許を交付します（一級建築士は国土交通大臣の免許を受けて業務を行う者．二級建築士は都道府県知事の免許を受けて業務を行う者）．一級建築士はすべての建築物の設計・工事監理ができるが，二級建築士は木造建築では延べ面積が $1,000\text{m}^2$ 以下か階数が 1 のもの，非木造建築では延べ面積，高さ，軒高が一定以下の小規模建築などに限定されています．ちなみに，木造建築士は，階数が 2 以下で延べ面積が 300m^2 以下のものの設計・工事監理に限られています.

・建築士が設計・工事監理などの業務を，報酬を得て業として行う場合は，都道府県知事から**建築士事務所の登録**を受けなければなりません.

・建築士は，工事監理を終了したときは，直ちに，その結果を文書で建築主に報告しなければなりません.

6.2　建築基準法施行令

●建築基準法
［目的］

　この法律は，建築物の敷地，構造，設備および用途に関する**最低の基準**を定めて，国民の生命，健康および財産の保護を図り，もって公共の福祉の増進に資することを目的とする．

［用語の定義］
●建築物

　土地に定着する工作物のうち，屋根および柱もしくは壁を有するもの（これに類する構造のものを含む），これに附属する門もしくは塀，観覧のための工作物また地下もしくは高架の工作物内に設ける事務所，店舗，興行場，倉庫その他これらに類する施設（鉄道および軌道の線路敷地内の運転保安に関する施設ならびに跨線橋，**プラットホームの上家，貯蔵槽その他これらに類する施設を除く）**をいい，**建築設備を含む**ものとします．

●特殊建築物 [2]

　学校（専修学校および各種学校を含む．以下，同様とする），体育館，病院，劇場，観覧場，集会場，展示場，百貨店，市場，ダンスホール，遊技場，公衆浴場，旅館，共同住宅，寄宿舎，下宿，工場，倉庫，自動車車庫，危険物の貯蔵場，と畜場，火葬場，汚物処理場その他これらに類する用途に供する建築物をいいます．

●建築設備

　建築物に設ける電気，ガス，給水，排水，換気，暖房，冷房，消火，排煙もしくは汚物処理の設備または煙突，昇降機もしくは避雷針をいいます．

●居室

　建築基準法上，居住，執務，作業，集会，娯楽その他これらに類する目的のために継続的に使用する室で，**採光・通風などに関して一定の基準**が定められています．住宅の中ではリビング・ダイニング・和室・個室などは居室ですが，トイレ・洗面室・浴室・廊下・玄関・納戸などは居室とはみなされません．

●構造耐力上主要な部分

　建築物の自重，積載荷重，積雪荷重，風圧，土圧，水圧，地震などの震動・衝撃に対して

---

2)　ちなみに，戸建住宅，事務所などは特殊建築物に含まれません．

建物を支える部分．基礎，基礎ぐい，壁，柱，小屋組，土台，斜材（筋かい，方づえ，火打材など），床版，屋根版，横架材がこれに相当しますが，**階段は含まれません**．

●主要構造部

火災時の倒壊防止や延焼防止などを視野に入れたもので，壁，柱，床，梁，屋根または階段をいい，建築物の構造上重要でない間仕切壁，間柱，附け柱，揚げ床，最下階の床，廻り舞台の床，小ばり，庇，局部的な小階段，屋外階段その他これらに類する建築物の部分を除くもの．**主要構造部には，建物の基礎は含まれません**．

●建築

建築物を新築し，増築し，改築し，または移転することをいいます．

●大規模の修繕

建築物の主要構造部の一種以上について行う過半の修繕をいいます．

●大規模の模様替

建築物の主要構造部の一種以上について行う過半の模様替をいいます．

●当該工事の施工の停止

建築基準法に基づき，特定行政庁は，建築基準法令の規定に違反した建築物については，当該建築物の建築主に対して，当該工事の施工の停止を命ずることができます．

●適用の除外

国指定の重要文化財や国宝の建築物は，文化財保護法の規定により**建築基準法の適用が除外**されています．

●仮設建築物に対する制限の緩和

非常災害があった場合，準防火地域である非常災害区域等内において，地方公共団体が災害救助のために建築する応急仮設建築物は，災害が発生した日から1月以内にその工事に着手するものについて，建築基準法令の規定を適用しません．

●管理者の責任範囲

建築基準法第8条では，建築物の所有者・管理者は，規模の大小にかかわらず，自らの責任において，建築物の敷地，構造，防火，避難，衛生，および建築設備（換気，排煙，非常用照明，昇降機等）について常時適法な状態にし，状況に応じた補修，改修をして安全で良好な状態の維持に努めなければならないと規定されています．

●非常用の昇降機

高さ31mを超える建築物には，非常用の昇降機を設置する必要があります．

●特別避難階段

火災時の避難に構造を規定している階段であり，階段室と一般の部屋の間に附室を設けます．附室には排煙設備を設けることなども規定されており，15階以上の階と地下3階以下の階には特別避難階段の設置が義務付けられています．

●屋外への出口

劇場，映画館，演芸場，観覧場，公会堂または集会所における客席からの出口の戸は，**内開きとしてはなりません**．

●屋外への出口等の施錠装置の構造

屋外への出口等の施錠装置は，屋内から鍵を用いることなく開錠できるものとし，かつ，当該戸の近くの見やすい場所に開錠方法を表示しなければなりません．また，**内開きとしてはならない**と規定されています．

●建築協定

建築協定とは，日本の建築基準法第69条などに基づくもので，建築における最低基準を定める建築基準法では満たすことのできない地域の要求に対応するものです．建築基準法で定められた基準に上乗せすることができますが，**建築協定に関する市町村の条例が定められていなければ，建築協定を締結することができません**．

●建築物の単体規定と集団規定

（1） 単体規定

単体規定とは，建築基準法を構成する3要素（法令運用上の総括的規定，単体規定，集団規定）のうちの1つであり，**個々の建築物が備えていなければならない安全確保のための技術的基準を定めたもの**です．ちなみに，単体規定は，以下の7つの項目から成り立っています．①建築物の敷地の衛生と安全性，②構造耐力上の安全性，③建築物の用途・規模による使用上の安全性，④防火性や耐火性，⑤耐久性や対候性，⑥建築材料に対する規制，⑦特殊建築物に対する避難や消火に関する技術的基準．

（2） 集団規定

集団規定とは，建築基準法を構成する3要素（法令運用上の総括的規定，単体規定，集団規定）のうちの1つであり，建築物が都市において，相互の環境や機能を一定限度内において損なわないこと，また，集団としての建築物が都市の一部として，その発展や秩序のため

に一定の役割を果たすことを目的とした建築規制です.

●建築確認申請

　建築確認申請とは,「建物を建築する場合に, その計画が建築基準法等に適合するものかどうか, 建築主事の確認を受けるための申請をすること」です.

　建物の新築, 10m² を超える増改築・移転, 大規模な修繕・模様替え, 100m² を超える用途変更の場合は, 建築主はあらかじめ, その計画が建物の敷地, 構造, 設備, 用途などの法律に違反していないかチェックを受けるために申請し, その確認を受けなければなりません. 申請書を提出するのは, 都道府県または市区町村の建築主事のほか, 民間機関である指定確認検査機関です. なお, 一般に, **都市計画区域または準都市計画区域の内外によって建築確認申請の必要な建築物は異なります**.

●総合設計制度

　特定行政庁が, 計画における**公開空地の確保**などにより, 市街地の環境改善に対する度合いを総合的に評価して, **容積率や高さの制限を許可により緩和する制度**で, **都市計画で定められた制限に対して, 建築基準法で特例的に緩和を認める制度の 1 つ**です.

●用途に関する制限

　市町村は, 建築基準法に基づいて, **地区計画で定められた建築物の用途に関する事項を, 条例で, 用途に関する制限として定めることができます**.

●用途変更

　建築基準法の規定により, 既存の事務所を共同住宅へと**用途変更のみ行う場合であっても, 建築確認申請が必要な場合があります**.

●建ぺい率と容積率

　建ぺい率とは, 敷地面積に対する建築面積の割合のことをいいます. また, **容積率とは, 敷地面積に対する建物の延べ床面積の割合**をいいます. なお, ここで, 建築面積とはその建物の水平投影面積（上から見た見附面積）で, 延べ床面積とは各階の床面積の合計です.

●居室の採光

　住宅の居室には, 建築基準法で定める一定の割合の「**採光に有効な開口部（窓等）**」を設けなければいけません. ちなみに, 採光が必要な「住宅の居室」とは, 家の中で常時生活する部屋を指し, トイレ・浴室や洗面所・納戸などの収納室・専用のキッチンなどは除きます.

●採光補正係数

採光補正係数は，建築基準法が定める，窓など（開口部）の「有効採光面積（採光に有効な部分の面積）」の計算に用いられる数値のことです．なお，開口部が道路に面する場合や隣地境界線までの距離が一定以上の場合，採光補正係数を1にする緩和措置があります．

●日影規制

日影規制の対象区域および日影時間は，地方公共団体の条例で定めることになっています．

【問題 6.1（都市計画）】 わが国の都市計画に関する次の記述において［ア］，［イ］，［ウ］にあてはまる語句を答えなさい．

・各建築物の敷地についてある程度の空地を確保し，火災の延焼の防止や開放性などを確保するために制限する建ぺい率は，次の式で算出される．

$$建ぺい率 = \boxed{［ア］}\,面積 \div 敷地面積 \times 100\,〔\%〕$$

・道路などの都市施設と調和するように，適切な建築密度，すなわち一定空間内での建築容量を制限する容積率は，次の式で算出される．

$$容積率 = \boxed{［イ］}\,面積 \div \boxed{［ウ］}\,面積 \times 100\,〔\%〕$$

（国家公務員Ⅱ種試験）

【解答】 ［ア］＝建築，［イ］＝延べ床，［ウ］＝敷地

【問題 6.2（建築士法および建築基準法）】 わが国の建築士法および建築基準法の規定に関する記述［ア］～［エ］の正誤を答えなさい．

［ア］建築士は，工事監理を終了したときは，直ちに，その結果を文書で建築主に報告しなければならない．

［イ］防火地域内においては，建築物はすべて耐火建築物としなければならない．

［ウ］都市計画区域および準都市計画区域内の建築物の敷地は，原則として道路に4m以上接しなければならない．

［エ］敷地が異なる用途地域の内外にわたる場合，建築物の用途については，その敷地の過半の属する用途地域の規定がその敷地の全部について適用される．

（国家公務員Ⅱ種試験）

【解答】　［ア］＝正（記述の通り，建築士は，工事監理を終了したときは，直ちに，その結果を文書で建築主に報告しなければなりません），［イ］＝誤（**防火地域**とは，市街地の火災の危険を低減するために定められる地域のことです．防火地域に指定されると，建築物の構造に対する制限が一般の地域に比べて厳しくなり，小規模な建物以外は鉄筋コンクリート造などの耐火建築物にすることが義務づけられます．ただし，「すべて耐火建築物にする」という記述は誤りです），［ウ］＝誤（**接道義務は 2m 以上**です），［エ］＝正（記述の通り，敷地が異なる用途地域の内外にわたる場合，建築物の用途については，その敷地の過半の属する用途地域の規定がその敷地の全部について適用されます）

【問題 6.3（建築基準法および建築士法）】　わが国の建築基準法および建築士法の規定に関する記述 ［ア］〜［エ］の正誤を答えなさい．

［ア］一定規模以上の学校や劇場などの特殊建築物の所有者または管理者は，定期調査の結果を特定行政庁に報告しなければならない．

［イ］管理建築士は，他の建築士事務所の管理建築士を兼ねることはできない．

［ウ］国の機関の庁舎を建築しようとする場合においては，当該機関の長またはその委任を受けた者は，当該工事に着手する前に，その計画を市町村長に通知しなければならない．

［エ］日影規制の対象区域および日影時間は，地方公共団体の条例で定める．

（国家公務員 II 種試験）

【解答】　［ア］＝正（記述の通り，一定規模以上の学校や劇場などの特殊建築物の所有者または管理者は，定期調査の結果を特定行政庁に報告しなければなりません），［イ］＝正（記述の通り，管理建築士は，他の建築士事務所の管理建築士を兼ねることはできません），［ウ］＝誤（この場合は，市町村長に通知する必要はありません），［エ］＝正（記述の通り，**日影規制**の対象区域および日影時間は，地方公共団体の条例で定めることになっています）

【問題 6.4（建築法規）】 わが国の建築法規に関する記述［ア］〜［エ］の正誤を答えなさい．

［ア］一定規模以上の建築物を建築しようとする場合，一般に，その計画が建築基準法令の規定のほか，建築基準法施行令に掲げる消防法等の規定で建築物の敷地，構造または建築設備に係るものに適合するものであることについて，確認済証の交付を受けなければならない．

［イ］確認済証の交付にあたっての審査において，建築主事による必要な事項についての質問に対して，当該建築物の設計者である建築士が虚偽の答弁をしても，当該建築士は罰則の対象とはならない．

［ウ］建築基準法の規定は，文化財保護法の規定によって重要文化財として指定された建築物については適用しない．

［エ］全ての市町村および都道府県は，その長の指揮監督の下に，建築確認（建築基準法第6条第1項の規定による確認）に関する事務をつかさどらせるために，建築主事を置かなければならない．

（国家公務員一般職種試験）

【解答】　［ア］＝正（記述の通り，一定規模以上の建築物を建築しようとする場合，一般に，その計画が建築基準法令の規定のほか，建築基準法施行令に掲げる消防法等の規定で建築物の敷地，構造または建築設備に係るものに適合するものであることについて，確認済証の交付を受けなければなりません），［イ］＝誤（確認済証の交付にあたっての審査において，建築主事による必要な事項についての質問に対して，当該建築物の設計者である建築士が虚偽の答弁をした場合，当該建築士は罰則の適用の対象となります），［ウ］＝正（建築基準法第3条（適用の例外）に記載されている通り，建築基準法の規定は，文化財保護法の規定によって重要文化財として指定された建築物については適用されません），［エ］＝誤（**建築主事**とは，確認申請や完了検査の審査を行う公的な役職です．政令指定都市では建築主事を置かねばなりませんが，その他の市町村は建築主事を置くか置かないかは任意です．建築主事を置かない市町村をフォローするために，都道府県には建築主事を置かなければならないと考えても差し支えありません）

【問題 6.5（建築計画）】　わが国の都市計画に関する記述［ア］〜［エ］の正誤を答えなさい.

［ア］都市計画区域について無秩序な市街化を防止し，計画的な市街化を図るため必要があるときは，都市計画に市街化区域と市街化調整区域との区分を定めることができる.

［イ］市町村は，都市計画区域について，おおむね 10 年ごとに，都市計画に関する基礎調査として，人口規模，産業分類別の就業人口の規模，市街地の面積，土地利用，交通量などに関する現況および将来の見通しについての調査を行うものとされている.

［ウ］市町村は，建築基準法に基づいて，地区計画で定められた建築物の用途に関する事項を，条例で，用途に関する制限として定めることができる.

［エ］縦覧に供された都市計画の案について，関係市町村の住民および利害関係人は意見書を提出することができる.

(国家公務員Ⅱ種試験)

【解答】　［ア］＝正（記述の通り，都市計画区域について無秩序な市街化を防止し，計画的な市街化を図るため必要があるときは，都市計画に**市街化区域**と**市街化調整区域**との区分を定めることができます），［イ］＝誤（"おおむね 10 年"ではなく，"**おおむね 5 年**"が正しい），［ウ］＝正（記述の通り，市町村は，建築基準法に基づいて，地区計画で定められた建築物の用途に関する事項を，条例で，用途に関する制限として定めることができます），［エ］＝正（記述の通り，**縦覧**に供された都市計画の案について，関係市町村の住民および利害関係人は意見書を提出することができます）

【問題 6.6（建築関連法令）】　わが国の建築関連法令に関する記述［ア］〜［エ］の正誤を答えなさい.

［ア］建築士法の規定により，一級建築士，二級建築士または木造建築士でなければ，建築物の設計および工事監理を行うことはできない.

［イ］建築士法の規定により，建築士は報酬を得て，設計，工事監理などを行うことを業としようとするときは，建築士事務所を定めて，登録を受けなければならない.

［ウ］建築基準法の規定により，既存の事務所を共同住宅へと用途変更のみ行う場合であっても，建築確認申請が必要な場合がある.

［エ］建築基準法の規定により，百貨店，図書館，博物館には必ず換気設備を設けなければならない.

(国家公務員Ⅱ種試験)

【解答】 ［ア］＝誤（一定の用途，構造または規模の建築物を新築する場合には，建築士法により建築士でなければ，設計または工事監理をすることができません．ただし，延べ面積が $50m^2$ を超えないものは，この限りではありません），［イ］＝正（記述の通り，建築士法の規定により，建築士は報酬を得て，設計，工事監理などを行うことを業としようとするときは，建築士事務所を定めて，登録を受けなければなりません），［ウ］＝正（記述の通り，建築基準法の規定により，既存の事務所を共同住宅へと用途変更のみ行う場合であっても，建築確認申請が必要な場合があります），［エ］＝誤（劇場，映画館，演芸場，観覧場，公会堂，集会場等，多くの人が利用する居室には，換気設備を設けなければなりません．一方，百貨店，図書館，博物館，病院は，必ず換気設備を設けるべき建築物には該当しません）

【問題 6.7（建築関連法規）】 建築関連法規に関する［ア］～［エ］の正誤を答えなさい．

［ア］建築基準法は，建築物の敷地，構造，設備および用途に関する標準の基準を定めている．

［イ］建築基準法上，「建築設備」は「建築物」に含まれない．

［ウ］建築基準法に基づき，特定行政庁は，建築基準法令の規定に違反した建築物については，当該建築物の建築主に対して，当該工事の施工の停止を命ずることができる．

［エ］建築士法は，建築物の設計，工事監理等を行う技術者の資格を定めて，その業務の適正をはかるものである．

(国家公務員Ⅱ種試験)

【解答】 ［ア］＝誤（「標準の基準」ではなく，「最低の基準」です），［イ］＝誤（**「建築設備」は「建築物」に含まれます**），［ウ］＝正（記述の通り，建築基準法に基づき，特定行政庁は，建築基準法令の規定に違反した建築物については，当該建築物の建築主に対して，当該工事の施工の停止を命ずることができます），［エ］＝正（記述の通り，建築士法は，建築物の設計，工事監理等を行う技術者の資格を定めて，その業務の適正をはかるものです）

【問題 6.8（避難施設規定）】　わが国の建築基準法および同法施行令に定められた，建築物の避難施設規定に関する記述［ア］〜［エ］の正誤を答えなさい．

［ア］建築物の避難施設に関しては，①居室からの出口，②居室から階段までの距離，③避難階段，④屋外への出口などについての規定がある．

［イ］屋外に設ける避難階段に屋内から通ずる出口は，施錠してはならない．

［ウ］劇場，映画館，演芸場，観覧場，公会堂または集会所における客席からの出口の戸は，内開きとしてはならない．

［エ］特別避難階段は，屋外階段としなければならない．

（国家公務員 I 種試験）

【解答】　［ア］＝正（記述の通り，建築物の避難施設に関しては，①居室からの出口，②居室から階段までの距離，③避難階段，④屋外への出口などについての規定があります），［イ］＝誤（屋外への出口等の施錠装置は，屋内から鍵を用いることなく開錠できるものとし，かつ，当該戸の近くの見やすい場所に開錠方法を表示しなければなりません），［ウ］＝正（記述の通り，劇場，映画館，演芸場，観覧場，公会堂または集会所における客席からの出口の戸は，内開きとしてはいけません），［エ］＝誤（**特別避難階段**は，火災時の避難に構造を規定している階段であり，階段室と一般の部屋の間に付室を設けます．それゆえ，屋外階段を特別避難階段にすることはできません）

【問題 6.9（建築基準法の用語）】　建築基準法の用語に関する記述［ア］〜［エ］の正誤を答えなさい．

［ア］「建築」とは，建築物の新築・増築・改築・移転または大規模の修繕を行うことをいい，大規模の模様替は含まない．

［イ］「主要構造部」とは，壁・柱・床・梁・屋根・階段をいうが，最下階の床は除かれる．

［ウ］「居室」とは，居住・執務・作業・集会・娯楽などの目的のために継続的に使用する室をいい，守衛室・休憩室は含まない．

［エ］プラットホームの上家や貯蔵槽などの施設は「建築物」に含まない．

（国家公務員 I 種試験）

【解答】　［ア］＝誤（建築基準法では，**「建築」**を“建築物を新築し，増築し，改築し，または移転すること”としています．大規模の修繕を行うことは含まれません），［イ］＝正（記述の通り，**「主要構造部」**とは，壁・柱・床・梁・屋根・階段をいいますが，最下階の床は除かれ

ます），［ウ］＝誤（守衛室・休憩室は，“その他これらに類する目的のために継続的に使用する室”とみなされますので，**「居室」**です），［エ］＝正（記述の通り，プラットホームの上家や貯蔵槽などの施設は「建築物」に含まれません）

【問題 6.10（建築基準法）】 建築基準法に関する記述［ア］〜［エ］の正誤を答えなさい.

［ア］住宅に附属する門や塀は，「建築物」ではない.
［イ］建築基準法は，建築物の敷地，構造，設備および用途に関する最低の基準を定めている.
［ウ］「主要構造部」は，壁，柱，床，はり，屋根または階段をいい，基礎は含まない.
［エ］居室の採光に関する規定は，都市計画区域外では適用されない.

（国家公務員一般職試験）

【解答】 ［ア］＝誤（**住宅に附属する門や塀も建築物です**），［イ］＝正（記述の通り，建築基準法は，建築物の敷地，構造，設備および用途に関する**最低の基準**を定めています），［ウ］＝正（記述の通り，**主要構造部には建物の基礎は含まれません**），［エ］＝誤（都市計画区域外であっても，建築基準法の規定は適用されます）

【問題 6.11（建築基準法）】 建築基準法に関する記述［ア］〜［エ］の正誤を答えなさい.

［ア］病院は「特殊建築物」である.
［イ］執務のために継続的に使用する室は「居室」である.
［ウ］一般に，都市計画区域または準都市計画区域の内外によって建築確認申請の必要な建築物は異なる.
［エ］建築物の用途のみを変更する場合には，建築確認申請は必要ない.

（国家公務員Ⅱ種試験）

【解答】 ［ア］＝正（記述の通り，病院は「特殊建築物」です），［イ］＝正（記述の通り，執務のために継続的に使用する室は「居室」です），［ウ］＝正（記述の通り，一般に，都市計画区域または準都市計画区域の内外によって建築確認申請の必要な建築物は異なります），［エ］＝誤（特殊建築物で100m^2を超える**用途変更**の場合は，建築確認申請が必要です）

【問題 6.12（建築基準法）】　建築基準法に関する記述［ア］〜［エ］の正誤を答えなさい．

［ア］建築基準法の規定は，文化財保護法の規定によって重要文化財として指定された建築物については，適用しない．

［イ］建築物の所有者，管理者または占有者は，その建築物の敷地，構造および建築設備を常時適法な状態に維持するように努めなければならない．

［ウ］国の庁舎を建築しようとする場合においては，当該国の機関の長またはその委任を受けた者は，当該工事に着手する前に，その計画を市町村長に通知しなければならない．

［エ］高さ 20m を超える建築物には，非常用の昇降機を設けなければならない．

(国家公務員Ⅱ種試験)

【解答】　［ア］＝正（記述の通り，建築基準法の規定は，文化財保護法の規定によって重要文化財として指定された建築物については，適用しません），［イ］＝正（記述の通り，建築物の所有者，管理者または占有者は，その建築物の敷地，構造および建築設備を常時適法な状態に維持するように努めなければなりません），［ウ］＝誤（市町村長に通知する必要はありません），［エ］＝誤（**非常用の昇降機を設置する必要があるのは，高さ 31m を超える建築物です**）

【問題 6.13（建築基準法令）】　建築基準法令に関する記述［ア］〜［エ］の正誤を答えなさい．

［ア］文化財保護法の規定によって国宝として指定された建築物は，建築基準法令の規定を全て適用しない．

［イ］非常災害があった場合において，非常災害区域等内，かつ，防火地域以外の地域においては，災害により破損した建築物の応急の修繕でその災害が発生した日から 1 月以内にその工事に着手するものについては，建築基準法令の規定を全て適用しない．

［ウ］工事を施工するために現場に設ける事務所は，建築基準法令の規定を全て適用しない．

［エ］国際的な規模の競技会の用に供することにより 1 年を超えて使用する特別の必要がある仮設興行場で，特定行政庁が，安全上，防火上および衛生上支障がなく，かつ，公益上やむを得ないと認める場合においては，建築基準法令の規定を全て適用しない．

(国家公務員総合職試験［大卒程度試験］)

【解答】　**建築基準法の適用除外の建築物**は，①文化財保護法等の規制により保護されている建築物，②既存不適格建築物，③建築基準法上の建築物の定義に該当しない建物など，「そういう理由ならしょうがないなという訳ありの建築物ばかり」です．［ア］＝正（**国指定の重**

要文化財や国宝の建築物は，文化財保護法の規定により建築基準法の適用が除外されています），［イ］＝正（**仮設建築物に対する制限の緩和**であり，この記述は正しい），［ウ］＝誤（現場に設ける事務所は，建築物の定義に該当します），［エ］＝誤（国際的な規模の競技会の用に供する以上，建築基準法令の規定が適用されます）

【問題 6.14（建築法規）】　わが国の建築法規に関する記述［ア］〜［エ］の正誤を答えなさい．

［ア］建築物の 5 階以上の階を百貨店の売場の用途に供する場合においては，避難の用に供することができる屋上広場を設けなければならない．

［イ］共同住宅の共用の廊下または階段の用に供する部分の床面積は，当該床面積が当該建築物の床面積の合計の 2 分の 1 を超える場合においては，2 分の 1 を限度として，建築物の容積率の算定の基礎となる延べ面積に算入しないことができる．

［ウ］集会場における客用の階段に，高さ 85cm の手すりが設けられた場合における階段の幅は，手すりの幅が 20cm を限度として，ないものとみなして算定する．

［エ］小学校の教室の窓その他の開口部で採光に有効な部分の面積の算定にあたっては，採光補正係数を用いる．

（国家公務員一般職種試験）

【解答】　［ア］＝正（記述の通り，建築物の 5 階以上の階を百貨店の売場の用途に供する場合においては，避難の用に供することができる屋上広場を設けなければなりません），［イ］＝誤（容積率の算定にあたっては，共同住宅の共用の廊下または階段の用に供する部分の床面積は，その建築物の延べ面積には算入しないことになっています），［ウ］＝誤（「手すりの幅が 20cm を限度として」ではなく，正しくは「手すりの幅が 10cm を限度として」です），［エ］＝正（記述の通り，小学校の教室の窓その他の開口部で採光に有効な部分の面積の算定にあたっては，**採光補正係数**を用いています）

【問題 6.15（建築基準法）】　建築基準法令の規定に関する記述［ア］〜［エ］の正誤を答えなさい．

［ア］「防火構造」は，壁，柱，床その他の建築物の部分の構造のうち，建築物の周囲において発生する通常の火災による延焼を抑制するために必要とされる性能を有するものであるが，屋内において発生する通常の火災による火熱を加えられた場合の防火性能も一定程度有することが求められる．

［イ］文化財保護法の規定によって重要文化財として指定され，または登録有形文化財として登録された建築物であったものの原形を再現する建築物で，特定行政庁が都市計画審議会の同意を得てその原形の再現がやむを得ないと認めたものについては，建築基準法令の規定を適用しないものと定められている．

［ウ］建築主事の確認を受けた建築物の計画の変更をする場合において，その変更内容が階数を減少するものであり，変更後も建築物の計画が建築基準関係規定に適合することが明らかであれば，当該計画の変更に係る建築確認の申請を行う必要はない．

［エ］建築基準法は，建築物の敷地，構造，設備および用途に関する最低の基準を定めて，国民の生命，健康および財産の保護を図り，公共の福祉の増進に資することを目的としており，建築物の所有者，管理者または占有者は，その建築物の敷地，構造および建築設備を常時適法な状態に維持するように努めなければならないと定めている．

（国家公務員総合職試験［大卒程度試験］）

【解答】　［ア］＝誤（**防火構造**とは，建築物の周囲において発生する通常の火災による延焼を抑制するために外壁または軒裏に必要とされる防火性能を有する鉄網モルタル塗，しっくい塗等の構造のことで，国土交通大臣が定めたものまたは国土交通大臣の認定を受けたものをいいます），［イ］＝誤（**国宝・重要文化財等については，自動的に建築基準法が適用除外**となります．一方，自治体が指定する文化財や地域において歴史的価値のある建築物に関しては，安全性の確保等について建築審査会の同意を得ることで，建築基準法の適用除外が可能となります），［ウ］＝正（記述の通り，建築主事の確認を受けた建築物の計画の変更をする場合において，その変更内容が階数を減少するものであり，変更後も建築物の計画が建築基準関係規定に適合することが明らかであれば，当該計画の変更に係る建築確認の申請を行う必要はありません），［エ］＝正（記述の通り，建築基準法は，建築物の敷地，構造，設備および用途に関する最低の基準を定めて，国民の生命，健康および財産の保護を図り，公共の福祉の増進に資することを目的としており，建築物の所有者，管理者または占有者は，その建築物の敷地，構造および建築設備を常時適法な状態に維持するように努めなければならないと定めています）

【問題 6.16（建築基準法）】 わが国の建築基準法の規定に関する記述［ア］～［エ］の正誤を答えなさい.

［ア］許容応力度等計算など一定の構造計算を行った建築物を建築する場合には，指定機関等による構造計算審査が必要である.

［イ］建築物の用途のみを変更する場合には，建築確認申請はしなくてもよい.

［ウ］建ぺい率とは，建築物の建築面積の敷地面積に対する割合のことをいう.

［エ］建築物の容積率の制限は，原則として都市計画区域内および準都市計画区域内において適用される.

(国家公務員Ⅱ種試験)

【解答】 ［ア］＝正（当然，指定機関等による構造計算審査が必要です），［イ］＝誤（確認申請等の手続きを必要とする**用途変更**があります），［ウ］＝正（記述の通り，**建ぺい率**とは敷地面積に対する建築面積の割合のことをいいます），［エ］＝正（記述の通り，**建築物の容積率の制限**は，原則として都市計画区域内および準都市計画区域内において適用されます）

【問題 6.17（建築基準法）】 わが国における建築基準法の規定に関する記述［ア］～［エ］の正誤を答えなさい.

［ア］第二種住居地域内では，原則として，映画館を建築してはならない.

［イ］劇場の用途に供する避難階以外の階に客席がある場合，その階から避難階または地上に通ずる1以上の直通階段を設けなければならない.

［ウ］建築協定に関する市町村の条例が定められていなければ，建築協定を締結することができない.

［エ］都市計画区域外では，居室の採光に関する規定が適用されない.

(国家公務員Ⅱ種試験)

【解答】 ［ア］＝正（**第二種住居地域**は主に住居の環境を保護するための地域で，記述の通り，原則として，映画館を建築してはいけません），［イ］＝誤（"1以上"ではなく"2以上"です），［ウ］＝正（記述の通り，建築協定に関する市町村の条例が定められていなければ，建築協定を締結することができません），［エ］＝誤（**居室の採光**は建築基準法で定められており，都市計画の対象とならない区域であっても，居室の採光に関する規定は適用されます）

6.3　都市計画法

●都市計画法

　良好な環境を保ちながら都市を発展させていく計画が**都市計画**であり，都市計画を行う自治体に対し，土地利用や新たな建築物の造営に関してそれを規制する権限を法的に示した法律が**都市計画法**です．**都市計画法は都市計画区域内を対象に行使されます**．

　ちなみに，都市計画の目的と理念は，それぞれ以下の通りです．

[都市計画の目的]

「都市計画の内容およびその決定手続，都市計画制限，都市計画事業その他都市計画に関し必要な事項を定めることにより，都市の健全な発展と秩序ある整備を図り，もって国土の均衡ある発展と公共の福祉の増進に寄与することを目的とする」

[都市計画の理念]

「都市計画は，**農林漁業との健全な調和**を図りつつ，健康で文化的な都市生活および機能的な都市活動を確保すべきことならびにこのためには**適正な制限**のもとに**土地の合理的な利用**が図られるべきことを基本理念として定めるものとする」

●都市計画区域 [3]

　一体の都市として総合的に整備し，開発し，保全する必要のある区域（都市計画の対象となる区域）のこと．都市計画区域は，大きく 3 つの区域（**市街化区域，市街化調整区域，非線引き区域**）に分けられます．

（1）　市街化区域

　都市計画区域のうちの 1 つで，おおむね 10 年以内に優先的かつ計画的に市街化を図るべき区域．大きく分けて，住居系，商業系，工業系の 3 つの用途地域 [4] からなり，土地利用について細かく決められています．

（2）　市街化調整区域

　都市計画区域のうちの 1 つで，市街化を抑制すべき区域．山林地帯や農地などが中心で，

---

3)　**準都市計画区域**は，積極的な整備または開発を行う必要はないものの，そのまま土地利用を整序し，または環境を保全するための措置を講ずることなく放置すれば，将来における一体の都市として総合的に整備，開発および保全に支障が生じるおそれがある区域について指定します．指定権者は「都道府県」で，準都市計画区域を指定しようとするときは，あらかじめ，関係市町村および都道府県都市計画審議会の意見を聴かなければなりません．また，市町村が準都市計画区域について都市計画を決定する際に，都道府県知事との協議とその同意が必要です．

人口および産業の都市への急激な集中による無秩序・無計画な発展を防止しようとする役割を持っています.

（3） 非線引き区域
都市計画地域の中で，市街化区域にも市街化調整区域にも属さない無指定区域のこと.

●都市計画区域外
建築基準法の集団規定といって，建築物の敷地に対する隣地や道路との関係（高さ，建ぺい率，容積率など），**都市計画（用途地域など）が適用されない地域**（都市計画区域・準都市計画区域以外の区域）のことで，建設や土地利用に関する規制は都道府県や市町村の条例等によって定められます.なお，建築基準法の集団規定は適用されませんが，当然ながら耐震性などをはじめとする**建築基準法の規定は適用されます**.

●都市計画の手続き
都市計画決定の大まかな流れを以下に示します.
①都市計画案の作成
②公聴会等によって住民の意見を反映

---

4) **用途地域**は全部で13地域（第一種低層住居専用地域，第二種低層住居専用地域，第一種中高層住居専用地域，第二種中高層住居専用地域，第一種住居地域，第二種住居地域，準住居地域，田園住居地域，近隣商業地域，商業地域，準工業地域，工業地域，工業専用地域）あります.このうち，**住居を建てられないのは工業専用地域のみ**です.

第一種低層住居専用地域：低層住宅にかかわる良好な住居の環境を保護するための地域
第二種低層住居専用地域：主に低層住宅の良好な住環境を守るための地域
第一種中高層住居専用地域：中高層住宅の良好な環境を保護するための地域（学校・病院は建築できるが，大規模な店舗は建築できない）
第二種中高層住居専用地域：主として中高層住宅の良好な環境を保護するための地域（第一種よりも多様な建物が並び利便性が高まった地域）
第一種住居地域：住居の環境を保護するための地域
第二種住居地域：主に住居の環境を保護するための地域
田園住居地域：農業の利便の増進を図りつつ，これと調和した低層住宅に係る良好な住居の環境を保護するため定める地域
準工業地域：主に，軽工業の工場等，環境悪化のおそれのない工場の利便を図る地域.住宅や商店も建てることができます.ただし，危険性・環境悪化のおそれが大きい花火工場や石油コンビナートなどは建設できません.
工業地域：どんな工場でも建てられる地域.住宅・店舗も建てられますが，学校・病院・ホテル等は建てられません.
工業専用地域：工場のための地域（**工業の利便を増進するため定める地域**）で，どんな工場でも建てられますが，住宅・店舗・学校・病院・ホテルなどは建てられません.
なお，用途地域内で，特別の用途に対して用途制限の規制・緩和を行うように定めた地域を**特別用途地区**といい，たとえば，「文教地区」や「歴史的環境保全地区」などのように，地方公共団体が種類を自由に定められるようになりました.

③都市計画案の公告・縦覧

④住民による意見の提出

⑤都市計画審議会による審議

⑥都道府県知事の同意

⑦告示縦覧

なお，都道府県が都市計画を決定する際には，**都道府県都市計画審議会の議**を経なくてはなりません．また，縦覧に供された都市計画の案について，**関係市町村の住民および利害関係人は意見書を提出することができます**．

●都市計画の案の 縦 覧

都市計画法第 17 条第 1 項にもとづいて，**都道府県または市町村は，都市計画の案を縦覧しなければなりません**．ちなみに，縦覧とは「誰にでも見られるようにすること」です．

［第 17 条（第 1 項）］

都道府県または市町村が，都市計画を決定しようとするときは，あらかじめ，国土交通省令で定めるところにより，その旨を公告し，当該都市計画の案を，当該都市計画を決定しようとする理由を記載した書面を添えて，当該公告の日から 2 週間公衆の縦覧に供しなければならない．

●地区計画[5]

地区計画は，建築物の建築形態，公共施設その他の施設の配置等からみて，一体としてそれぞれの区域の特性にふさわしい態様を備えた良好な環境の各街区を整備し，開発し，および保全するためのものです．**地区計画では，まず，住民の要望や提案で住民と市町村などの行政が街を調査し，課題を整理したまちづくり計画を作成します**．次に，まちづくり計画に対する土地所有者などの意見を求めて地区計画原案を作成し，地区計画の方針や地区整備計画を一般公開します．その後，都市計画審議会で審議などを行い，決定されます．

●街並み誘導型地区計画

街並み誘導型地区計画とは，地区の特性に応じた建築物の高さ，配列および形態を地区計画として一体的に定め，必要な規制および建築物の形態についての規制の緩和を行うことによって，良好な街並みを形成するための制度です．

●高度地区

高度地区とは，用途地域を補うために設けられた補助的地域地区の 1 つであり，用途地域

5）　良好な市街地の環境を形成・保全するためには，用途地域や建築基準法で定められているルールだけでは対応できない場合があります．すなわち，地区計画は，地区の特性に応じたきめの細かい「まちづくりルール」を定め，計画的により良いまちへと誘導していく制度です．

内において市街地の環境を維持し，または土地利用の増進を図るため，都市計画法によって**建築物の高さの最高限度または最低限度が定められている地区**のことです．**高度地区で制限されるのは建築物の「高さ」のみ**であり，その他の制限は別の地域地区の指定によります．

●高度利用地区

高度利用地区とは，都市計画法第 8 条に規定されている「地域地区」の 1 つで，**用途地域内の市街地における土地の合理的かつ健全な高度利用と都市機能の更新を図るための地区**です．具体的には以下に示す 4 つの項目において制限を定めることで，敷地の統合を促進し，建築物の大規模化，共同化を図り，さらに建築物の周囲にオープンスペースを確保して市街地環境の向上を図ることができることとなっています．

①容積率の最高限度と最低限度の指定

土地の合理的かつ健全な高度利用を図ります．

②建ぺい率の最高限度の指定

建築物の周辺にオープンスペースを確保します．

③建築面積の最低限度の指定

土地利用の細分化を防ぎます．

④壁面の位置の制限の指定

必要な場合は道路に面して有効な空間を確保し，市街地の環境の向上を図ります．

●風致地区

風致地区とは，都市計画法において，**都市内外の自然美を維持保存するために創設された地区**のことで，指定された地区においては，**建設物の建築や樹木の伐採などに制限**が加えられるため，土地の有効活用を図る地区住民との間での軋轢（あつれき）も少なくないといわれています．

●景観地区

都市計画法には以前から"美観地区"という規定がありましたが，法改正（平成 17 年 6 月 1 日施行）によってこの"美観地区"が廃止され，その代わりに新設されたのが"景観地区"です．従来の"美観地区"は，すでに形成されている市街地の美観を維持することが目的だったため，良好な景観をこれから創りだそうという地区には適用することができませんでしたが，それが"景観地区"によって可能となりました．

●特例容積率適用地区制度

特例容積率適用地区は，都市計画で指定される地域地区の 1 つであり，未利用となっている建築物の容積の活用を促進して土地の高度利用を図るために定められています．一般的には，容積率の移転は隣接する敷地の間でしか認められませんが，**特例容積率適用区域制度**では，その区域内であれば隣接していない建築敷地の間で移転が認められます．参考までに，

この制度を適用して，JR 東日本は，東京駅赤レンガ駅舎の残余容積率を周辺の複数のビルに
移転し，駅舎の復元保全のための資金調達を行いました．

●近隣商業地域

　近隣商業地域は，都市計画法による用途地域の 1 つで，近隣の住宅地の住民に対する日用
品の供給を行うことを主たる内容とする商業その他の業務の利便を増進するために定める地
域（**近隣の住民が日用品の買い物をする店舗等の，業務の利便の増進を図る地域**）をいい，
当該地域内においては，床面積の合計が 1 万 m^2 を超える劇場，店舗や飲食店を建築すること
ができます．

●開発行為

　開発行為とは，主として建築物の建築または特定工作物の建設の用に供する目的で土地の
区画形質の変更をもたらす行為のことをいいます．

●2 以上の都府県の区域にわたる都市計画区域

　2 以上の都府県の区域にわたる都市計画区域は，国土交通大臣が，あらかじめ，関係都府
県の意見を聴いて指定します．この場合において，関係都府県が意見を述べようとするとき
は，あらかじめ，関係市町村および都府県都市計画審議会の意見を聴かなければなりません．

●都市計画に関する基礎調査（都市計画法第 6 条）

　都道府県は，都市計画区域について，**おおむね 5 年**ごとに，都市計画に関する基礎調査と
して，国土交通省令で定めるところにより，人口規模，産業分類別の就業人口の規模，市街
地の面積，土地利用，交通量その他国土交通省令で定める事項に関する現況および将来の見
通しについての調査を行うものとします．この場合において，都道府県は，関係市町村に対
し，資料の提出その他必要な協力を求めることができます．

●立地適正化計画

　立地適正化計画は，市町村が都市全体の観点から作成する，居住機能や福祉・医療・商業
等の都市機能の立地，公共交通の充実等に関する包括的なマスタープランのことです．

●居住誘導区域

　居住誘導区域とは，人口減少の中にあっても，一定のエリアにおいて人口密度を維持する
ことにより，生活サービスやコミュニティが持続的に確保されるように居住を誘導すべき区
域のことをいいます．

●防火地域

防火地域は，準防火地域とともに，都市計画区域内に定められた地域の1つであり，防火地域では，地階を含む階数が3以上か，または延べ床面積が100m²を超える建物は耐火構造にしなければなりません（100m²以下の場合は，準耐火建築物にすることが義務づけられています）．

●耐火建築物 [6)]

耐火建築物とは，主要構造部が耐火構造（または耐火性能検証法により確かめたもの）で，かつ，外壁の開口部で延焼のおそれのある部分に防火設備を備えた建築物のことです．

●準耐火建築物 [7)]

準耐火建築物とは，主要構造部が準耐火構造（または政令で定める技術的基準に適合するもの）で，かつ，外壁の開口部で延焼のおそれのある部分に防火設備を備えた建築物のことです．

●接道義務

都市計画区域内で建築物を建築するとき，建築物の敷地が建築基準法上の道路に，**2m**以上接していなければなりません．

【問題 6.18（建築基準法）】 建築基準法令の用語に関する記述［ア］〜［エ］の正誤を答えなさい．

［ア］建築物を「耐火建築物」とするには，構造耐力上主要な部分を耐火構造とし，かつ，その外壁の開口部で延焼のおそれのある部分に防火戸を設けなければならない．

［イ］建築物に設ける昇降機は「建築設備」に該当するが，建築物に設ける汚物処理の設備は「建築設備」に該当しない．

［ウ］病院または百貨店の用途に供する建築物は，いずれもその規模にかかわらず，「特殊建築物」に該当する．

［エ］「避難階」とは，直接地上へ通ずる出入口のある階をいい，敷地に高低差がある場合は，建築物の「避難階」が複数となることがある．

(国家公務員総合職試験［大卒程度試験］)

---

6) 耐火構造とは，建築の主要部分が高熱に対して強く，鎮火，補修程度で再使用できるような構造をいいます．
7) 準耐火構造とは，耐火構造に準ずる耐火性能をもっている構造のことです．

【解答】 ［ア］＝誤（**耐火建築物**とは，**主要構造部が耐火構造**（または耐火性能検証法により確かめたもの）で，かつ，外壁の開口部で延焼のおそれのある部分に防火設備を備えた建築物のことです），［イ］＝誤（**建築設備**とは，建築物に設ける電気，ガス，給水，排水，換気，暖房，冷房，消火，排煙もしくは汚物処理の設備または煙突，昇降機もしくは避雷針をいいます），［ウ］＝正（**特殊建築物**とは，「学校（専修学校および各種学校を含む），体育館，病院，劇場，観覧場，集会場，展示場，百貨店，市場，ダンスホール，遊技場，公衆浴場，旅館，共同住宅，寄宿舎，下宿，工場，倉庫，自動車車庫，危険物の貯蔵場，と畜場，火葬場，汚物処理場その他これらに類する用途に供する建築物」をいい，戸建住宅や事務所などは特殊建築物に含まれません），［エ］＝正（記述の通り，**避難階**とは，直接地上へ通ずる出入口のある階をいい，敷地に高低差がある場合は，建築物の避難階が複数となることがあります）

【問題 6.19（建築法規）】 建築法規に関する記述［ア］～［エ］の正誤を答えなさい．

［ア］第一種低層住居専用地域において，建築物を建てる場合には，隣地に与える日照の影響が特に大きい南側部分の高さが制限される．

［イ］一定の建築物を建築する場合には，当該建築物の設計者は，工事が完了する前に建築主事または指定確認検査機関に確認の申請書を提出して，その計画が建築基準法などの規定に適合するものであることについての確認を受けなければならない．

［ウ］一級建築士のうち，技術上の高度な専門能力が必要とされる一定規模以上の建築物の構造設計と設備設計に関与すべき者として，構造設計一級建築士と設備設計一級建築士の資格がある．

［エ］ハンムラビ法典（紀元前18世紀）には，「もし，建築家が人のために家を建て，その工事が強固でなく，建てた家が倒壊し，家の主人を死に至らしめたときは，建築家は死刑に処せられる」という建築に関するルールが定められていた．

(国家公務員Ⅱ種試験)

【解答】 ［ア］＝誤（南側部分の高さが制限されている訳ではありません．**第一種低層住居専用地域**では，建築物の高さは 10m または 12m までという制限を受け，その値は地域の特性に応じて都市計画で定められています），［イ］＝誤（"工事が完了する前"ではなく，工事にとりかかる前に申請しなければなりません），［ウ］＝正（記述の通り，一級建築士のうち，技術上の高度な専門能力が必要とされる一定規模以上の建築物の構造設計と設備設計に関与すべき者として，**構造設計一級建築士**と**設備設計一級建築士**の資格があります），［エ］＝正（記述の通りで，ハンムラビ法典には建築に関するルールが定められていました）

【問題 6.20（土地利用の規制）】 土地利用の規制に関する記述［ア］〜［エ］の正誤を答えなさい.

［ア］市街化調整区域は，優先的に市街化を図るために都市計画で定めた区域をいう.

［イ］地区計画で定められた建築物の用途の制限の内容は，市町村が建築基準法にもとづく条例で制限として定めることができる.

［ウ］第一種住居地域は，低層住宅に係る良好な住居の環境を保護するために指定される地域である.

［エ］総合設計制度は，特定行政庁が計画における公開空地の確保など市街地の環境改善に対する度合いを総合的に評価して，容積率や高さの制限を許可により緩和する制度である.

（国家公務員Ⅱ種試験）

【解答】 ［ア］＝誤（**市街化調整区域**は，市街化を抑制すべき区域です），［イ］＝正（記述の通り，地区計画で定められた建築物の用途の制限の内容は，市町村が建築基準法にもとづく条例で制限として定めることができます），［ウ］＝誤（**第一種住居地域**は "住居の環境を保護するための地域" です．ちなみに，**第一種低層住居専用地域**が "低層住宅にかかわる良好な住居の環境を保護するための地域" です），［エ］＝正（記述の通り，**総合設計制度**は，特定行政庁が計画における公開空地の確保など市街地の環境改善に対する度合いを総合的に評価して，容積率や高さの制限を許可により緩和する制度です）

【問題 6.21（都市計画）】 都市計画に関する記述［ア］〜［エ］の正誤を答えなさい.

［ア］土地区画整理事業は，換地手法を用いて土地の区画形質を整え，道路，公園等の公共施設の整備を行う事業である.

［イ］高度地区は，用途地域内において市街地の環境を維持し，または土地利用の増進を図るため，建築物の容積率の最高限度または最低限度を定める地区である.

［ウ］人口のグロス密度とは，地区のうち住宅用地として利用されている宅地面積に対する人口の割合である.

［エ］パーソントリップ調査とは，人の1日の行動を起終点，交通目的，利用交通手段等において追跡調査するものである.

（国家公務員Ⅱ種試験）

【解答】 ［ア］＝正（記述の通り，**土地区画整理事業**は，換地手法を用いて土地の区画形質を整え，道路，公園等の公共施設の整備を行う事業です），［イ］＝誤（「容積率の最高限度また

は最低限度」ではなく，「高さの最高限度または最低限度」です），［ウ］＝誤（記述の説明は**ネット密度**です），［エ］＝正（記述の通り，**パーソントリップ調査**とは，人の 1 日の行動を起終点，交通目的，利用交通手段等において追跡調査するものです）

【問題 6.22（都市計画）】　わが国の都市計画に関する記述［ア］〜［エ］の正誤を答えなさい．

［ア］地区計画に関する都市計画は，都道府県が定める．

［イ］市街化調整区域とは，優先的かつ計画的に市街化を図るために都市計画で定めた区域をいう．

［ウ］開発行為とは，主として建築物の建築または工作物の建設の用に供する目的で行う土地の区画形質の変更をいう．

［エ］高度地区については，建築物の高さの最高限度または最低限度を定める．

（国家公務員 II 種試験）

【解答】　［ア］＝誤（**地区計画**では，まず，住民の要望や提案で住民と市町村などの行政が街を調査し，課題を整理したまちづくり計画を作成します．すなわち，"地区計画は，住民が自治体に提案できる建築ルール"といえるでしょう），［イ］＝誤（**市街化調整区域**とは，市街化を抑制すべき区域です），［ウ］＝正（記述の通り，**開発行為**とは，主として建築物の建築または工作物の建設の用に供する目的で行う土地の区画形質の変更をいいます），［エ］＝正（記述の通り，**高度地区**については，建築物の高さの最高限度または最低限度を定めます）

【問題 6.23（都市計画）】 わが国の都市計画に関する記述［ア］〜［エ］の正誤を答えなさい．

［ア］都市計画法は，都市の健全な発展と秩序ある整備を図り，もって国土の均衡ある発展と公共の福祉の増進に寄与することを目的としている．

［イ］都市計画法の規定において，第一種中高層住居専用地域は，主として中高層住宅に係る良好な住居の環境を保護するために定める地域とされている．

［ウ］都市計画法の規定により，開発許可を申請しようとする者は，許可を受けた後，速やかに，開発行為に関係がある公共施設の管理者と協議し，その同意を得なければならない．

［エ］集団規定とは，建築物が都市において，相互の環境や機能を一定限度内において損なわないこと，また，集団としての建築物が都市の一部として，その発展や秩序のために一定の役割を果たすことを目的とした建築規制である．

(国家公務員Ⅱ種試験)

【解答】 ［ア］＝正（記述の通り，都市計画法は，都市の健全な発展と秩序ある整備を図り，もって国土の均衡ある発展と公共の福祉の増進に寄与することを目的としています），［イ］＝誤（「主として中高層住宅に係る良好な住居の環境を保護するための地域」は，**第二種中高層住居専用地域**です．**第一種中高層住居専用地域**は，「中高層住宅に係る良好な住居の環境を保護するための地域」です），［ウ］＝誤（開発を行う場合は，工事に着手する前に"同意を得る"のではなく"許可"が必要です），［エ］＝正（記述の通り，**集団規定**とは，建築物が都市において，相互の環境や機能を一定限度内において損なわないこと，また，集団としての建築物が都市の一部として，その発展や秩序のために一定の役割を果たすことを目的とした建築規制です）

【問題 6.24（都市計画の手続き）】　都市計画の手続きに関する記述［ア］〜［エ］の正誤を答えなさい.

［ア］地区計画に関する都市計画は都道府県が定める.

［イ］都市計画を決定しようとするときに，必ずしも案を公衆の縦覧に供する必要はない.

［ウ］縦覧に供された都市計画の案について，関係市町村の住民および利害関係人は意見書を提出することができる.

［エ］都道府県が都市計画を決定する際には，都道府県都市計画審議会の議を経なくてはならない.

（国家公務員Ⅱ種試験）

【解答】　［ア］＝誤（**地区計画**では，まず，住民の要望や提案で住民と市町村などの行政が街を調査し，課題を整理したまちづくり計画を作成します），［イ］＝誤（都道府県または市町村は，**都市計画の案を縦覧**しなければなりません），［ウ］＝正（記述の通り，**縦覧**に供された都市計画の案について，関係市町村の住民および利害関係人は意見書を提出することができます），［エ］＝正（記述の通り，都道府県が都市計画を決定する際には，都道府県都市計画審議会の議を経なくてはなりません）

【問題 6.25（都市計画）】　わが国の都市計画に関する記述［ア］〜［エ］の正誤を答えなさい.

［ア］都市計画区域は，2以上の都府県の区域にわたる場合を除き，都道府県が定める.

［イ］都道府県または市町村が都市計画を決定しようとするときは，必ずしも案を公衆の縦覧に供する必要はない.

［ウ］都市計画区域または準都市計画区域のうち，一定規模以上の土地の区域について，土地所有者等は，都道府県または市町村に対し，都市計画の決定または変更を提案することができる.

［エ］都道府県が都市計画を決定する際には，都道府県都市計画審議会の議を経なくてはならない.

（国家公務員Ⅱ種試験）

【解答】　［ア］＝正（記述の通り，**都市計画区域**は，2以上の都府県の区域にわたる場合を除き，都道府県が定めることになっています），［イ］＝誤（都道府県または市町村が都市計画を決定しようとするときは，公衆に**縦覧**しなくてはなりません．なお，縦覧とは誰にでも見ら

れるようにすることです），［ウ］＝正（記述の通り，都市計画区域または準都市計画区域のうち，一定規模以上の土地の区域について，土地所有者等は，都道府県または市町村に対し，都市計画の決定または変更を提案することができます），［エ］＝正（記述の通り，都道府県が都市計画を決定する際には，**都道府県都市計画審議会の議**を経なくてはなりません）

【問題 6.26（都市計画法）】 都市計画法に関する記述［ア］～［エ］の正誤を答えなさい．

［ア］市街化区域および市街化調整区域に関する都市計画は，市町村が定めるものとされている．

［イ］開発行為とは，主として建築物の建築または特定工作物の建設の用に供する目的で行なう土地の区画形質の変更をいう．

［ウ］都市計画区域については，都市計画に，道路を定めることができる．

［エ］市街化調整区域とは，すでに市街地を形成している区域およびおおむね 10 年以内に優先的かつ計画的に市街化を図るべき区域である．

（国家公務員一般職試験）

【解答】 ［ア］＝誤（都市計画区域内にある市街化区域および市街化調整区域に関する都市計画を定めるのは，市町村ではなく，都道府県です），［イ］＝正（記述の通り，**開発行為**とは，主として建築物の建築または特定工作物の建設の用に供する目的で行なう土地の区画形質の変更をいいます），［ウ］＝正（記述の通り，都市計画区域については，都市計画に，道路を定めることができます），［エ］＝誤（**市街化調整区域**とは，市街化を抑制すべき区域のことです）

【問題 6.27（都市計画）】 わが国における都市計画法の規定に関する記述［ア］〜［エ］の正誤を答えなさい.

［ア］都市計画は，健康で文化的な都市生活および機能的な都市活動を確保すべきこと，ならびにこのためには適正な制限のもとに土地の合理的な利用が図られるべきことを基本理念として定めるものとする.

［イ］2 以上の都道府県の区域にわたる都市計画区域に係る都市計画は，関係するすべての都道府県による協議の上で，当該都道府県の知事が連名で定めるものとする.

［ウ］市町村は，都市計画区域について，おおむね 10 年ごとに，都市計画に関する基礎調査として，人口規模，産業分類別の就業人口の規模，市街地の面積，土地利用，交通量などに関する現況および将来の見通しについての調査を行うものとする.

［エ］地区計画は，建築物の建築形態，公共施設その他の施設の配置等からみて，一体としてそれぞれの区域の特性にふさわしい態様を備えた良好な環境の各街区を整備し，開発し，および保全するためのものとする.

（国家公務員Ⅱ種試験）

【解答】 ［ア］＝正（記述の通り，**都市計画**は，健康で文化的な都市生活および機能的な都市活動を確保すべきこと，ならびにこのためには適正な制限のもとに土地の合理的な利用が図られるべきことを基本理念として定められています），［イ］＝誤（**2 以上の都府県の区域にわたる都市計画区域に係る都市計画**は，国土交通大臣があらかじめ関係都府県の意見を聴いて指定します．なお，北海道は含まれませんので，"2 以上の都道府県" は間違いです），［ウ］＝誤（"おおむね 10 年" ではなく，正しくは "おおむね 5 年" です），［エ］＝正（記述の通り，**地区計画**は，建築物の建築形態，公共施設その他の施設の配置等からみて，一体としてそれぞれの区域の特性にふさわしい態様を備えた良好な環境の各街区を整備し，開発し，および保全するためのものです）

【問題 6.28 （都市計画）】 都市計画の用途地域等に関する記述［ア］，［イ］，［ウ］の正誤を答えなさい．

［ア］第一種住居地域は，低層住宅に係る良好な住居の環境を保護するために定める地域である．

［イ］工業専用地域は，工業の利便を増進するために定める地域である．

［ウ］高度利用地区は，用途地域内の市街地における土地の合理的かつ健全な高度利用と都市機能の更新とを図るため，建築物の容積率の最高限度および最低限度，建築物の建ぺい率の最高限度，建築物の建築面積の最低限度ならびに壁面の位置の制限を定める地区である．

(国家公務員Ⅰ種試験)

【解答】 ［ア］＝誤（**第一種住居地域**は，"住居の環境を保護するための地域"です．"低層住宅にかかわる良好な住居の環境を保護するための地域"は，**第一種低層住居専用地域**です），［イ］＝正（記述の通り，**工業専用地域**は，工業の利便を増進するために定める地域です），［ウ］＝正（記述の通り，**高度利用地区**は，用途地域内の市街地における土地の合理的かつ健全な高度利用と都市機能の更新とを図るため，建築物の容積率の最高限度および最低限度，建築物の建ぺい率の最高限度，建築物の建築面積の最低限度ならびに壁面の位置の制限を定める地区です）

【問題 6.29 （都市計画）】 都市計画に関する記述［ア］～［エ］の正誤を答えなさい．

［ア］都市計画区域については，都市計画に，当該都市計画区域の整備，開発および保全の方針を定める．

［イ］市街化調整区域における地区計画は，市街化区域における市街化の状況等を勘案して，当該都市計画区域における計画的な市街化を図る上で支障がないように定めなければならない．

［ウ］近隣商業地域は，近隣の住宅地の住民に対する日用品の供給を行うことを主たる内容とする商業その他の業務の利便を増進するため定める地域をいい，当該地域内においては，床面積の合計が1万m²を超える劇場，店舗や飲食店を建築することができる．

［エ］風致地区は，用途地域内において市街地の環境を維持するため，建築物の高さの最高限度を定める地区である．

(国家公務員Ⅰ種試験)

【解答】　［ア］＝正（記述の通り，**都市計画区域**については，都市計画に，当該都市計画区域の整備，開発および保全の方針を定めます），［イ］＝正（記述の通り，**市街化調整区域**における地区計画は，市街化区域における市街化の状況等を勘案して，当該都市計画区域における計画的な市街化を図る上で支障がないように定めなければなりません），［ウ］＝正（記述の通り，**近隣商業地域**は，近隣の住宅地の住民に対する日用品の供給を行うことを主たる内容とする商業その他の業務の利便を増進するため定める地域をいい，当該地域内においては，床面積の合計が1万 m^2 を超える劇場，店舗や飲食店を建築することができます），［エ］＝誤（建築物の高さの最高限度または最低限度が定められている地区は，**高度地区**です）

【問題 6.30（都市計画）】　わが国における都市計画に関する記述［ア］〜［エ］の正誤を答えなさい．

［ア］地区計画には，地区整備計画を定めるものとし，当該地区計画の目標と，当該区域の整備，開発および保全に関する方針を定めるよう努めるものとする．

［イ］土地区画整理事業とは，土地の区画形質の変更および公共施設の新設または変更に関する事業である．

［ウ］立地適正化計画には，居住を誘導すべき地域として居住調整地域を定めるものとする．

［エ］市街化調整区域とは，おおむね 10 年以内に優先的かつ計画的に市街化を図るべき区域である．

（国家公務員一般職種試験）

【解答】　［ア］＝正（**地区計画**は，建築物の建築形態，公共施設その他の施設の配置等からみて，一体としてそれぞれの区域の特性にふさわしい態様を備えた良好な環境の各街区を整備し，開発し，および保全するためのものです．地区計画の方針や地区整備計画を一般公開した後，都市計画審議会で審議などを行い，決定されます），［イ］＝正（記述の通り，**土地区画整理事業**とは，土地の区画形質の変更および公共施設の新設または変更に関する事業のことです），［ウ］＝誤（居住を誘導すべき地域は，居住調整地域ではなく，**居住誘導区域**です），［エ］＝誤（おおむね 10 年以内に優先的かつ計画的に市街化を図るべき区域は，市街化調整区域ではなく，**市街化区域**です）

【問題 6.31（都市計画）】 都市計画に関する記述 ［ア］〜［エ］の正誤を答えなさい.

［ア］準都市計画区域は，都市計画区域外において土地利用の整序または環境の保全が必要
である区域について指定するものであり，都市計画に，特定用途制限地域を定めるこ
ともできる.

［イ］都市計画の決定または変更をすることを提案することができるのは，当該提案に係る
都市計画の素案の対象となる土地の所有権または借地権を有する者に限られる.

［ウ］都市計画に定める地区計画の案は，条例で定めるところにより，その案に係る区域内
の土地の所有者や利害関係者の意見を求めて作成するものとされている.

［エ］第二種低層住居専用地域は，主として低層住宅に係る良好な住居の環境を保護するた
め定める地域であり，特定行政庁の許可を受けずに，大学を建築することができる.

(国家公務員総合職試験［大卒程度試験］)

【解答】 ［ア］＝正（記述の通り，**準都市計画区域**は，都市計画区域外において土地利用の整
序または環境の保全が必要である区域について指定するものであり，都市計画に，特定用途
制限地域を定めることもできます），［イ］＝誤（都市計画を定めるときは，住民の意見を反映
するために，必要に応じて公聴会や説明会を開催します．さらに都市計画の案は 2 週間縦覧
され，その間に住民や利害関係人は意見書を提出することができます．その後，都市計画の
案は，都市計画審議会で審議された後，決定または変更されます），［ウ］＝正（記述の通り，
都市計画に定める**地区計画**の案は，条例で定めるところにより，その案に係る区域内の土地
の所有者や利害関係者の意見を求めて作成するものとされています），［エ］＝誤（**第二種低層
住居専用地域**は，主として低層住宅に係る良好な住居の環境を保護するため定める地域で，
第一種低層住居専用地域に次ぐ厳しい規制のかかった用途地域です．したがって，大学・高
等専門学校・専修学校等は建てることができません．ただし，幼稚園・小学校・中学校・高
等学校の建設は可能です）

【問題 6.32（都市計画）】　都市計画に関する記述［ア］～［エ］の正誤を答えなさい．

［ア］市街化区域は，既に市街地を形成している区域およびおおむね 10 年以内に優先的かつ計画的に市街化を図るべき区域である．市街化調整区域は，市街化を抑制すべき区域であり，開発行為は原則として認められない．

［イ］パークシステムとは，都市の中心部への自動車の乗り入れを抑制するため，環状道路などにおける公共交通の結節点に駐車場を設け，車から公共交通へ乗り換えて中心部へ向かうシステムをいう．

［ウ］土地区画整理事業において，公共施設が不十分な区域では，地権者からその権利に応じて少しずつ土地を提供してもらい，その土地を公共用地が増える分にあてるほか，その一部を売却し事業資金の一部にあてる．

［エ］おおむね 5 年ごとに行われる「都市計画に関する基礎調査」では，主に，土地利用の現況や将来の見通しについて調査が行われ，人口規模に関する調査は行われない．

（国家公務員総合職試験［大卒程度試験］）

【解答】　［ア］＝**正**（記述の通り，**市街化区域**は，既に市街地を形成している区域およびおおむね 10 年以内に優先的かつ計画的に市街化を図るべき区域です．一方，**市街化調整区域**は，市街化を抑制すべき区域であり，開発行為は原則として認められません），［イ］＝**誤**（自宅から自家用車で最寄りの駅またはバス停まで行き，車を駐車させた後，バスや鉄道などの公共交通機関を利用して都心部の目的地に向かうシステムは**パーク・アンド・ライド**といいます），［ウ］＝**正**（記述の通り，**土地区画整理事業**において，公共施設が不十分な区域では，地権者からその権利に応じて少しずつ土地を提供してもらい，その土地を公共用地が増える分にあてるほか，その一部を売却し事業資金の一部にあてることがあります），［エ］＝**誤**（**都市計画基礎調査**は，都市計画法第 6 条に基づき，都市における人口・産業・土地利用・交通などの現況および将来の見通しを定期的に把握し，客観的・定量的なデータに基づいた都市計画の運用を行うための基礎となるものです）

【問題 6.33（都市計画）】 都市計画に関する記述［ア］～［エ］の正誤を答えなさい.

［ア］都市計画法上，都市計画の決定等の提案を受けた地方公共団体は，計画提案を踏まえた都市計画の決定等をする必要がないと判断した場合であっても，当該計画提案に係る都市計画の素案を都市計画審議会に提出し，その意見を聴かなければならない.

［イ］建築基準法上，保育所は，原則として，工業地域および工業専用地域以外の用途地域でのみ建築することができる.

［ウ］都市計画法上，市街化調整区域内において農業を営む者の居住の用に供する建築物の建築の用に供する目的で行う開発行為のうち，その規模が $300\mathrm{m}^2$ を超えるものは都道府県知事の許可を受けなければ建築することはできない.

［エ］建築基準法上，都市計画区域内においては，原則として，卸売市場，火葬場またはと畜場，汚物処理場，ごみ焼却場は，都市計画においてその敷地の位置が決定しているものでなければ新築することはできない.

（国家公務員総合職試験［大卒程度試験］）

【解答】 ［ア］＝正（記述の通り，計画提案を踏まえた都市計画の決定等をする必要がないと判断した場合であっても，当該計画提案に係る都市計画の素案を都市計画審議会に提出し，その意見を聴かなければなりません），［イ］＝誤（**保育所**は，第1種・2種低層住居専用地域内では $600\mathrm{m}^2$ 以下の規制がありますが，基本的にどこでも建てられます），［ウ］＝誤（市街化調整区域内であれば，面積要件はありません．ただし，市街化区域内であれば，農業を営む者の居住用建物であっても，$1{,}000\mathrm{m}^2$ 以上の開発行為であれば開発許可が必要です），［エ］＝正（記述の通り，建築基準法上，都市計画区域内においては，原則として，卸売市場，火葬場またはと畜場，汚物処理場，ごみ焼却場は，都市計画においてその敷地の位置が決定しているものでなければ新築することはできません）

【問題 6.34（都市計画）[やや難]】　都市計画に関する記述［ア］～［エ］の正誤を答えなさい.

［ア］都市計画区域マスタープランにおいて定める事項として都市計画法に規定されているのは,（1）都市計画の目標,（2）区域区分の決定の有無と, 区域区分を定める場合はその方針,（3）土地利用, 都市施設の整備及び市街地開発事業に関する主要な都市計画の決定の方針,（4）都市計画事業の財源の方針, の 4 点である.

［イ］都市計画法における区域区分制度とは, 都市計画区域について市街化区域と市街化調整区域とに区分し, それぞれの区域の性格に即した開発規制を課す仕組みである. 市街化区域には, 用途地域および都市施設（道路, 公園および下水道）を定めるほか, 市街地開発事業を必要に応じて定める.

［ウ］都市公園法における都市公園とは, 国や地方公共団体が都市計画区域内に計画・整備する公園であり, 住区基幹公園, 都市基幹公園等の種類がある. 住区基幹公園には街区公園, 近隣公園, 地区公園があり, 主として街区内に居住する者の利用に供することを目的とする街区公園は, 誘致距離 800m の範囲内で 1 か所当たり面積 400m^2 を標準として配置する.

［エ］地方公共団体は, 根幹的な都市施設を定める等の都市計画の決定について, 都市計画の案を作成しようとする場合において必要があると認めるときは, 公聴会の開催等住民の意見を反映させるために必要な措置を講ずる.

(国家公務員総合職試験［大卒程度試験］)

【解答】　［ア］＝誤（**マスタープラン**とは, 基本計画のことです. **都市計画区域マスタープラン**は,「都市計画区域の整備, 開発および保全の方針」として, 長期的視野に立った**地域の将来像**およびその実現に向けた広域的・根幹的な都市計画の方向性を示すものであり,「市町村の都市計画に関する基本的な方針」の指針となるものです.「都市計画事業の財源の方針」は含まれません）,［イ］＝正（記述の通りで, 市街化区域には, 用途地域および都市施設（道路, 公園および下水道）を定めるほか, 市街地開発事業を必要に応じて定めることになっています）,［ウ］＝誤（**街区公園**はもっぱら街区に居住する者の利用に供することを目的とする公園で, 誘致距離 250m の範囲内で 1 か所当たり面積 0.25ha を標準として配置することになっています）,［エ］＝正（記述の通り, 公聴会の開催等住民の意見を反映させるために必要な措置を講ずる必要があります）

6.4 都市・住宅行政に関する法律

●国土形成計画法

国土形成計画法に基づき策定される国土形成計画には，全国計画のほかに，ブロック単位ごとに国と都府県等が適切な役割分担の下，相互に連携・協力して策定される広域地方計画が含まれます．

●首都圏整備法 [8]

首都圏整備法は，首都圏の整備に関する総合的な計画を策定し，その実施を推進することにより，わが国の政治，経済，文化等の中心としてふさわしい首都圏の建設とその秩序ある発展を図ることを目的としたものです．ちなみに，この法律で**「首都圏」**とは，東京都の区域および政令で定めるその周辺の地域を一体とした広域をいいます．また，**「既成市街地」**とは，東京都およびこれと連接する枢要な都市を含む区域のうち，産業および人口の過度の集中を防止し，かつ，都市の機能の維持および増進を図る必要がある市街地の区域で，政令で定めるものをいいます．

●住宅の品質確保の促進等に関する法律

「住宅の品質確保の促進」，「住宅購入者等の利益の保護および住宅に係る紛争の迅速かつ適正な解決を図ること」を目的として，平成12年4月1日に施行されました．「住宅品質確保法」あるいは単に「品確法」ともいわれています．

品確法は新築住宅が対象で，以下の3つの内容から成り立っています．

①施工会社や不動産会社に対する**10年保証**を義務づける．

②住宅が一定の性能を持つことをわかりやすく証明する「性能表示制度」をつくる．

③トラブル発生時などにすばやく対応する「紛争処理機関」を設ける．

●建築物の耐震改修の促進に関する法律

この法律は，地震による建築物の倒壊等の被害から国民の生命，身体および財産を保護するため，建築物の耐震改修の促進のための措置を講ずることにより建築物の地震に対する安全性の向上を図り，もって公共の福祉の確保に資することを目的とするものです．この法律の規定により，一定規模以上の学校，病院など多数の者が利用する建築物で耐震関係規定に適合しない既存不適格建築物の所有者は，当該建築物について耐震診断を行い，必要に応じ耐震改修を行うよう努めなければならないとされています（国・地方公共団体および国民の努力義務です）．

---

8) 1958年の（第1次）首都圏整備計画において設定された**「近郊地帯」**は，大ロンドン計画で設定された**「グリーンベルト」**を参考にしたもので，市街地の拡大を抑制するというものでした．

●市街地再開発事業

　市街地再開発事業の目的は，都市再開発法にもとづき，市街地内の老朽木造建築物が密集している地区等において，細分化された敷地の統合，不燃化された共同建築物の建築，公園，広場，街路等の公共施設の整備等を行うことにより，**都市における土地の合理的かつ健全な高度利用と都市機能の更新を図る**ことです．市街地再開発事業には第一種と第二種の 2 種類があり，収支の方式や施行者が異なります．

　①第一種市街地再開発事業（権利変換方式）

　　第一種市街地再開発事業は，一般に，地区内の建築物をすべて除却し，従前の土地建物の権利を権利変換方式により移転・集約して建築物の共同立体化と公共施設の整備を図る事業です．

　②第二種市街地再開発事業（管理処分方式または用地買収方式）

　　公共性・緊急性が著しく高い区域において行われ，いったん施行地区内の建物・土地等を施行者が買収または収用し，買収または収用された者が希望すれば，その対償に代えて再開発ビルの床が与えられます．

●土地区画整理事業

　土地区画整理事業とは，都市計画区域内の土地について，**換地手法**を用いて土地の区画形質を整え，道路や公園などの公共施設の新設・改良を行い，健全な市街地の形成や良好な住宅宅地の供給などを行う事業のことです．

●住宅地区改良事業

　住宅地区改良事業とは，不良住宅が密集する地区において，不良住宅の除却，公共施設の整備，改良住宅の建設により，地区の整備改善を図る事業のことです．

●新住宅市街地開発事業

　1963 年に創立された**新住宅市街地開発事業**は，人口の集中の著しい市街地の周辺において，居住環境の良好な住宅地を大規模に開発し供給を図る事業で，多くのニュータウン開発に活用されました．

●防災集団移転促進事業

　防災集団移転促進事業は，災害が発生した地域または災害危険区域のうち，住民の居住に適当でないと認められる区域内にある住居の集団的移転を促進するための事業で，事業主体は市町村です．1972 年（昭和 47 年）7 月の豪雨災害を機に創設されました．

●住生活基本法

　住生活基本法は，**国民に安全かつ安心な住宅を十分に供給するための住宅政策**の指針とな

る日本の法律です（平成18年6月8日法律第61号）．都道府県は，**住生活基本計画**（全国計画）に即して定める都道府県計画において，計画期間における区域内の公営住宅の供給の目標量を定めなければなりません．

●高齢者，障害者等の移動等の円滑化の促進に関する法律（通称 "バリアフリー法"）

この法律は，高齢者・障害者の自立した日常生活および社会生活を確保するため，公共交通機関の旅客施設や車両，道路，駐車場，公園，建築物の構造や設備の改善や，一定の地区における旅客施設，建築物やこれらの間の経路を構成する道路，駅前広場，通路その他の施設の一体的な整備を推進して，高齢者，障害者の移動や施設利用の利便性，安全性を向上させることを目的としたものです．

●建築物における衛生的環境の確保に関する法律（通称 "建築物衛生法"）

「建築物における衛生的環境の確保に関する法律（通称 "建築物衛生法"）」では，延床面積3,000m² 以上の事務所，店舗，学校等を特定建築物と定め，空調や給排水に関して環境衛生管理基準にしたがった維持管理が義務づけられています．

●景観法

景観に関わる法律であり，景観法と同時に公布された「景観法の施行に伴う関係法律の整備等に関する法律」，「都市緑地保全法等の一部を改正する法律」と合わせて**景観緑三法**と呼ばれています．

景観法の規定にもとづく景観計画区域内においては，土地所有者等は，その全員の合意により，当該土地の区域における良好な景観の形成に関する協定（景観協定）を締結することができます．

●景観行政団体

景観行政団体とは，景観法により定義される景観行政を司る行政機構のことです．政令指定都市または中核市にあってはそれぞれの地域を管轄する地方自治体が，その他の地域においては基本的に都道府県がその役割を担います．ただし，景観法に基づいた規定の事務処理を行うことを都道府県知事と協議し，同意を得た市町村の区域にあたっては，それらの市町村が景観行政団体となります．ちなみに，**景観行政団体は，景観法に基づいた項目に該当する区域に景観計画を定める**ことができます．景観計画区域に指定された区域では，建築や建設など景観にかかわる開発を行う場合に，設計や施工方法などを景観行政団体に届け出るなどの義務が生じます．

●都市緑地法

都市における緑地の保全や緑化の推進のための仕組みを定めた法律．当然ですが，市町村

が定める緑地の保全および緑化の推進に関する基本計画は，市町村の都市計画に関する基本的な方針に適合したものでなければなりません．

●地域における歴史的風致の維持および向上に関する法律（愛称 "歴史まちづくり法"）

　歴史や伝統を反映した活動とそれが行われる建造物や市街地とが一体となって形成している市街地環境（歴史的風致）の維持向上を図るための法律のこと（平成 20 年 5 月 23 日に公布）．市町村は，国が策定した基本方針に基づき，歴史的風致維持向上計画の認定を申請でき，計画が認定されると補助事業の国費率の嵩上げや補助対象の拡大が可能になります．

●歴史的風致

　歴史的風致は，「地域におけるその固有の歴史および伝統を反映した人々の活動とその活動が行われる歴史的価値の高い建造物およびその周辺の市街地とが一体となって形成してきた良好な市街地の環境」と法律（歴史まちづくり法）で定義されています．

●高齢者向け優良賃貸住宅

　高齢者向け優良賃貸住宅とは，高齢者が安全に安心して居住できるように，バリアフリー化され，緊急時対応サービスの利用が可能な賃貸住宅のことです．ちなみに，高齢者向け優良賃貸住宅制度は，60 歳以上の単身・夫婦世帯の方等を入居対象に，このような良質な賃貸住宅を，民間活力を活用して供給促進するための制度です．

●持ち家世帯率

　平成 25 年までの住宅・土地統計調査によると，**わが国の持ち家世帯率は 5 割を超えています**．

●マンション管理士

　マンション管理士とは，国土交通大臣の登録を受け，マンション管理士の名称を用い専門的知識をもって，管理組合の運営その他マンションの管理に関し，管理組合の管理者やマンションの区分所有者などの相談に応じ，助言，指導その他の援助を行うことを業務とする者をいいます．

●シルバーハウジング・プロジェクト

　シルバーハウジング・プロジェクトとは，住宅施策と福祉施策の密接な連携のもとに，高齢者の生活特性に配慮した住宅および附帯施設の供給，ならびに，ライフサポートアドバイザー（生活援助員）による福祉サービスの提供を行う事業のことです．

●中心市街地活性化法の改正

まちづくり3法（中心市街地活性化法・都市計画法・大店立地法）の見直しが図られ，平成18年に中心市街地活性化法（中心市街地の活性化に関する法律）が抜本的に改正されました．すなわち，中心市街地活性化の実現[9]のため，内閣に中心市街地活性化本部を設置するとともに，**市町村が作成する基本計画**について，内閣総理大臣による認定制度が創設されました．活性化基本計画の認定制度は，意欲的に取り組む市町村を「選択と集中」により重点的に支援するものであり，認定を受けた基本計画に基づき行われる事業に対しては国による様々な支援を受けることができます．

●まちづくり交付金

まちづくり交付金は，地域の特性を活かした個性あふれるまちづくりを実施し，全国の都市の再生を効率的に推進することにより，地域住民の生活の質の向上と地域経済・社会の活性化を図るために，市町村に対して国から交付される交付金です．

なお，平成22年度より，まちづくり交付金は社会資本整備総合交付金に統合され，社会資本整備総合交付金の基幹事業（市街地整備分野）に「都市再生整備計画事業」として位置づけられました．また，平成24年度から，政令指定都市の一部事業が地域自主戦略交付金へ移行しています．

●避難階段および特別避難階段

劇場等でその用途に供する部分の主階が避難階にないものには，当該主階から避難階または地上に通ずる2以上の避難階段または特別避難階段を設けなければなりません．

●特定空家

平成27年に施行された「空家等対策の推進に関する特別措置法」では，次の4つの状態と認められる空き家を「特定空家」と定義しています．

　・そのまま放置すれば倒壊等著しく保安上危険となるおそれのある状態
　・著しく衛生上有害となるおそれのある状態
　・適切な管理が行われていないことにより著しく景観を損なっている状態
　・その他周辺の生活環境の保全を図るために放置することが不適切である状態

●住生活基本計画（全国計画）

住生活基本計画は，住生活基本法の基本理念にのっとり，住生活の安定の確保および向上の促進に関する施策を総合的に推進するため，国が策定している全国計画であり，今後10年

---

9)　近年，モータリゼーションの進展，消費者のライフスタイルの変化等を背景として，中心部の居住人口の減少，中心市街地における空店舗の増加をはじめとする商業環境の変化等によって，中心市街地の空洞化が深刻になっています．

間の住宅政策の基本的な方向性を定めるものです．基本的な施策の一つとして，住宅・市街地の耐震性を向上させることが挙げられています．

●住宅確保要配慮者円滑入居賃貸住宅（セーフティネット住宅）

平成29年10月25日に「住宅確保要配慮者に対する賃貸住宅の供給の促進に関する法律」（略称：住宅セーフティネット法）が改正施行され，住宅確保要配慮者の入居を拒まない「セーフティネット住宅（住宅確保要配慮者円滑入居賃貸住宅）」の登録制度が創設されました．

●土砂災害特別警戒区域

土砂災害特別警戒区域は，土砂災害が発生した場合に，建築物の損壊が生じ住民等の生命または身体に著しい危害が生ずるおそれがあると認められる区域で，都道府県知事が指定します．

●災害危険区域

建築基準法により，地方公共団体は，条例で，津波，高潮，出水等による危険の著しい区域を**災害危険区域**として指定することができます。

●浸水被害防止区域

浸水被害防止区域は，洪水や雨水によって住民等の生命・身体に著しい危害が生じるおそれがあるとして指定された区域です．特定都市河川浸水被害対策法に基づく制度で，区域の指定は都道府県知事等が行います．

●津波災害特別警戒区域

津波災害警戒区域のうち，津波が発生した場合に建築物が損壊または浸水し，住民等の生命または身体に著しい危害が生ずる恐れがあると認められ，一定の開発行為および一定の建築物の建築または用途の変更の制限をすべきとして指定された土地の区域です．指定は，国土交通大臣が定める基本指針にもとづき，津波浸水想定を踏まえて都道府県知事が行います．

【問題 6.35（都市・住宅行政）】 わが国の都市・住宅行政に関する記述 ［ア］～［エ］の正誤を答えなさい．

［ア］首都圏整備法において，既成市街地とは，東京都およびこれと連接する枢要な都市を含む区域のうち，産業および人口の集中を促進し，かつ，都市の機能の維持および増進を図る必要がある市街地の区域と定義付けられている．

［イ］マンション管理士とは，国土交通大臣の登録を受け，マンション管理士の名称を用い専門的知識をもって，管理組合の運営その他マンションの管理に関し，管理組合の管理者やマンションの区分所有者などの相談に応じ，助言，指導その他の援助を行うことを業務とする者をいう．

［ウ］市街地再開発事業とは，公共施設の整備改善と宅地の利用増進を目的とし，換地手法を用いて土地の区画形質を整え，道路や公園などの公共施設の新設・改良を行い，健全な市街地の形成や良好な住宅宅地の供給などを行う事業である．

［エ］シルバーハウジング・プロジェクトとは，住宅施策と福祉施策の密接な連携の下に，高齢者の生活特性に配慮した住宅および附帯施設の供給，ならびに，ライフサポートアドバイザー（生活援助員）による福祉サービスの提供を行う事業である．

(国家公務員Ⅱ種試験)

【解答】 ［ア］＝誤（「産業および人口の集中を促進」ではなく，正しくは「産業および人口の過度の集中を防止」です），［イ］＝正（記述の通り，**マンション管理士**とは，国土交通大臣の登録を受け，マンション管理士の名称を用い専門的知識をもって，管理組合の運営その他マンションの管理に関し，管理組合の管理者やマンションの区分所有者などの相談に応じ，助言，指導その他の援助を行うことを業務とする者をいいます），［ウ］＝誤（**市街地再開発事業**とは，市街地内の老朽木造建築物が密集している地区等において，細分化された敷地の統合，不燃化された共同建築物の建築，公園，広場，街路等の公共施設の整備等を行うことにより，都市における土地の合理的かつ健全な高度利用と都市機能の更新を図ることです），［エ］＝正（記述の通り，**シルバーハウジング・プロジェクト**とは，住宅施策と福祉施策の密接な連携の下に，高齢者の生活特性に配慮した住宅および附帯施設の供給，ならびに，ライフサポートアドバイザー（生活援助員）による福祉サービスの提供を行う事業です）

【問題 6.36（市街地・住宅整備の事業制度）】　市街地，住宅整備の事業制度に関する記述［ア］〜［エ］の正誤を答えなさい．

［ア］第一種市街地再開発事業は，一般に，地区内の建築物をすべて除却し，従前の土地建物の権利を権利変換方式により移転・集約して建築物の共同立体化と公共施設の整備を図る事業である．

［イ］住宅地区改良事業は，不良住宅が密集する地区において，不良住宅の除却，公共施設の整備，改良住宅の建設により地区の整備改善を図る事業である．

［ウ］公営住宅は，1955（昭和 30）年に設立された日本住宅公団により大都市圏において建設・管理される良質な賃貸住宅として，建設が始められた．

［エ］新住宅市街地開発事業は，人口の集中の著しい市街地の周辺において，居住環境の良好な住宅地を大規模に開発し供給を図る事業で，多くのニュータウン開発に活用された．

（国家公務員 II 種試験）

【解答】　［ア］＝正（記述の通り，**第一種市街地再開発事業**は，一般に，地区内の建築物をすべて除却し，従前の土地建物の権利を権利変換方式により移転・集約して建築物の共同立体化と公共施設の整備を図る事業です），［イ］＝正（記述の通り，**住宅地区改良事業**は，不良住宅が密集する地区において，不良住宅の除却，公共施設の整備，改良住宅の建設により地区の整備改善を図る事業です），［ウ］＝誤（**公営住宅**は，地方公共団体が建設し，低所得者向けに賃貸する住宅（多くは集合住宅）のことです），［エ］＝正（記述の通り，**新住宅市街地開発事業**は，人口の集中の著しい市街地の周辺において，居住環境の良好な住宅地を大規模に開発し供給を図る事業で，多くのニュータウン開発に活用されました）

【問題6.37（都市・住宅行政）】 わが国の都市・住宅行政に関する記述［ア］〜［エ］の正誤を答えなさい.

［ア］公営住宅とは，国民生活の安定と社会福祉の増進に寄与するため，国が整備し，住宅に困窮する中所得者に対して低廉な家賃で賃貸し，または転貸する住宅をいう.

［イ］特定住宅瑕疵担保責任の履行の確保等に関する法律により，新築住宅の工事請負人やその売主は保険への加入または保証金の供託が義務付けられている.

［ウ］パーソントリップ調査とは，人の1日の行動を起終点，移動の目的，利用交通手段等において追跡調査するものである.

［エ］地域における歴史的風致の維持および向上に関する法律（歴史まちづくり法）は，歴史的な資産を活用したまちづくりの実施に携わるまちづくり行政と文化財行政の連携により，歴史的風致を後世に継承するまちづくりを支援するために制定された.

（国家公務員Ⅱ種試験）

【解答】 ［ア］＝誤（**公営住宅**を建設するのは地方公共団体で，対象は「中所得者ではなく低所得者」です），［イ］＝正（記述の通り，特定住宅瑕疵担保責任の履行の確保等に関する法律により，新築住宅の工事請負人やその売主は保険への加入または保証金の供託が義務付けられています），［ウ］＝正（記述の通り，**パーソントリップ調査**とは，人の1日の行動を起終点，移動の目的，利用交通手段等において追跡調査するものです），［エ］＝正（記述の通り，地域における歴史的風致の維持および向上に関する法律（**歴史まちづくり法**）は，歴史的な資産を活用したまちづくりの実施に携わるまちづくり行政と文化財行政の連携により，歴史的風致を後世に継承するまちづくりを支援するために制定されました）

【問題 6.38（都市・住宅行政）】　わが国の都市・住宅行政に関する記述［ア］〜［エ］の正誤を答えなさい.

［ア］「住生活基本法」に基づく住生活基本計画（全国計画）は，住生活の安定や向上を図る施策を総合的かつ計画的に推進するために平成 18 年に策定された.

［イ］「国土形成計画法」に基づき策定される国土形成計画には，全国計画のほかに，ブロック単位ごとに国と都府県等が適切な役割分担の下，相互に連携・協力して策定される広域地方計画が含まれる.

［ウ］「建築物の耐震改修の促進に関する法律」の規定により，所管行政庁は，小学校，老人ホームその他地震の際の避難確保上特に配慮を要する者が主として利用する特定建築物のすべての所有者に対し，必要な指示をすることができる.

［エ］「高齢者，障害者等の移動等の円滑化の促進に関する法律」は，公共交通機関の旅客施設および車両のみを対象に施設の構造を改善するための措置を講じ，高齢者，障害者等の移動上および施設の利用上の利便性および安全性の向上の促進を図ることを目的としている.

（国家公務員 II 種試験）

【解答】　［ア］＝正（記述の通り，「住生活基本法」に基づく**住生活基本計画（全国計画）**は，住生活の安定や向上を図る施策を総合的かつ計画的に推進するために平成 18 年に策定されました），［イ］＝正（記述の通り，「国土形成計画法」に基づき策定される**国土形成計画**には，全国計画のほかに，ブロック単位ごとに国と都府県等が適切な役割分担の下，相互に連携・協力して策定される広域地方計画が含まれます），［ウ］＝誤（**建築物の耐震改修の促進に関する法律**により，要緊急安全確認大規模建築物の所有者は，耐震診断を行い，その結果を所管行政庁に報告しなければならないと定められました. なお，要緊急安全確認大規模建築物としては，「病院・劇場・観覧場・集会場・展示場・百貨店その他不特定かつ多数の者が利用する建築物」や「小学校や老人ホームなどその他地震の際の避難確保上特に配慮を要する者が主として利用する建築物」などが該当します），［エ］＝誤（この法律は，公共交通機関の旅客施設および車両のみを対象にしたものではありません）

【問題 6.39（都市・住宅行政）】 わが国の都市・住宅行政に関する記述［ア］〜［エ］の下線部の正誤を答えなさい．

［ア］景観法の規定に基づく景観計画区域内においては，土地所有者等は，<u>その全員の合意により</u>，当該土地の区域における良好な景観の形成に関する協定（景観協定）を締結することができる．

［イ］住宅の品質確保の促進等に関する法律の規定により，新築住宅の売買契約においては，売主は買主に引き渡した時から<u>1年間</u>，住宅の構造耐力上主要な部分等の隠れた瑕疵について担保の責任を負うこととされている．

［ウ］まちづくり交付金は，地域の特性を活かした個性あふれるまちづくりを実施し，全国の都市の再生を効率的に推進することにより，地域住民の生活の質の向上と地域経済・社会の活性化を図るために，<u>市町村に対して交付される</u>交付金である．

［エ］建築物の耐震改修の促進に関する法律の規定により，一定規模以上の学校，病院など多数の者が利用する建築物で耐震関係規定に適合しない既存不適格建築物の所有者は，当該建築物について<u>耐震診断を行い，必要に応じ耐震改修を行うよう努めなければならない</u>こととされている．

（国家公務員Ⅱ種試験）

【解答】 ［ア］＝正（記述の通り，景観法の規定に基づく景観計画区域内においては，土地所有者等は，その全員の合意により，当該土地の区域における良好な景観の形成に関する協定（景観協定）を締結することができます），［イ］＝誤（正解は10年間です），［ウ］＝正（これは平成20年度の問題で，この時点では下線部も含め，まちづくり交付金の記述は正しい．なお，平成22年度より，**まちづくり交付金**は社会資本整備総合交付金に統合され，社会資本整備総合交付金の基幹事業（市街地整備分野）に「都市再生整備計画事業」として位置づけられました），［エ］＝正（記述の通り，建築物の耐震改修の促進に関する法律の規定により，一定規模以上の学校，病院など多数の者が利用する建築物で耐震関係規定に適合しない既存不適格建築物の所有者は，当該建築物について耐震診断を行い，必要に応じ耐震改修を行うよう努めなければならないこととされています）

【問題 6.40（都市・住宅行政）】　わが国の都市・住宅行政に関する記述 ［ア］～［エ］の正誤を答えなさい.

［ア］住宅エコポイントは，地球温暖化対策等を目的として，木造住宅を含むエコ住宅の建設やエコリフォームにポイントが発行される制度である.

［イ］長期優良住宅はメンテナンスが不要な住宅である.

［ウ］今後，建築後相当の年数を経たマンションが急激に増大していくものと見込まれ，これらを円滑に再生していく必要性が高まることが見込まれている.

［エ］ヒートアイランド現象とは地球全体の平均気温が上昇する現象である.

(国家公務員Ⅱ種試験)

【解答】　［ア］＝正（記述の通り，**住宅エコポイント**は，地球温暖化対策等を目的として，木造住宅を含むエコ住宅の建設やエコリフォームにポイントが発行される制度です），［イ］＝誤（メンテナンスが不要な住宅などありません），［ウ］＝正（記述の通り，今後，建築後相当の年数を経たマンションが急激に増大していくものと見込まれ，これらを円滑に再生していく必要性が高まることが見込まれています），［エ］＝誤（これは**地球温暖化**に関する記述です）

【問題 6.41（都市・住宅行政）】　わが国の都市・住宅行政に関する記述 ［ア］，［イ］，［ウ］の正誤を答えなさい.

［ア］総合設計制度は，敷地内に空地を設けるなど良好な建築計画について，計画を総合的に判断して市街地環境の整備改善に資すると認められる場合に，特定行政庁の許可により，容積率制限や高さの制限などを緩和する制度である.

［イ］市街地再開発事業とは，土地の高度利用と都市機能の更新を図るべき地区において，地区内の建築物を全面的に除却し，不燃化共同建築物を建築するとともに，公園，緑地，街路等の公共施設の整備を行う事業である.

［ウ］土地区画整理事業とは，換地手法を用いて土地の区画形質を整え，道路や公園などの公共施設の新設・改良を行い，健全な市街地の形成や良好な住宅宅地の供給などを行う事業である.

(国家公務員Ⅱ種試験)

【解答】　［ア］＝正（記述の通り，**総合設計制度**は，敷地内に空地を設けるなど良好な建築計画について，計画を総合的に判断して市街地環境の整備改善に資すると認められる場合に，特定行政庁の許可により，容積率制限や高さの制限などを緩和する制度です），［イ］＝正（**市**

街地再開発事業の第一種は，土地の高度利用と都市機能の更新を図るべき地区において，地区内の建築物を全面的に除却し，不燃化共同建築物を建築するとともに，公園，緑地，街路等の公共施設の整備を行う事業であり，この記述は正しい），［ウ］＝正（記述の通り，**土地区画整理事業**とは，換地手法を用いて土地の区画形質を整え，道路や公園などの公共施設の新設・改良を行い，健全な市街地の形成や良好な住宅宅地の供給などを行う事業です）

【問題 6.42（都市行政）［やや難］】 都市行政に関する記述［ア］〜［エ］の正誤を答えなさい．

［ア］都市再生特別措置法に基づき指定された都市再生緊急整備地域について，大規模地震時の滞在者等の安全確保に向けた退避経路，退避施設，備蓄倉庫，非常用電気等供給施設の整備等に関して作成した計画を都市再生安全確保計画という．

［イ］平成 26 年の都市再生特別措置法の改正により創設された立地適正化計画制度は，都市計画区域を有する全ての市町村にその作成が義務化されている．

［ウ］平成 27 年国勢調査によれば，国勢調査開始以来，我が国の人口総数は初めて減少に転じたが，全国の人口集中地区（DID）内の人口総数は引き続き増加している．

［エ］訪日外国人旅行者数は，平成 28 年にわが国史上初めて 2,000 万人を超えたところであり，平成 32（2020）年には 3,000 万人を突破することが「観光立国推進基本計画」（平成 29 年 3 月閣議決定）の目標に掲げられている．

（国家公務員総合職試験［大卒程度試験］）

【解答】 ［ア］＝正（記述の通り，都市再生特別措置法に基づき指定された都市再生緊急整備地域について，大規模地震時の滞在者等の安全確保に向けた退避経路，退避施設，備蓄倉庫，非常用電気等供給施設の整備等に関して作成した計画を**都市再生安全確保計画**といいます），［イ］＝誤（人口減少社会を迎えたわが国では，地方都市をはじめとした多くの都市において，空き地・空き家等の低未利用地が時間的・空間的にランダムに発生する**「都市のスポンジ化」**が進行しており，生活利便性の低下，治安・景観の悪化，地域の魅力が失われる等の支障が生じています．このような「都市のスポンジ化」に対応するため，平成 26 年に**都市再生特別措置法**が改正されましたが，都市計画区域を有する全ての市町村にその作成を義務化したものではありません），［ウ］＝正（記述の通り，平成 27 年国勢調査によれば，国勢調査開始以来，わが国の人口総数は初めて減少に転じましたが，全国の人口集中地区（DID）内の人口総数は引き続き増加しています．ちなみに，人口集中地区は，"Densely Inhabited District" を略して「DID」とも呼ばれています），［エ］＝誤（訪日外国人旅行者数は平成 27 年度実績値で 1,974 万人であり，観光立国推進基本計画では「平成 32 年までに訪日外国人旅行者数を 4,000 万人にする」との目標が掲げられていました）

【問題 6.43（住宅行政）[やや難]】　住宅行政に関する記述［ア］〜［エ］の正誤を答えなさい.

［ア］最低居住面積水準は，世帯人数に応じて健康で文化的な生活を営む基礎として必要不可欠な住宅の面積に関する水準であり，新築住宅の面積はこの水準以上とすることが義務付けられている.

［イ］独立行政法人住宅金融支援機構では，民間金融機関による相対的に低利な長期・固定金利住宅ローンの供給を支援するため証券化支援業務を行っているが，直接融資業務は行っていない.

［ウ］新築住宅の発注者や買主を保護するため，「特定住宅瑕疵担保責任の履行の確保等に関する法律」により，新築住宅の請負人や売主に，保険への加入または保証金の供託が義務付けられている.

［エ］平成 25 年住宅・土地統計調査によると，平成 25 年において，居住専用に建築された住宅の 1 住宅当たり延べ面積を住宅の所有の関係別にみると，借家は持家の 50% 以下となっている.

（国家公務員総合職試験［大卒程度試験］）

【解答】　［ア］＝誤（**最低居住面積水準**は，世帯人数に応じて健康で文化的な生活を営む基礎として必要不可欠な住宅の面積に関する水準であり，①単身者は 25m^2，②2 人以上の世帯は 10m^2×世帯人数＋10m^2 となっています. ここに，2 歳以下の子供は 0.25 人，3 歳以上〜5 歳以下は 0.5 人，6 歳〜9 歳以下は 0.75 人として計算します. 世帯人数は変化しますので，新築住宅の面積を最低居住面積水準以上とすることは義務付けられていません），［イ］＝誤（独立行政法人**住宅金融支援機構**は，住宅金融公庫の業務を継承した独立行政法人です. 旧住宅金融公庫では，住宅ローンを直接融資していましたが，住宅金融支援機構では一部の民間金融機関による貸付が困難な分野のみに直接融資を限定し，その他の一般的な住宅ローンについては，民間金融機関が長期固定金利の住宅ローンを提供できるよう，資金の融通を支援します. 限定的ですが直接融資を行うこともありますので，この記述は誤となります），［ウ］＝正（記述の通り，新築住宅の発注者や買主を保護するため，「特定住宅瑕疵担保責任の履行の確保等に関する法律」により，新築住宅の請負人や売主に，保険への加入または保証金の供託が義務付けられています），［エ］＝正（記述の通り，平成 25 年住宅・土地統計調査によると，平成 25 年において，居住専用に建築された住宅の 1 住宅当たり延べ面積を住宅の所有の関係別にみると，借家は持家の 50% 以下となっています）

【問題 6.44（住宅行政）[やや難]】　住宅行政に関する記述［ア］〜［エ］の正誤を答えなさい.

［ア］「エネルギー基本計画」（平成 26 年 4 月閣議決定）においては，平成 32（2020）年までに新築住宅・建築物について段階的に省エネルギー基準の適合を義務化することとされている.

［イ］平成 27 年国勢調査によれば，住宅に住む一般世帯数を住宅の建て方別にみると，「共同住宅」が最も多くなっており，次いで多い「一戸建」と合わせて全体の 95% 以上を占めている.

［ウ］平成 25 年住宅・土地統計調査によれば，住宅・土地統計調査開始以来，全国の空き家率は 13.5% と過去最高となったが，そのうち「賃貸用の住宅」や「売却用の住宅」などを除いた「その他の住宅」は空き家全体の半数以上を占めている.

［エ］総務省の「人口推計」によれば，わが国の 65 歳以上の高齢者人口割合は平成 28 年 10 月 1 日現在で約 27% であるが，「住生活基本計画（全国計画）」（平成 28 年 3 月閣議決定）では，「平成 37（2025）年には，30% を超える見込み」とされ，当該計画における目標の 1 つに「高齢者が自立して暮らすことができる住生活の実現」が掲げられている.

(国家公務員総合職試験［大卒程度試験］)

【解答】　［ア］＝正（記述の通り，**エネルギー基本計画**においては，「規制の必要性や程度，バランス等を十分に勘案しながら，2020 年までに新築住宅・建築物について段階的に省エネルギー基準の適合を義務化する」としています. しかしながらこれは目標であって，義務化が決定されているわけではありません. なぜなら，義務化は法律で定める必要があるのですが，そのような法令の規定は制定されていないからです），［イ］＝誤（共同住宅とは一つの建物に複数の世帯が暮らせる住居がある集合住宅のことで，マンションやアパートを意味します. 平成 27 年国勢調査では，1958 年に 5.6% しかなかった共同住宅は 4 割以上にも達して一戸建てに迫る勢いを見せているものの，一戸建ての割合は約 55% であり最も多い），［ウ］＝誤（「その他の住宅」区分の住宅とは，「別荘や一時的宿泊場のような二次的住宅」「賃貸用」「売却用」ではない住宅のことで，具体的には「転勤・入院などで居住世帯が長期にわたって不在となった住宅」「建て替えなどのために取り壊すことになっている住宅」「建て壊し・撤去費用が捻出できずに放置されている住宅」「税金対策のために放置されている住宅」などを意味します. 昨今問題視されている「**空き家問題**」は，このうち後者 2 つの「金銭的問題で半ば放置されている住宅」に該当しますが，地域によっては 1 割を超えているものの，空き家全体の半数以上を占めてはいません），［エ］＝正（記述の通りで，わが国の 65 歳以上の高齢者人口割合は，「平成 37（2025）年には 30% を超える見込み」です）

【問題 6.45（都市行政）】　都市行政に関する記述［ア］，［イ］，［ウ］の正誤を答えなさい．

［ア］土地区画整理事業は，都市計画区域内の土地について，公共施設の整備改善および宅地の利用の増進を図るために行われる，土地の区画形質の変更および公共施設の新設等に関する事業である．

［イ］景観計画は，良好な景観の形成に関する計画であり，景観行政団体が定めるものである．

［ウ］中心市街地活性化基本計画は，中心市街地の活性化に関する施策を総合的かつ一体的に推進するための基本的な計画であり，都道府県が定めるものである．

（国家公務員Ⅰ種試験）

【解答】　［ア］＝正（記述の通り，土地区画整理事業は，都市計画区域内の土地について，公共施設の整備改善および宅地の利用の増進を図るために行われる，土地の区画形質の変更および公共施設の新設等に関する事業です），［イ］＝正（記述の通り，**景観計画**は，良好な景観の形成に関する計画であり，景観行政団体が定めるものです），［ウ］＝誤（**中心市街地活性化基本計画**は市町村が作成します）

【問題 6.46（都市行政）［やや難］】　都市行政に関する記述［ア］～［エ］の正誤を答えなさい．

［ア］都市緑地法に基づく緑化地域内では，一定規模以上の敷地内において，建築物の新築のみならず，一定規模以上の増築を行う場合でも，原則として，敷地面積の一定割合以上の緑化が義務付けられる．

［イ］景観法に基づく景観計画区域内において，建築物の色彩を変更しようとする者は，原則として，あらかじめ，その計画について市町村長の認定を受けなければならない．

［ウ］市街地再開発事業における権利変換方式とは，施行地区内の建物・土地等を施行者が一旦買収し，買収された者が希望すれば，その対償に代えて再開発ビルの床に関する権利を与える方式であり，主に緊急性が高い事業に適用される．

［エ］都市再生特別措置法に基づく立地適正化計画とは，市町村が都市計画区域内の区域を対象に作成する計画であり，居住者の居住を誘導すべき区域や，医療施設や福祉施設などの立地を誘導すべき区域等を定めるものである．

（国家公務員総合職試験［大卒程度試験］）

【解答】 ［ア］＝正（記述の通り，**都市緑地法**に基づく緑化地域内では，一定規模以上の敷地内において，建築物の新築のみならず，一定規模以上の増築を行う場合でも，原則として，敷地面積の一定割合以上の緑化が義務付けられています），［イ］＝誤（**景観法**では，「**景観計画地区**」「**景観地区**（都市計画に定めた地区）」または「**準景観地区**」などの区域を設けています．景観計画区域では届出や勧告による緩やかな規制であるのに対し，景観地区または準景観地区では，建築物のデザインや色彩の制限など，景観計画地区より積極的な誘導が可能です），［ウ］＝誤（都市再開発法に基づく**市街地再開発事業**には，権利変換方式による第一種市街地再開発事業と管理処分方式による第二種市街地再開発事業があります．第一種市街地再開発事業（権利変換方式）は，権利変換期日において，建物・土地の従前資産の価格に見合う再開発ビルの床（権利床）に一挙に変換するとともに，土地の高度利用によって生み出される新たな床（保留床）を処分すること等により，事業費をまかなう事業です．第二種市街地再開発事業（用地買収・管理処分方式）は，いったん施行地区内の建物・土地等を施行者が買収または収用し，買収または収用された者が希望すれば，その代償として再開発ビルの床を与えるものであり，保留床処分等により事業費をまかなう事業です．第二種市街地再開発事業は，都市防災上の理由などから整備の緊急性の高い地域に限られており，施行者も地方公共団体・UR等の公的機関および再開発会社とされています），［エ］＝正（記述の通り，都市再生特別措置法に基づく**立地適正化計画**とは，市町村が都市計画区域内の区域を対象に作成する計画であり，居住者の居住を誘導すべき区域や，医療施設や福祉施設などの立地を誘導すべき区域等を定めるものです）

【問題 6.47（都市計画の歴史）】 わが国の都市計画の歴史に関する記述［ア］〜［エ］の正誤を答えなさい．

［ア］ C.A. ペリーの提唱した近隣住区論は，1923 年（大正 12 年）の関東大震災の復興計画においてわが国の都市計画に初めて導入され，理論に基づく住区が設計された．

［イ］ 景観法は 2004 年（平成 16 年）に制定された法律であるが，法律の制定以前から先進的な地方公共団体において独自に景観に関する条例が制定され，景観まちづくりの取組が行われていた．

［ウ］ 1995 年（平成 7 年）の阪神淡路大震災の復興において，被災地全域に対して全面的に土地区画整理事業と市街地再開発事業が適用され，復興まちづくりが行われた．

［エ］ 現在の都市計画法は，1968 年（昭和 43 年）に，大正時代に制定された旧都市計画法を廃止し，新法として制定されたものであり，この新法によって区域区分制度と開発許可制度が導入された．

（国家公務員Ⅰ種試験）

【解答】　［ア］＝誤（近隣住区論は 1920 年代前半に C.A. ペリーが提唱しましたが，関東大震災の復興計画に関する記述は誤りです），［イ］＝正（記述の通り，**景観法**は 2004 年（平成 16 年）に制定された法律ですが，法律の制定以前から先進的な地方公共団体において独自に景観に関する条例が制定され，景観まちづくりの取組が行われていました），［ウ］＝誤（**土地区画整理事業**とは，都市計画区域内の土地について，**換地手法**を用いて土地の区画形質を整え，道路や公園などの公共施設の新設・改良を行い，健全な市街地の形成や良好な住宅宅地の供給などを行う事業のことです．このことを知っていれば，"被災地全域に対して全面的に適用したこと"に，疑問を感じると思います），［エ］＝正（記述の通り，現在の都市計画法は，1968 年（昭和 43 年）に，大正時代に制定された旧都市計画法を廃止し，新法として制定されたものであり，この新法によって区域区分制度と開発許可制度が導入されました）

【問題 6.48（都市計画制度）】　わが国の都市計画制度に関する記述［ア］〜［エ］の正誤を答えなさい．

［ア］建築物の単体規定と集団規定は，建築基準法に定められ，都市計画法と連携することによって，都市空間のコントロールが行われている．

［イ］地区計画制度は，土地利用の規制緩和を目的として 1980 年の都市計画法改正で創設され，バブル経済期における大規模都市開発において大きな役割を果たした．

［ウ］1958 年の首都圏整備計画において設定された「近郊地帯」は，大ロンドン計画で設定された「グリーンベルト」を参考にしたものである．

［エ］1963 年に創設された新住宅市街地開発事業は，人口集中が著しい市街地の周辺地域において，良好な住宅地の大量供給を「減歩」と「換地」の手法を用いて実現するものである．

（国家公務員 I 種試験）

【解答】　［ア］＝正（記述の通り，建築物の**単体規定**と**集団規定**は，建築基準法に定められ，都市計画法と連携することによって，都市空間のコントロールが行われています），［イ］＝誤（**地区計画**は，地区の特性に応じたきめの細かい「まちづくりルール」を定め，計画的により良いまちへと誘導していく制度です．このことを知っていれば，直ちに"誤"であることがわかると思います），［ウ］＝正（記述の通り，1958 年の首都圏整備計画において設定された「**近郊地帯**」は，大ロンドン計画で設定された「グリーンベルト」を参考にしたものです），［エ］＝誤（良好な住宅地の大量供給を「減歩」[10) と「換地」の手法を用いて実現するのは**土**

---

10)　**減歩**とは，土地区画整理事業の前後で，その対象枠内の宅地所有者の土地が減少することです．通常は，土地区画整理事業で使われる用語で，公共施設の用地や保留地を捻出するために，地権者から同じ割合で供出させる土地を意味します．

地区画整理事業です）

【問題 6.49（まちづくりと都市計画）[やや難]】 わが国のまちづくりや都市計画に関する記述 [ア] ～ [エ] の正誤を答えなさい.

[ア] 建築協定は，原則として建築協定区域内の土地の所有者等の全員の合意により締結されるが，当該建築協定に合意した土地について，新たに所有者等となった者に対しても，その効力がある.

[イ] 防災集団移転促進事業は，東日本大震災の発生を契機に，被災地の復興まちづくりを行うために創設された制度であり，自然災害が発生した地域を対象としているため，事前の防災対策には活用することはできない.

[ウ] 東京駅丸の内駅舎（東京都千代田区）の保存・復原にあたっては，特例容積率適用地区制度を活用して，周辺建築物に未利用容積の移転を行った.

[エ] 13 種類の用途地域のうち，良好な住居の環境を保護するために定める四つの住居専用地域では，住宅以外の用途の建築物は建築することができない.

（国家公務員総合職試験［大卒程度試験］）

【解答】 [ア]＝正（記述の通り，当該建築協定に合意した土地について，新たに所有者等となった者に対してもその効力があります），[イ]＝誤（**防災集団移転促進事業**は，災害が発生した地域または災害危険区域のうち，住民の居住に適当でないと認められる区域内にある住居の集団的移転を促進するための事業です），[ウ]＝正（記述の通り，東京駅丸の内駅舎（東京都千代田区）の保存・復原にあたっては，**特例容積率適用地区制度**を活用して，周辺建築物に未利用容積の移転を行いました），[エ]＝誤（**第一種中高層住居専用地域や第二種中高層住居専用地域では学校や病院を建てることができます**）

【問題 6.50（住宅行政）】　住宅行政に関する記述［ア］～［エ］の正誤を答えなさい.

［ア］平成 20 年住宅・土地統計調査によると, わが国の持ち家世帯率は 5 割を超えている.

［イ］都道府県は, 住生活基本計画（全国計画）に即して定める都道府県計画において, 計画期間における区域内の公営住宅の供給の目標量を定めなければならない.

［ウ］地方公共団体は, 高齢者向けの賃貸住宅の不足を緩和するため, 高齢者向け優良賃貸住宅の供給を行わなければならない.

［エ］環境問題や資源・エネルギー問題が深刻化する中で, 住生活基本計画では, 住宅ストックの質を高めるとともに, 適切に維持管理されたストックが市場において循環利用される環境の整備を重視した住宅施策を展開することとされている.

（国家公務員 I 種試験）

【解答】　［ア］＝正（記述の通り, 平成 20 年住宅・土地統計調査によると, わが国の持ち家世帯率は 5 割を超えていました）, ［イ］＝正（記述の通り, 都道府県は, **住生活基本計画**（全国計画）に即して定める都道府県計画において, 計画期間における区域内の公営住宅の供給の目標量を定めなければなりません）, ［ウ］＝誤（**高齢者向け優良賃貸住宅制度**は, 60 歳以上の単身・夫婦世帯の方等を入居対象に, 良質な賃貸住宅を, 民間活力を活用して供給促進するための制度です. このことを知っていれば, この記述は誤であることがわかります）, ［エ］＝正（記述の通り, 環境問題や資源・エネルギー問題が深刻化する中で, 住生活基本計画では, 住宅ストックの質を高めるとともに, 適切に維持管理されたストックが市場において循環利用される環境の整備を重視した住宅施策を展開することとされています）

【問題 6.51（住宅行政）[やや難]】 わが国の住宅行政に関する記述［ア］～［エ］の正誤を答えなさい.

［ア］空家等対策の推進に関する特別措置法に基づく特定空家等の土地については，市町村長から必要な措置をとるよう勧告が行われた段階で固定資産税等の住宅用地特例の対象となり，税負担が軽減される.

［イ］「住生活基本計画（全国計画）」（令和3年3月閣議決定）において，住宅・市街地の耐震性を向上させることが基本的な施策の一つとして挙げられており，耐震基準（昭和56年基準）が求める耐震性を有しない住宅ストックを令和12年度までにおおむね解消するという成果指標が定められている.

［ウ］2050年カーボンニュートラルの実現に向けて，建築物分野での省エネ対策を加速させるため，省エネ基準適合の義務付けの対象範囲を，一定規模以上の非住宅から原則全ての新築住宅・非住宅に拡大することを盛り込んだ法律の改正が令和4年に行われた.

［エ］住宅確保要配慮者に対する賃貸住宅の供給の促進に関する法律に基づく住宅確保要配慮者円滑入居賃貸住宅（セーフティネット住宅）は，住宅確保要配慮者の入居を義務付ける賃貸住宅であるが，都道府県知事への登録にあたっては入居を義務付ける住宅確保要配慮者の範囲を限定することができる.

（国家公務員総合職試験［大卒程度試験］）

【解答】 ［ア］＝誤（**特定空き家**に指定され，勧告を受けると，翌年から土地は「非住宅用地」として課税されることになり，固定資産税が約4倍，都市計画税も約2倍と大幅に上がってしまいます），［イ］＝正（記述の通り，「住生活基本計画（全国計画）」において，住宅・市街地の耐震性を向上させることが基本的な施策の一つとして挙げられています），［ウ］＝正（記述の通り，省エネ基準適合の義務付けの対象範囲を，一定規模以上の非住宅から原則全ての新築住宅・非住宅に拡大することを盛り込んだ法律の改正が令和4年に行われました），［エ］＝誤（住宅確保要配慮者の入居を拒まないのが住宅確保要配慮者円滑入居賃貸住宅（セーフティネット住宅）の登録制度です）

【問題 6.52（都市行政）】　都市行政に関する記述［ア］〜［エ］の正誤を答えなさい.

［ア］わが国では，原則として平均的な利用者数が 3,000 人／日以上のすべての鉄道駅について，段差の解消，視覚障害者の転落を防止するための設備の整備，視覚障害者誘導用ブロックの整備，便所がある場合には身体障害者対応型便所の設置等のバリアフリー化を実施することが目標とされている.

［イ］市街地再開発事業とは，市街地の土地の合理的かつ健全な高度利用と都市機能の更新とを図るために行われる建築物および建築敷地の整備ならびに公共施設の整備に関する事業等をいう.

［ウ］景観地区は，都市計画区域または準都市計画区域内の土地の区域について，市街地の良好な景観の形成を図るため，景観計画に定めるものであり，都市計画に定めるものではない.

［エ］市町村が定める緑地の保全および緑化の推進に関する基本計画は，市町村の都市計画に関する基本的な方針に適合したものでなければならない.

（国家公務員Ⅰ種試験［改］）

【解答】　［ア］＝正（通称 “**バリアフリー法**” に関する内容で，以前は 5,000 人／日以上であった利用者数は，平成 23 年 3 月に改正されて 3,000 人／日以上となっています. よって，この記述は正しい），［イ］＝正（記述の通り，**市街地再開発事業**とは，市街地の土地の合理的かつ健全な高度利用と都市機能の更新とを図るために行われる建築物および建築敷地の整備ならびに公共施設の整備に関する事業等をいいます），［ウ］＝誤（**景観地区**は，都市計画に定めるものです），［エ］＝正（記述の通り，市町村が定める**緑地の保全および緑化の推進に関する基本計画**は，市町村の都市計画に関する基本的な方針に適合したものでなければなりません）

第 7 章

建築史

●切妻造
きりづまづくり

　切妻造とは，屋根形状の1つで屋根の最頂部の棟から地上に向かって2つの傾斜面が本を伏せたような山形の形状をした屋根のことです．なお，妻側（真ん中で山折りになっている屋根の，折り目と直角側）に出入口がある建物を**妻入り**，折り目と平行な方に出入口があるのを**平入り**といいます．

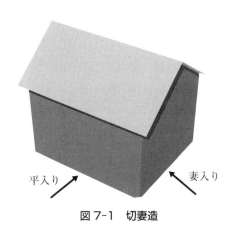

平入り　　　　　　　　妻入り

図 7-1　切妻造

●日本建築の様式
（1）　禅宗様
ぜんしゅうよう

　禅宗様は，鎌倉時代に，東大寺の大仏殿の再建が行われていた同じ頃，中国の宋から伝えられた禅宗とともに導入された建築様式で，**唐様**とも呼ばれています．他の仏教建築より部材が細く，引き締まった感じがします．代表的な建造物に**円覚寺舎利殿**（15世紀中頃建立）があります．

（2）　大仏様
だいぶつよう

　東大寺の大仏殿は，それまでの仏寺建築の様式であった和様とは異なり，南宋の様式で再建されましたが，この大仏殿で採用された様式を**大仏様**または**天竺様**と呼んでいます．代表的な建造物に**東大寺南大門**があります．

（3）　和様

　和様は，鎌倉時代に中国から伝わった建築様式（大仏様，禅宗様）に対して，それまで日本で寺院建築に用いられてきた寺院建築の様式のことで，代表的な建造物に**平等院鳳凰堂**があります．

●神社の建築様式

　本殿の様式によって，**大社造**，**住吉造**，**神明造**，**春日造**，**権現造**，**八幡造**などがあります．

（1）　大社造

　出雲大社に代表される**大社造**は，ほぼ正方形の古典的な日本家屋に近い「田の字」形であることから，祭祀の場に使われていた宮殿が社殿に発展したと考えられています．特色は，「平面が正方形」，「妻入り」，「本殿中央には"心御柱"がある」，「床が高い」などです．ちなみに，**出雲大社本殿は，桁行2間，梁間2間の切妻造妻入りで，入口が一方に偏っています**．**神魂神社本殿**は大社造の最古の遺構です．

（2）　神明造

　伊勢神宮（伊勢神宮内宮正殿）に代表される神明造は，奥行きより幅が大きい長方形で，高床式倉庫から発展し，穀物の代わりに神宝を納めるように変化したものと考えられています．特色は，「**切妻造**」，「**平入り**の直線的な屋根」，「四周に高欄をつけた高床の縁」などです．

（3）　住吉造

　住吉大社に代表される**住吉造**は，大嘗祭（天皇が即位の礼の後，初めて行う収穫祭である新嘗祭）の建物に似ていることが指摘されています．特色は，「**切妻造**」，「出入り口が直線型の**妻入り**」などです．

（4）　春日造

　春日大社に代表される**春日造**は，出雲大社に代表される大社造と同様に，**切妻造・妻入**ですが，屋根が曲線を描いて反り，正面に片流れの庇（向拝）がつけられた様式です．

（5）　権現造

　本殿と拝殿の2棟を一体化し，間に「石の間」と呼ばれる一段低い建物を設けているのが特徴で，石の間造とも呼ばれています．権現造の代表例には，**日光東照宮や北野天満宮**などがあります．

（6）　八幡造

八幡造は，2棟の建物を前後に連結させてひとつの社殿としたもので，代表的な例として**宇佐神宮本殿**（大分県）があります．

●住宅建築
（1）　寝殿造り

平安時代の貴族住宅の様式です．寝殿造りは，敷地の中央北寄りに主人の住まいである寝殿（正殿）があり，その南に庭と池が配置され，寝殿の左右の対の屋から南へ渡り廊下がのび，釣殿などが設けられているのが一般的な構成です．

（2）　書院造り

書院造りは，接客や儀礼用の書院が住宅の中心にあって，主室に床，棚，付書院などが配されているのが特徴です．なお，**桂離宮**の中心をなす古書院・中書院・新御殿の書院造は，木割が細く，床は高く，一切の無駄を廃し，すべて合理性に立脚して設計されています．ちなみに，**桂離宮の回遊式庭園**は，日本庭園の傑作とされています．

（3）　数寄屋造り

書院造りに，茶室建築の特徴を取り入れた様式のこと．なお，“数寄屋”は“好みに任せて作った家”といった意味で，茶室を意味します．

（4）　町屋

民家のうちで，町に建つ商家および職人の住まいのこと．商家には，商売のための店や施設をもつ商店・湯屋・旅籠屋・料理屋などのほか，大家のように特に職業をもっていない人たちの住まいなどがあります．また，職人の住まいは，その中に仕事場をもつものが多い．ちなみに，平安時代の町屋からは，今日の町屋の平面形式をすでに見いだすことができます．

（5）　合掌造り

合掌造りの家屋は，切妻造で勾配の急な茅葺き屋根をもっており，外観は3階または4階建てのようですが，多くの場合，2階から上は居住空間ではなく養蚕のための空間として用いられていました．ちなみに，岐阜県白川村の合掌造りは，江戸時代の頃から建設されていました．

●建築物
（1）　法隆寺

法隆寺は，飛鳥時代の姿を現在に伝える仏教施設であり，聖徳太子ゆかりの寺院です．創建は推古天皇15年（607年）とされています．金堂・五重塔を中心とする西院伽藍（五重塔

と金堂とを左右に並べた**左右非対称の伽藍配置**）と，夢殿を中心とした東院伽藍に分けられます.

　　[夢殿]：均整のとれた美しい八角円堂，[金堂・五重塔]：世界最古の木造建築

（2）　鹿苑寺金閣

　鹿苑寺金閣（京都府）は 3 層構造の楼閣で，建物の 1 階は「寝殿造住宅風」，2 階は「和様仏堂風」，3 階は「禅宗様仏堂風」とそれぞれの層で異なる様式が採用され，それを見事に調和させた，室町時代を代表する建築物です．2 層と 3 層には漆地に純金の箔が貼られ，頂上には金銅製の鳳凰が置かれています.

（3）　奈良国立博物館（旧 奈良帝室博物館）

　東京・京都と並ぶ旧帝室博物館で，迎賓館の建築家・**片山東熊の設計**です．本格的な洋風建築で建てられましたが，古都奈良にふさわしくないと物議をかもしました.

●西洋建築史

　代表的な西洋建築を年代順に示します.

（1）　古代ギリシア建築（B.C.1100 ～ B.C.146 年）

　古代ギリシア人によって創造された建築様式で，代表的なものに**パルテノン神殿**[1] があります.

（2）　古代ローマ建築（B.C.146 ～ A.D.395 年）

　イタリアを中心としたローマ帝国の領土で発達した，石・煉瓦を用いたアーチやヴォールト（アーチを平行に押し出したかまぼこ型形状を特徴とする天井様式および建築構造）を駆使して造られた建築物で，代表的なものに，**コロセウム・パンテオン・凱旋門・カラカラ浴場**などがあります.

（3）　ビザンティン建築（6 世紀～）

　ビザンティン建築は，ビザンティン帝国（東ローマ帝国）の勢力下で興ったキリスト教建築様式のことで，4 ～ 6 世紀に発達し，15 世紀中頃まで栄えました．大ドームと内部の大理石やモザイクによる装飾が特色で，11 世紀の**サン・マルコ大聖堂**（ベネチア）やトルコのイスタンブールにある**ハギア・ソフィア（アヤ・ソフィア）**が有名です.

---

1)　**パルテノン神殿**
　　　ギリシア建築の代表的な神殿で，**ドリス式オーダーの柱**で外部を囲まれています．ちなみに，ドリス式は，オーダーの中では最も起源が古く，最も単純な柱頭をしています．また，柱長径比は 1：4 で，太くて力強い男性的なオーダーです.

（4） イスラム建築（7 世紀〜）

イスラム建築とは，7 世紀から 18 世紀ないしは 19 世紀までの期間に，イスラム文化圏で形成された建築を指します．**アルハンブラ宮殿**（スペイン）や**タージ・マハル**（インド）はその最高峰です．

（5） ロマネスク建築（11 〜 12 世紀）

中世西ヨーロッパの建築様式であり，時代区分としてはおおよそ 1000 年から 1200 年頃までのゴシック建築以前の建築を指します．"ロマネスク"とは"ローマ風の"という意味で，ローマ時代の建築に多く使われた半円アーチを開口部の構造に使うことが特徴とされています．代表的な建築物としては，**シュパイヤー大聖堂・ピサの斜塔・ピサの大聖堂**などがあります．

（6） ゴシック建築（12 世紀末頃〜 16 世紀中頃）

ゴシック様式とは，12 世紀末から 16 世紀中頃にかけてヨーロッパ各地に広まった建築や美術の様式のことです．様式の特長として，「**尖頭アーチの使用**」，「**リブヴォールトの採用**」，「**フライングバットレス（飛び控え）の使用**」の 3 点があげられます．また，**アーチ形をした天井**や**ステンドグラス**なども特徴的です．これらの特徴をもつ様式は，フランスの教会建築として盛んに使われた大聖堂の様式でしたが，のちに美術全般に広がり，絵画や彫刻などをはじめ，美術様式として用いられるようになりました．代表的な建築物としては，**ノートルダム大聖堂・アミアン大聖堂・ランス大聖堂・ミラノ大聖堂**などがあります．

（7） ルネサンス建築（14 〜 16 世紀頃）

ルネサンス建築とは，14 世紀から 16 世紀にかけてヨーロッパで興った建築の様式のことです．ルネサンスとは再生・復活の意味を表し，ゴシック様式を真っ向から否定するところから生まれました．装飾過多なゴシック様式の尖頭アーチに代わり，古代建築と同じ単純明快な正円アーチ（幾何学的に正確な半円になっているもの）と直線が尊重されています[2]．さらに，ルネサンス建築の特徴としては，建築家たちが人体の比例と音楽の調和を建築に組み合わせることが美の具現と信じ，「設計において簡単な整数比を用いたこと」，「建築の平面として集中形式を好んだこと」，「透視図法を空間表現の手段として用いたこと」などがあげられます[3]．

---

2) 代表的な建築物としては，**サンタ・マリア・デル・フィオーレ大聖堂**や**サン・ピエトロ大聖堂**などがあります．

3) ルネサンス建築をもう少し簡単に説明すれば，「イタリアを発祥の地とし，比例原理に基づき，オーダーのモデュール，平面・立面の対称性および整数比の構成を尊重した建築様式である」といえます．ブラマンテが設計した**テンピエット**（ローマ）は，盛期ルネサンス最初の建築物として重要です．

（8）　バロック建築（17 〜 18 世紀頃）

　1590 年頃から盛んになった建築様式です．バロックの語源はポルトガル語の barocco（歪んだ真珠）といわれ，元々は一部に見られるグロテスクなまでに装飾過剰で大げさな建築に対する蔑称でしたが，のちに広く 17 〜 18 世紀の美術・建築に見られる傾向を指す様式概念として用いられるようになりました．代表的な建築物としては，**ヴェルサイユ宮殿やサン・ピエトロ大聖堂**[4] があります．

（9）　アール・ヌーヴォー（時期：19 世紀末頃〜）

　「新しい芸術」を意味するアール・ヌーヴォーは，19 世紀末から 20 世紀初頭にかけてヨーロッパで流行した芸術様式であり，植物や昆虫などを鉄やガラスといった当時の新素材を用いて**曲線的な表現**をしたのが特徴です．代表的な作品としては，エクトル・ギマールによる**パリの地下鉄駅入口**があげられます．

【問題 7.1（住宅）】　わが国の住宅に関する記述［ア］〜［エ］の正誤を答えなさい．

［ア］弥生時代前期には，高床住居が一般的な住宅として用いられた．
［イ］平安時代の町屋からは，今日の町屋の平面形式を既に見いだすことができる．
［ウ］竪穴住居は，一部地域では中世まで用いられていた．
［エ］岐阜県白川村の合掌造りは，江戸時代の頃から建設されていた．

（国家公務員 II 種試験）

【解答】　［ア］＝誤（高床住居は弥生時代に現れた住居形式の一種であって，"一般的な住宅として用いられた"という記述は誤りです），［イ］＝正（記述の通り，平安時代の町屋からは，今日の町屋の平面形式を既に見いだすことができます），［ウ］＝正（記述の通り，**竪穴住居**は，一部地域では中世まで用いられていました），［エ］＝正（記述の通り，岐阜県白川村の**合掌造り**は，江戸時代の頃から建設されていました）

---

4)　サン・ピエトロ大聖堂は，「ルネサンス建築」として出題されることも，「バロック建築」として出題されることもありますが，どちらも正しい．

【問題 7.2（日本の建築物とその建築様式）】 日本の建築物とその建築様式に関する記述 ［ア］～［エ］の正誤を答えなさい.

［ア］法隆寺は，五重塔と金堂とを左右に並べた左右非対称の伽藍配置である.
［イ］春日大社本殿を代表とする春日造は，切妻造・平入りの前に向拝をつけたものである.
［ウ］日光東照宮は，本殿と拝殿とを石ノ間でつないだ平面をもつ権現造である.
［エ］円覚寺舎利殿は，尾垂木尻や虹梁大瓶束などの構造法を特徴とする大仏様の建築である.

(国家公務員Ⅱ種試験)

【解答】 ［ア］＝正（記述の通り，**法隆寺**は，五重塔と金堂とを左右に並べた左右非対称の伽藍配置です），［イ］＝誤（「切妻造・平入り」ではなく，「切妻造・妻入」です），［ウ］＝正（記述の通り，**日光東照宮**は，本殿と拝殿とを石ノ間でつないだ平面をもつ**権現造**です），［エ］＝誤（**円覚寺舎利殿は禅宗様**です）

【問題 7.3（歴史的な建築物）】 わが国の歴史的な建築物に関する記述 ［ア］～［エ］の正誤を答えなさい.

［ア］出雲大社本殿：大社造で，桁行 2 間，梁間 2 間の切妻造妻入りの建物である.
［イ］法隆寺金堂：様式が大仏様であり，上層の化粧屋根裏を下から見上げることができる.
［ウ］東大寺南大門：強い胴張りのある円柱，雲型組物などが様式を構成する要素となっている.
［エ］桂離宮：広大な敷地内に設けられた回遊式庭園に面して，寝殿造りの書院群が池に臨んで雁行形に配されている.

(国家公務員Ⅰ種試験)

【解答】 ［ア］＝正（記述の通り，「**出雲大社本殿は大社造**で，桁行 2 間，梁間 2 間の切妻造妻入りの建物」です），［イ］＝誤（"大仏様"が誤．ちなみに，**大仏様の遺構は，「東大寺南大門」**と「浄土寺浄土堂」のたった 2 棟だけです），［ウ］＝誤（**東大寺南大門は大仏様の代表的な建造物**ですが，大仏様について記述されていません），［エ］＝誤（"寝殿造り"が誤．書院は，**書院造り**を基調に数寄屋風を採り入れています）

【問題 7.4（建築様式）】 歴史的な建築物とその建築様式を示した［ア］〜［エ］の正誤を答えなさい.

［ア］伊勢神宮内宮正殿 　　　　　　　　 －神明造
［イ］東大寺南大門 　　　　　　　　　　 －唐様
［ウ］ハギア・ソフィア（アヤ・ソフィア）－ローマ建築
［エ］アルハンブラ（アランブラ）宮殿 　 －イスラム建築

（国家公務員Ⅱ種試験）

【解答】 ［ア］＝正（記述の通り，**伊勢神宮内宮正殿は神明造**です）, ［イ］＝誤（**東大寺南大門は大仏様**です）, ［ウ］＝誤（**ハギア・ソフィア（アヤ・ソフィア）はビザンティン建築の最高傑作**です）, ［エ］＝正（記述の通り，**アルハンブラ（アランブラ）宮殿はイスラム建築**です）

【問題 7.5（建築様式と建築物）】 日本および西洋の建築様式と建築物に関する記述［ア］〜［エ］の正誤を答えなさい.

［ア］大社造は，神社建築の最も古い形式の１つで，代表とする出雲大社本殿は，桁行２間，梁間２間の切妻造妻入りで入口が一方に偏っている.
［イ］住吉造は，後世最も広く普及した社殿形式で，代表とする賀茂別 雷 （か も わけいかづち）神社本殿は，桁行３間，梁間２間の母屋の前に向拝がつき，切妻造平入りの屋根には反りがついている.
［ウ］ギリシア建築の代表的な神殿であるアテネのパルテノンは，ドリス式オーダーの柱で外部を囲まれている.
［エ］ゴシック建築の代表的な聖堂であるサン・ピエトロ大聖堂は，高く巨大なドームをのせるとともに，前面に著名な広場と大コロネードを配している.

（国家公務員Ⅱ種試験）

【解答】 ［ア］＝正（記述の通り，**大社造**は，神社建築の最も古い形式の１つで，代表とする出雲大社本殿は，桁行２間，梁間２間の切妻造妻入りで入口が一方に偏っています）, ［イ］＝誤（**賀茂別雷神社本殿**は，桁行（横に並んだ柱の間）が３間の**三間社 流 造** （さんげんしゃながれつくり）です）, ［ウ］＝正（記述の通り，ギリシア建築の代表的な神殿であるアテネの**パルテノン**は，**ドリス式オーダーの柱**で外部を囲まれています）, ［エ］＝誤（**サン・ピエトロ大聖堂は，ルネサンス建築，バロック建築の代表作**です）

【問題 7.6 (建築物・建築様式)】　日本および西洋の建築物・建築様式に関する記述［ア］〜［エ］の正誤を答えなさい.

［ア］桂離宮の中心をなす古書院・中書院・新御殿の書院造りは，木割が細く，床は高く，一切の無駄を廃し，すべて合理性に立脚して設計されている.

［イ］明治の日本建築界で宮廷建築家としての地位を確立した辰野金吾が宮内省内匠寮技師として最初に設計した奈良帝室博物館は，煉瓦造平屋建で，ルネサンス様式でまとめられた.

［ウ］ミース・ファン・デル・ローエは，ガラスの連続窓をもったカーテンウォールにより覆われる皮膜をもち，均質な空間の積み重ねられた建築イメージであるガラスのスカイスクレイパー案を提示した.

［エ］アール・ヌーヴォーの建築は，18 世紀末のヨーロッパを彩った華やかな様式であり，平面的な装飾性が特徴である.

(国家公務員Ⅱ種試験)

【解答】　［ア］＝正（記述の通り，**桂離宮**の中心をなす古書院・中書院・新御殿の書院造りは，木割が細く，床は高く，一切の無駄を廃し，すべて合理性に立脚して設計されています），［イ］＝誤（**奈良帝室博物館**の設計者は，辰野金吾ではなく，**片山東熊**です），［ウ］＝正（記述の通り，**ミース・ファン・デル・ローエ**は，ガラスの連続窓をもったカーテンウォールにより覆われる皮膜をもち，均質な空間の積み重ねられた建築イメージであるガラスのスカイスクレイパー案を提示しました），［エ］＝誤（アール・ヌーヴォーは，19 世紀末から 20 世紀初頭にかけてヨーロッパで流行した芸術様式であり，デザインの特徴は**曲線的な表現**にあります）

【問題 7.7（建築様式）】　わが国および西洋の建築物および建築様式に関する記述 ［ア］〜 ［エ］の正誤を答えなさい.

［ア］神魂神社本殿は，春日造の形式をもつ最も古い遺構であり，その規模は春日大社本殿 と比べてはるかに小さいが，相対的に床が高く，木割も太く，古制に近い.

［イ］合掌造りの家屋は，切妻造で勾配の急な大きい茅葺屋根をもっており，外観は 3 階ま たは 4 階建てのようであるが，多くの場合，2 階から上は居住空間ではなく養蚕のた めの空間として用いられていた.

［ウ］フランク・ロイド・ライトが東京に設計した「自由学園明日館」では，大規模な準吊 屋根構造が採用され，ワイヤーロープの緊張による美しい天井のラインをもつ壮大な 空間が創出されている.

［エ］アルヴァ・アアルトがボストンに設計した MIT（マサチューセッツ工科大学）の寄 宿舎「ベーカーハウス」は，湾曲する有機的な建物として成立している.

（国家公務員 II 種試験）

【解答】　［ア］＝誤（**神魂神社本殿は大社造の最古の遺構**です），［イ］＝正（記述の通り，**合掌 造りの家屋**は，切妻造で勾配の急な大きい茅葺屋根をもっており，外観は 3 階または 4 階建 てのようであるが，多くの場合，2 階から上は居住空間ではなく養蚕のための空間として用い られていました），［ウ］＝誤（自由学園明日館は準吊屋根構造ではなく，枠組壁式構法（2 × 4 工法）の先駆けとの見方もあります），［エ］＝正（記述の通り，**アルヴァ・アアルト**がボス トンに設計した MIT（マサチューセッツ工科大学）の寄宿舎「**ベーカーハウス**」は，湾曲す る有機的な建物として成立しています）

【問題 7.8（建築物）】　わが国および西洋の建築物 A 〜 F について，建築様式や建築され た当時の時代背景を検討し，建築年代の古い順に並べなさい.

A　東大寺南大門

B　法隆寺金堂

C　日光東照宮陽明門

D　ヴェルサイユ宮殿鏡の間

E　ミラノ大聖堂

F　シュパイヤー大聖堂

（国家公務員 II 種試験）

【解答】　正解は，B → F → A → E → C → D（古い → 新しい）です．

　参考までに，それぞれの建築物の要点を以下にまとめます．

B：**法隆寺金堂**（法隆寺の創建は 607 年．金堂は，奈良時代の唐の影響により，仏教文化が栄えた時代）

F：**シュパイヤー大聖堂**（1030 年に建築が開始され，1061 年に完成．初期の**ロマネスク様式**）

A：**東大寺南大門**（鎌倉時代の 1199 年に復興．中国の宋様式（禅宗）の影響を受ける）

E：**ミラノ大聖堂**（1386 年に着工，**ゴシック建築**）

C：**日光東照宮陽明門**（日光東照宮の創建は 1617 年．徳川時代の鎖国により日本的様式が発達）

D：**ヴェルサイユ宮殿**（フランス王ルイ 14 世が 17 世紀から 18 世紀にかけて約 50 年の歳月と莫大な費用をかけて建てたフランスの宮殿．**バロック建築**の代表作で，豪華な建物と広大な美しい庭園で有名．鏡の間は儀式や外国の賓客を謁見するために使われた）

【問題 7.9（建築様式）】　わが国および西洋の歴史的な建築物とその建築様式を示す［ア］〜［エ］の組み合わせの正誤を答えなさい．

　［ア］出雲大社本殿－神明造
　［イ］円覚寺舎利殿－禅宗様
　［ウ］サン・マルコ大聖堂－ロマネスク
　［エ］ヴェルサイユ宮殿－バロック

（国家公務員 II 種試験）

【解答】　［ア］＝誤（**出雲大社本殿**は，神明造ではなく**大社造**です），［イ］＝正（記述の通り，**円覚寺舎利殿は禅宗様**です），［ウ］＝誤（**サン・マルコ大聖堂はビザンティン建築**です），［エ］＝正（記述の通り，**ヴェルサイユ宮殿はバロック建築**です）

【問題 7.10（建築様式）】　わが国および西洋の建築様式に関する記述［ア］〜［エ］の正誤を答えなさい.

［ア］寝殿造りは，敷地の中央北寄りに主人の住まいである寝殿があり，その南に庭と池が配置され，寝殿の左右の対の屋から南へ渡り廊下がのび，釣殿などが設けられているのが一般的な構成である.

［イ］書院造りは，接客や儀礼用の書院が住宅の中心にあって，主室に床，棚，付書院などが配されているのが特徴である.

［ウ］ゴシック建築は，厳格な古典的法則を避け，空間を埋め尽くす自由で優美な曲線，薄肉彫の優雅な装飾などを特徴とする室内に重点を置いた建築である.

［エ］ルネサンス建築は，イタリアを発祥の地とし，比例原理に基づき，オーダーのモデュール，平面・立面の対称性および整数比の構成を尊重した建築様式である.

（国家公務員Ⅱ種試験）

【解答】　［ア］＝正（記述の通り，**寝殿造り**は，敷地の中央北寄りに主人の住まいである寝殿があり，その南に庭と池が配置され，寝殿の左右の対の屋から南へ渡り廊下がのび，釣殿などが設けられているのが一般的な構成です），［イ］＝正（記述の通り，**書院造り**は，接客や儀礼用の書院が住宅の中心にあって，主室に床，棚，付書院などが配されているのが特徴です），［ウ］＝誤（**ゴシック建築**はアーチ形をした天井やステンドグラスなどが特徴的であり，代表的な建築物としてはノートルダム大聖堂があります），［エ］＝正（記述の通り，**ルネサンス建築**は，イタリアを発祥の地とし，比例原理に基づき，オーダーのモデュール，平面・立面の対称性および整数比の構成を尊重した建築様式です）

参考文献

［1］ 米田昌弘：土木職公務員試験　専門問題と解答［選択科目編］第 4 版，大学教育出版，2021 年.

［2］ 米田昌弘：土木職公務員試験　専門問題と解答 実践問題集［必修・選択科目編］第 3 版，大学教育出版，2017 年.

［3］ 全日本建築士会 編：二級建築士合格セミナー，オーム社，2010 年.

［4］ 建築資格試験研究会 編著：2011 年版　スタンダード二級建築士，学芸出版社，2011 年.

［5］ 建築資格試験研究会 編著：2011 年版　スタンダード一級建築士，学芸出版社，2011 年.

［6］ 日建学院教材研究会 編著：2011 平成 23 年度版 1 級建築士，2010 年.

［7］ 日建学院教材研究会 編著：2011 平成 23 年度版 2 級建築士 分野別厳選問題 500＋100，2010 年.

［8］ 日建学院教材研究会 編著：2011 平成 23 年度版 2 級建築士 過去問題集 チャレンジ 7，2010 年.

索　引

■著者紹介

米田　昌弘　（よねだ・まさひろ）

1978 年 3 月	金沢大学工学部土木工学科卒業
1980 年 3 月	金沢大学大学院修士課程修了
1980 年 4 月	川田工業株式会社入社
1989 年 4 月	川田工業株式会社技術本部振動研究室 室長
1995 年 4 月	川田工業株式会社技術本部研究室 室長兼大阪分室長
1997 年 4 月	近畿大学理工学部土木工学科 助教授
2002 年 4 月	近畿大学理工学部社会環境工学科 教授
2021 年 3 月	近畿大学 定年退職
2021 年 4 月	近畿大学 名誉教授
	近畿大学キャリアセンター／キャリアアドバイザー（2023 年 3 月まで）
2022 年 9 月	摂南大学理工学部都市環境工学科 特任教授
	（工学博士（東京大学），技術士（建設部門），
	特別上級土木技術者（鋼・コンクリート））

建築職公務員試験 専門問題と解答
［計画・環境ほか編］ ［第 6 版］

2012 年 1 月 10 日	初　版第 1 刷発行
2014 年 12 月 10 日	第 2 版第 1 刷発行
2018 年 4 月 10 日	第 3 版第 1 刷発行
2019 年 1 月 15 日	第 4 版第 1 刷発行
2022 年 3 月 30 日	第 5 版第 1 刷発行
2024 年 7 月 10 日	第 6 版第 1 刷発行

■著　　者 —— 米田昌弘
■発 行 者 —— 佐藤　守
■発 行 所 —— 株式会社 **大学教育出版**
　　　　　　　〒 700-0953 岡山市南区西市 855-4
　　　　　　　電話（086）244-1268　FAX（086）246-0294
■印刷製本 —— モリモト印刷㈱

ISBN978 - 4 - 86692 - 306 - 2